骑着三轮童车的稻盛
（图右为哥哥利则）

兼一叔叔（前右二）与全家合影
（前右一是稻盛，稻盛后面是父亲畩市）

手拿实验器具，和大学的同班同学在一起的稻盛
（前右为稻盛）

在松风园常磐宿舍的稻盛

京瓷的创业成员

（从最后排右边开始为青山政次、隔两人为伊藤谦介、北大路季正、
稻盛和夫、冈川健一、浜本昭市、德永秀雄，隔一人为樋度真明）

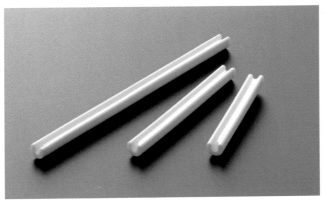

稻盛研发并成功量产的 U 字形绝缘体

稻盛的婚礼纪念照

帮助稻盛创业的恩人西枝一江夫妇

晨会上表彰员工业绩提高的稻盛

KDDI 成立纪念仪式

（右二为稻盛）

在中国大连盛和塾上的稻盛

担任日航会长后，在现场视察的稻盛（中间为稻盛）

京都奖颁奖典礼上发表演讲的稻盛

稻盛和夫的

人生哲学

Yasutoshi
Kita

[日]北康利 著

曹寓刚 刘梅 译

浙江人民出版社

图书在版编目（CIP）数据

稻盛和夫的人生哲学 /（日）北康利著；曹寓刚，刘梅译. -- 杭州：浙江人民出版社，2022.9（2025.3重印）

ISBN 978-7-213-10736-8

Ⅰ.①稻…　Ⅱ.①北…　②曹…　③刘…　Ⅲ.①稻盛和夫—人生哲学　Ⅳ.①K833.135.38②B821

中国版本图书馆CIP数据核字（2022）第157806号

稻盛和夫的人生哲学

DAOSHENGHEFU DE RENSHENG ZHEXUE

（日）北康利　著　曹寓刚　刘　梅　译

出版发行	浙江人民出版社（杭州市体育场路347号　邮编310006）
责任编辑	张世琼
责任校对	杨　帆
封面设计	别境Lab
电脑制版	书情文化
印　　刷	嘉业印刷（天津）有限公司
开　　本	880毫米×1230毫米　1/32
印　　张	13.75
字　　数	356千字
版　　次	2022年9月第1版
印　　次	2025年3月第3次印刷
书　　号	ISBN 978-7-213-10736-8
定　　价	68.00元

如发现印装质量问题，影响阅读，请与市场部联系调换。

质量投诉电话：010-82069336

在我的人生中，我绝不左顾右盼，而是遵循"利他"之心，一心一意沿着自己相信的道路，笔直前行，义无反顾。北康利先生深刻地理解我的思想，对我的人生历程做了忠实的、细致入微的描绘。

——

子曰："《诗》三百，一言以蔽之，曰：'思无邪。'"

——《论语·为政》

《思无邪》岛津齐彬书（尚古集成馆藏）

平凡的伟人

对我而言，稻盛先生[1]最伟大之处，就在于他原本是一个极其平凡的人。

很多人认为，稻盛先生取得如此辉煌的成就，一定有与众不同的出身，或是有特别的天赋。然而，稻盛先生却说："年轻时的我，就是一个日本街头随处可见的小青年，没有任何引人注目之处。"

很多人都赞叹稻盛先生人生和事业的成功，称他为"经营之圣"。稻盛先生却说，自己绝非圣人，只是一个极为普通的人。如果自己是"圣"的话，那么只要同他有一样想法、像他一样努力的人都可以成圣。

北康利先生的这本书，在我们面前忠实地呈现出了一个原原本本的稻盛和夫。北康利先生站在第三者的立场，亲自访问，翔实考证，写作此书，为我们提供了综观稻盛和夫人生历程的卷轴，让读者可以从整体上观察和理解稻盛先生。同时也为读者提供了一个完整的参照系，用于读者对照自己的人生，从而让他们在各自不同的人生中，运用相同的原理、原则。我认为这是本书的重要价值之一。

从本书中我们可以明确得知，稻盛和夫并非身披彩衣、脚踏祥云

---

1 为行文通顺，部分段落中简称"稻盛"。

而来，也完全不是天命注定的伟人。恰恰相反，他是一个和我们一样平凡的人。从他的成长历程中，我们可以看到一个普通的孩子，遇到人生风浪时的消沉徘徊、愤世嫉俗，也可以看到他逐步战胜自我，最终踏上成贤、成圣之路的过程。

那么，在这一切的背后，是什么力量在驱动和帮助这个原本平凡的年轻人，使他每每在人生的关键路口，都做出正确的选择，使他始终保持正确的人生态度，最终成就如此伟业呢？

我想，这种力量叫作信仰。

稻盛先生出生于笃信佛教净土真宗[1]的家庭，从小就有隐蔽念佛的体验。稻盛先生说："隐蔽念佛的经历塑造了我心灵的原型。""南曼南曼[2]，谢谢"是他的口头禅。

稻盛崇敬的故乡的英雄西乡隆盛则是阳明心学的忠实信徒。稻盛每逢面临重大抉择时，都会自问，自己是否"动机至善，私心了无"？这就是来自西乡的影响。京瓷公司的社训"敬天爱人"也出自西乡的理念。

罹患肺结核（当时是不治之症）时，年少的稻盛阅读了邻居大婶推荐的《生命的实相》[3]一书，深受影响，意识到心灵的重要性，并最终奇迹般痊愈了。

当稻盛小升初考试失败，想要就此放弃学业时，是当时的班主任土井老师，冒着空袭的危险，三番五次上门劝说稻盛的父亲和稻盛本人不能放弃学业，并替他填写了报考申请书。土井老师的宗教信仰已不可考，但他这种无私利他行为的背后，也隐隐呈现出信仰的痕迹。而稻盛的人生也就此迎来一个重大转折。

稻盛先生在经营和人生中，始终秉持用"作为人，何谓正确"这

1　净土真宗：净土宗的分支。

2　南曼：鹿儿岛方言，意为"南无阿弥陀佛"。

3　《生命的实相》：日本新兴宗教"生长之家"教主谷口雅春所著。

一判断基准来判断一切事物，这源于父母、老师等人朴素的言传身教。而这一判断基准，成为他后来构筑的整个利他哲学体系的原点和根基。稻盛先生在后来的经营生涯中（包括家庭的经营等），始终秉持这一哲学信念乃至信仰，并将之视为自己成功和幸福的源泉。

与土井老师不同，稻盛大学和创业时期的关键人物，则有很多可以明确考证出宗教背景。

稻盛大学时的恩师内野正夫教授，是佛教禅宗的信仰者。他创立了尚德会，著有《严寒禅士传》一书，一生努力传播严寒禅师的精神。稻盛在松风工业工作时，内野每逢经过京都，都会提前发电报联系他，借助夜行列车在京都站停留的短暂时间，听取稻盛的研究汇报，给予他建议与鼓励。更为重要的是，当稻盛愤然从松风工业辞职，打算前往巴基斯坦之时，是内野教授断然反对，稻盛就此放弃出国，走上了创业之路，他的人生也由此迎来又一个重大转折。

此外，稻盛第一次接触到"哲学"这个词，也是从内野教授的好友——第一物产（现三井物产）的顾问吉田源三先生那里。这可以被视为稻盛后来构筑整个利他哲学体系的理论起点。

稻盛创业时，苦于缺乏资金。这时，居然有人以自己居住的寓所为抵押，从银行贷款，借给稻盛创办的新企业，用作流动资金。这个人就是西枝一江。西枝出生于寺庙，是新潟的僧人之子（日本僧人可以娶妻生子），也是京都圆福寺（佛教禅宗妙心寺派的寺庙）的监护人。

他对稻盛的思想影响极其深远。稻盛说："西枝往京瓷注入了思想。他将一滴思想赠予我，而这竟激起横跨世界的波澜，并荡漾至今。"

此外，稻盛得以结识圆福寺的西片担雪法师，也是经由西枝介绍的。此后，稻盛遇到经营上的种种难题和挑战，都向西片请教，从信仰中再次汲取力量。稻盛先生 65 岁时出家，也是在西片的指引之下完成的。

在这本书中，北康利先生不但为我们呈现了稻盛先生一生中的重要事件，而且在与稻盛先生本人再三确认的基础上，为我们呈现出了这些重要事件背后的思想脉络和信仰源头。我认为，这是本书的另一项重要价值。

人想要获得成功和幸福，就要运用正确的思想指导自己的行为，稻盛的一生就是如此。然而，人性是脆弱的，我们时刻受到本能的驱使，随时可能偏离正确的方向。所以，人类需要信仰，借助信仰的力量帮助我们克服欲望的诱惑，克服人类天性中带有的不完善之处，规范自身的思想和行为，以获得成功与幸福的人生。

从本书和其他有关稻盛和夫的书籍中，我们不难看到，稻盛先生的身上交会了各种宗教和哲学思想的影响，而他从中总结出的就是"利他"这一共性。青少年时期的稻盛，受到各种宗教信仰的滋养，也深深受惠于他人的"利他"行为。步入社会后，稻盛开始把利他思想（或者说是信仰）运用于工作和生活实践。与此同时，他不断学习各种宗教和哲学，在实践中对这些内容不断进行总结和提炼，最终构筑起了整个利他哲学的思想体系。京瓷、KDDI[1] 和日航，都是这种利他思想在商业领域的成功实践的成果；盛和塾、京都奖、"大和之家"等，都是这种利他思想在社会领域的成功实践的产物；而稻盛本人家庭的幸福，则是这种利他思想在家庭生活中成功实践的结果。

需要注意的是，稻盛先生的信仰和普通善男信女的所谓"信仰"有重大的区别。稻盛先生的信仰已经通过"作为人，何谓正确"这一判断基准，贯彻到了工作和生活中的几乎每一件事上，真正做到了用

1　KDDI：日本大型电信服务提供商。

信仰来指导个人生活和企业经营。也就是说，他真正达到了王阳明所说的"知行合一"的境界。

我相信每一位读者都能在稻盛先生身上看到自己的影子，看到人性的弱点和人性的光辉交互出现的自己，看到稻盛也和我们一样，是一个普通人，他的人性也有脆弱的一面。然而，正如稻盛先生为本书所写的推荐词中提到的："在我的人生中，我绝不左顾右盼，而是遵循'利他'之心，一心一意沿着自己相信的道路，笔直前行，义无反顾。"面对各种人生的挫折和考验，稻盛先生依靠信仰的力量，战胜自我，最终成就了伟业，获得了幸福、圆满的人生。虽然人生的道路各不相同，我们无法重复稻盛先生走过的路，无法成为第二个稻盛和夫，但是我们可以和稻盛先生一样，将"利他"提升至信念信仰的高度，用良知去判断我们人生中的每一件事，将我们每个人内心固有的"真善美"发挥到极致，最终成为真正的自己。我相信，这也是每个人的天赋使命。

此书所展现的稻盛和夫的人生，对每一个普通人都有巨大的启示意义，因为拥有虔诚的、"利他"的信仰，每天都努力将信仰付诸实践，并不需要特殊的能力，这是每个人都能够做到的事。

有了虔诚的信仰，就会有执着的信念，就能产生坚定的信心，进而产生自我牺牲的勇气，才能持续做出问心无愧的正确判断，继而获得他人发自内心的尊敬和信任。我相信，这不但是人类个体成功与幸福的源泉，而且是人类组织乃至人类整体实现自我超越的必要条件。特别是对于生活在物质力量迅速崛起、信仰日渐消退的商业时代的人们，此书所呈现的稻盛先生的人生及其背后的精神内核，有着非同寻常的启示意义。

有幸翻译此书，让我对稻盛塾长的人生历程和思想脉络有了更深入的理解。感谢北康利先生的辛苦创作，感谢磨铁图书的各位为此书中文版发行所做的努力，更要感谢塾长本人数十年如一日的、了无私心的言传身教。衷心祝愿每一位此书的读者，都能从中受益，开创更加美好的人生。

盛和塾塾生　曹寓刚

2019 年 4 月 1 日于洛杉矶

目 录

第二章

邂逅精密陶瓷

第三章

走向世界的京瓷

第四章

第二电电的挑战

序章
歃血为盟

"传说"的开始

一到年末，便是一派忙碌中带着欣欣向荣的景象。

特别是 1958 年（昭和 33 年）末，到处呈现出一种前所未有的明快氛围。皇太子和正田美智子（后来的天皇和皇后）公布了婚约，美智子楚楚动人，她的美貌在日本国内掀起了"美智子热"。

国民争先恐后地想要一睹婚礼庆典游行的盛况，价格不菲的电视机得以迅速普及。这个时候，七位年轻人和一位中年人怀着某种决心，聚集在京都南郊的某个员工宿舍里。

这是一个连褥垫[1] 都没有的、简陋的日式榻榻米房间。比睿山上吹下的寒风让京都的冬天冷得出奇，寒风从松动的窗玻璃缝隙中吹进来，吹得窗子"咔嗒咔嗒"直响。但是，这个连取暖器都没有的房间里却洋溢着火一般的热情。

破旧的白炽灯映照着的八个男子，尽管灯光昏暗，但他们脸上兴奋的表情仍然清晰可见。站在中央的，是个又瘦又高的年轻人。他头发蓬乱，戴着一副黑色眼镜。在他兴奋的话语中，时不时夹杂着鹿儿岛方言。那难以形容的质朴使他原本激动的谈话内容变得柔和，充满了真诚。

这一刻，他正打算和以前的同事一起自立门户，创办一家新公司。这个年轻人名叫稻盛和夫，当时年仅 26 岁。

当时，无论是他本人还是另外七人都未曾想到，他后来竟然能成

---

1 褥垫：传统日式房间中放在榻榻米上的一种坐垫。——译者注

为日本企业界的代表人物，在全球拥有众多追随者。在那时，他还不过是一个经营的"门外汉"，有的只是不亚于任何人的、火一般炽烈的热情。

幼年时期的稻盛是个随处可见的普通孩子。爱撒娇，又调皮，成绩单上经常会出现"要更努力"之类的评语。

他的人生可谓不顺，甚至可以用"倒霉"来形容：旧制中学的升学考试，他两度考不上报考的学校；大学的升学考试也同样失败；毕业找工作时，接连被心仪的公司拒之门外。他一度想破罐子破摔，加入暴力团伙，成为有文化的流氓，甚至曾在暴力团伙的事务所门前徘徊。他的大学老师见他如此，于心不忍，给他介绍了一家京都的绝缘瓷瓶厂。结果，刚进公司没多久，他就发现这是一家快要破产的企业，不由得仰天长叹，觉得自己真是生不逢时。

一起进公司的同事相继离职，只有稻盛一个人无处可去，不得不留下来。"我到底应该怎么办？"稻盛冥思苦想，终于找到了答案。

当时，日本市场对电视机的需求急速增长。这家风雨飘摇的公司居然不自量力，在研发一种"梦幻般"的全新材料，而这种材料正是电视机零部件所需要的，被称为"特殊陶瓷"。

当时，日本作为战败国，与欧美的技术差距之大可谓到了令人绝望的地步。人人都认为，在技术上处于劣势的日本人不可能开发出难度如此之高的产品。但稻盛奋勇挑战，最终以特有的热情和超凡的意志取得了成功。但是，两年后，上天再次给了他严峻的考验。

在稻盛全力投入陶瓷真空管的研发时，什么都不懂的新任技术部部长说了不该说的话：

"看来你是不行了，我们公司有不少毕业于京都大学的技术人员，交给他们去做吧。"

对于技术人员来说，自尊心比什么都重要。这句无心之语让稻盛再也无法忍受，当场提出了辞职。这虽然是一个没有考虑后果的冲动决定，但很快，他身边就聚集了一群伙伴。他们劝说他成立一家新公司。

于是，在 1958 年 12 月，以稻盛为首的"八武士"聚集在稻盛的宿舍里，立下誓言，要共同创办新公司。

被公司背叛的愤慨，无论如何都要干成的决心，再加上挑战企业经营这一未知领域的志忑，让他们兴奋到了极点。

无限感慨的稻盛大声喊道："让我们歃血为盟，永不忘今日之激情！"

"好！赞成！"

男人们一起发出豪迈的呼喊，没有人对这一老派的建议提出任何异议。在极度兴奋之下，他们讨论着能想到的一切。

很快，纸张准备好了，上面写上了"誓词"。稻盛紧握着事先准备好的刮胡刀片，毫不犹豫地划向自己的小拇指。

瞬间，血如泉涌。他慌忙用手帕压住伤口，但鲜血还是从指间流出，滴在榻榻米上，很快渗了进去。由于过于兴奋，他割得太深了，但没有人觉得惊讶。大家都觉得，眼前的稻盛体内满是沸腾的热血，只要用刀片划开一个小口子，热血就会喷涌而出。

随后，刀片被传递到了每个人手里，喧闹的房间一下子沉寂下来。京都的郊外远离尘嚣，除了夜间沿街叫卖荞麦面的喇叭声，就只能听到远远传来的野狗的叫声。

香烟的烟雾在整个房间弥漫，透过头顶的灯光，看起来像旋涡在盘旋。没有人抬头，每个人眼里只有在一只又一只手中传递的刮胡刀片。

稻盛把按满血印的"誓词"高高举过头顶。就这样，京瓷公司最初的团队组建仪式完成了。这八个人的"梦想"成了形成滔滔大江最初的那一滴——这不是一滴水，而是一滴在他们身体里涌动的热血。

"那个时候，一说今后要跟着稻盛先生干了，心里就兴奋得直想大叫，完全不介意按血手印。但真正轮到自己按时，还是有点儿害怕的。不过，这也正常，因为当时用的不是验血用的细针，而是刮胡刀片。我记得当时心里紧张极了。"

伊藤谦介（京瓷前社长）接受采访时，半开玩笑地讲述了当时的情景。能够亲身经历那传奇的一幕，他的脸上洋溢着自豪的表情。

回忆，会随着时间的流逝而变得越发生动，总有些人能够幸运地在一生中拥有震撼心灵的经历。不过，能把这种回忆变成"逸闻"，甚至升华为"传奇"的人，就少之又少了。

而稻盛和夫，就是拥有这种力量的人。

经营之神

"极度认真地活一次！"
"造出划破手的产品！"
"做顾客的仆人。"
"永不言弃！"
"形成合力！"
"成为旋涡的中心！"
"在相扑台的中央交锋。"
"作为人，何谓正确？"
……

稻盛这些真诚而充满热情的话语，震撼着员工的灵魂，将他们彻底点燃。

"这哪里是什么京都陶瓷，简直就是狂徒陶瓷。"[1]

"这家公司简直就像宗教组织。"

社会上总有诸如此类的诽谤、中伤之言，但京瓷的领导者却坚定地相信，通过不断追求和实现共同的梦想，就能让所有员工都获得物质和精神两方面的幸福。

陶瓷不仅支持着那个时代最前沿领域的发展，其技术还在不断地进化。

其中的一个例子就是"IC 封装"。作为电子设备中必不可缺的零部件，半导体[2]出现没多久，就赢得了"工业食粮"的称号。但其物理性能非常脆，必须被装入绝缘容器（封装）才能使用。而陶瓷就是封装半导体的最佳材料。

为了和周围的电子线路相连接，IC 封装需要很高的加工技术。随着这一技术难题的攻克，IC 封装逐渐成为京瓷的主打产品。

此后，精密陶瓷的应用日益广泛，不论是在深海的超高压环境中，还是太空中的严酷条件下，人们选用的都是京瓷的精密陶瓷。新的时代到来了。

但是，稻盛并未因成功而自满，也未就此止步，而是始终保持"挑战者"的心态。稻盛发起了让京瓷集团实现巨大飞跃的新挑战，那就是成立第二电电（DDI）。

抓住通信自由化这个巨大的商机，稻盛成立了现在 KDDI 的前身 DDI，毅然向通信巨擘日本电信电话株式会社（NTT，简称"电电公社"）发起了挑战。他大幅降低通信费用，为日本的国民经济带来了

---

1 "京都"与"狂徒"在日语中的发音一样，此处为谐音。——译者注
2 IC，即集成电路（integrated circuit, IC），是半导体元件产品的统称。

巨大的效益。

不仅在企业经营方面，在社会贡献方面，稻盛也成了时代的领军人物。他设立了国际级的奖项京都奖。就在 DDI 公司成立的同一年，举办了第一届京都奖颁奖仪式。自此，稻盛开始思考如何为全人类做贡献。

稻盛不寻常的"活法"引发了很多人的兴趣，年轻的企业经营者们尊他为师，成立了"盛和塾"这一学习型组织，塾生很快就遍布全世界。

但是，挑战仍没有结束。稻盛以年近八旬的高龄，接手已成为国家性课题的日本航空[1]的重建工作，震惊世人。曾有数位知名企业家挑战日航的重建工作，但都铩羽而归。而且，日航还是一家发生过世界航空史上第二大空难事故的航空公司。

稻盛为了国家挺身而出，不惜火中取栗。他在短短两年里就将日航从负债累累的状态变为利润最高的公司，实现了业绩 V 字形回复，创造了日本经营史上的奇迹，震惊了世界。

如今，京瓷成立已经超过 60 年了。

成立的第一年，京瓷的销售额只有 2600 万日元；而根据 2018 年 3 月的集团年度财务报告显示，京瓷的销售额已高达 1.577 兆日元。剔除京瓷成立至今的物价指数增长约 5.5 倍这一因素，其销售额也增长了 1 万倍。创业之初，京瓷只有 28 名员工，现在增加到了 75940 人。

在我采访的时候，公司员工用稀松平常的语气说："在我们公司，像今年这样盈利已经持续 59 年了。"这令我十分震惊。

京瓷成立至今没有一年出现过亏损——因为，上述话语中的"今

1　日本航空：Japan Airlines Co., Ltd. 简称 JAL。以下简称"日航"。

年"（2018 年，即平成 30 年）正是京瓷成立的第 59 年。不得不说，京瓷真是一家不可思议的企业。

在稻盛的经营思想中，尤为重要的是"哲学"。这个"哲学"，就是他所总结出的经营哲学。

稻盛的经营哲学中有一个"成功方程式"，就是"人生·工作的结果 = 思维方式 × 热情 × 能力"。人的"能力"只是其中的一个要素，而且需要和"思维方式"及"热情"相乘（而不是相加）才能得出最后结果。也就是说，后天的努力可以极大地开拓和改变人生。

如果拥有的是负面的思维方式，那么即便拥有能力和热情，结果也会变为负值。所谓"负面的思维方式"，换个说法就是"邪念"。对稻盛来说，"思无邪"才是人生的根本指导方针。

在国外，学习稻盛哲学的热情远远超过我们的想象。

不少人将稻盛誉为可与松下幸之助相媲美的"经营之神"。

《活法》是稻盛的代表作。这本书自 2004 年（平成 16 年）问世以来，已被翻译成 14 个国家的文字。截至 2018 年 10 月，在日本国内销售了 129 万册，国外销售 314 万册，成为名副其实的畅销书。

该著作不仅在日本畅销，在中国的销量更是高达 304 万册，这是一个令人震惊的数字。

在稻盛撰写的众多书籍中，最畅销的不是关于经营技巧方面的图书，而是《活法》。这个现象中蕴含着巨大的启示，因为人们希望从稻盛身上学到的，正是人生的活法。

写作本书是一种尝试，希望通过追寻稻盛走过的人生道路，为每个在望不见前路的人生海洋中航行的人，找到照亮前方的灯塔。

第一章

不走运的孩子王

为故乡的先辈自豪

稻盛和夫于 1932 年（昭和 7 年）1 月 21 日出生于鹿儿岛市药师町（现在的鹿儿岛市城西一丁目），是经营印刷业的父亲畩市和母亲纪美的第二个孩子。

1932 年，日本军部力量正处于迅速壮大的时期。

那时，日本尚未出现压抑的氛围。不仅如此，因为中日甲午战争、日俄战争两场对外战争的胜利，整个日本充斥着"走上世界一流强国道路"的亢奋感。谁也没有想到，在短短十几年后，日本的人们就不得不为了躲避空袭而四处逃窜了。

萨摩藩曾在明治维新中成就了史无前例的伟业。在鹿儿岛，萨摩藩的优良传统代代相承，生生不息。

鹿儿岛人杰地灵，人才辈出，其中有"明治维新三杰"之一、制定日本中央集权制的大久保通利，制定警察制度，被称为"日本警察之父"的川路利良以及担任首届驻英大使、外务大臣及文部大臣的寺岛宗则等。

这些人物里最有名的便是西乡隆盛了。西乡隆盛可谓明治维新的最大功臣，他出生的加治屋町就位于稻盛诞生的药师町西南方向，离药师町仅 1.5 公里。

鹿儿岛的风土，原本就能孕育远大的志向。

那儿有南国独有的强烈日照和充沛雨水，参天的大楠树随处可见。其中，蒲生町（现在的姶良市）的大楠树被认为是"日本第一大树"。另外，几乎在鹿儿岛市内的任何地方，都能远远看到锦江湾对岸喷着黑烟的樱岛。

"我们胸中涌动的炽热梦想，就同樱岛火山上喷涌的烟雾。"

幕府末年的志士平野国臣曾到访鹿儿岛，并将心中的感动咏唱成歌。古往今来，鹿儿岛人胸中燃烧的梦想与情感深深地埋藏在这座樱岛火山中。

另外，大自然也给生活在这片土地上的人们带来了考验。火山灰形成的白沙高地保水性太差，哪怕稍有小雨，就会造成水土流失，因此并不适合种植水稻，更谈不上土地肥沃。更糟的是，鹿儿岛地处台风登陆的必经之路上，太平洋上强大的台风会以凶猛之势呼啸而来。

严峻的自然条件孕育了被称为"萨摩隼人"[1]的鹿儿岛人，使他们具有坚韧不拔的顽强意志。稻盛的人格形成，毫无疑问也受到了这种气候、风土和先辈们的影响。

稻盛的父亲畩市于 1907 年（明治 40 年）生于鹿儿岛西北部的一个叫小山田村（现在的鹿儿岛市小山田町）的农户家，是家中的长子。

"稻盛"这个姓氏在日本很少见，但是，如果走到小山田町字马山附近，可以看到四处写着"稻盛"字样的招牌。"畩市"这个名字更加稀有。"畩"是日本自创的"国字"，只能按照训读发音，与"袈裟"二字的发音相通，从中可见稻盛家虔诚的佛教信仰。

父亲畩市是长子，家里还有三个弟弟。分别是比他小 6 岁的市助、小 10 岁的兼一，还有小 11 岁的兼雄。后来，稻盛和三个叔叔住在一起，关系十分亲密。

畩市的父亲七郎，是七兄弟中的老小。由于兄弟太多，畩市的父亲唯一能够继承的只有离字马山稍远的大山那里的三亩薄田。但是，

1　萨摩隼人：日本古代九州岛西南地区的原住民。——译者注

仅靠那点儿地根本吃不饱肚子，于是他只得贩起了蔬菜，勉强维持一家人的生计。

然而，生活还是十分贫苦。因为贫穷，畩市在童年时代吃尽了苦头。他曾得过中耳炎，耳中化脓，却因为没钱看病，耽误了治疗，从此一只耳朵便听不见了。

为了贴补家用，畩市从小就去打零工。读小学时，他听说在博多的只园山笠祭抬花车收入不错，于是跑去卖力气。因为他个头高，显得比实际年龄大，因此被安排去抬花车装饰中最重的部分。当年的畩市外表看上去个头不小，其实连肌肉都没怎么发育。因为当时身体不堪重负，他一辈子落下了腰痛的毛病。

因为父母都要工作，畩市便要照顾年幼的弟弟们，只能带着他们去上学。这边尿布湿了，还没换完，那边年幼的弟弟又开始哭着吵着要回家。周围的同学不断地抱怨"吵死了""臭死了"。因为打扰了同学们上课，畩市只好带着弟弟们离开教室，躲在同学们听不到哭声的校舍后面换尿布，还要拼命地哄他们。因此，即便他想学习也没有办法安心学了。

家里买不起大米，只能用小米做饭团充当午餐。和大米做的饭团不同，小米没有黏性，总是会扑簌簌地掉得到处都是。而更令人难过的是，即便如此，畩市还要把小米一粒粒捡起来。

稻盛的大妹妹绫子曾黯然地说："父亲到了晚年，常常一边回想过去，一边说着这些陈年往事。这时，他总是两眼泪光闪闪。"

畩市常说"做人要凭良心"。畩市性格耿直，甚至可以称得上愚直，不善逢迎讨好或投机取巧，即便被欺骗也不生气。

稻盛的兄弟姐妹都异口同声地说："我从来没有听到过父亲说别人坏话。"

畋市稍有经济能力之后，时不时地有远房亲戚跑来说借点儿钱急用。不管纪美怎么反对，畋市总会让亲戚或多或少带些钱回去。尽管他也知道，这些钱多半是还不回来的。

在绫子幼小的心灵中，父亲就是个"老好人"。这一"老好人"的血液同样在稻盛的身体中流淌。晚年的他，经常看重"利""理"均无法诠释的"情"，实际上是来自父亲的遗传。

畋市普通小学一毕业，就去市里的一家印刷行当学徒。当时，对于贫困家庭的孩子而言，当学徒学一门手艺是找工作的最好途径。认真、勤快的畋市拼命地工作，希望成为一个有本事的手艺人。

在学徒期满之后，作为报答，他又做了一阵子义务帮工。畋市 20 岁时，母亲去世。因为家里没有女人的话会很不容易，于是他托人说媒，于 1928 年（昭和 3 年）娶了家住锦江附近的天保山町、年纪比他小 3 岁的溜家[1] 女儿纪美为妻。那一年，畋市 21 岁，纪美 18 岁。

比起纤瘦、娇小的纪美，畋市更显得高大、英俊，而且看上去忠厚、耿直。纪美的父亲第一眼看到畋市，就断言"这个男人以后一定有出息"。

但是，对纪美而言，突然多了三个小叔子，他们食量大、活泼好动，照顾他们是件很辛苦的事。不过，在贫苦人家长大的纪美性格坚强，她任劳任怨，从不叫苦叫累。很快，她便适应了稻盛家的生活，并于婚后第二年生下长子利则。

在印刷厂工作时，畋市的收入并不高，回家后还必须做各种副业贴补家用。日子就这样一天天地过着，一天，有位经常往来的纸品批发商对畋市说，想把一台二手印刷机转让给他。不过，其中是有缘由的。

---

1 "溜"为纪美婚前原姓。

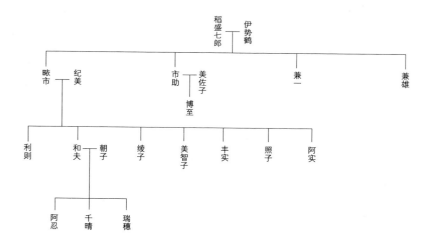

稻盛家谱

1929 年（昭和 4 年），也就是长子利则出生那一年，在 10 月 24 日，美国的股市暴跌（黑色星期四），引发了世界恐慌。受这一影响，日本经济也陷入了严重的萧条。

和纸品批发商有生意往来的一家印刷公司在这场经济危机中倒闭了。纸品批发商为了减少损失，只能扣押这家印刷公司看上去还算值点儿钱的印刷机。但是，这台印刷机对他来说毫无用处，于是他看中了勤劳、憨厚的畩市。最后，通过挣钱了再付款的方式，他将印刷机转让给了畩市。

借此机会，畩市自立门户，打出了"稻盛承制堂"的招牌。店铺的商标图案是"财神坐中间，稻穗垂两边"。

顺便提一句，我在稻盛家的墓碑上还发现了绘有稻子图案的罕见家族纹章，于是做了一些调查，结果没有在任何一本家族纹章词典中找到相关记载。当然不会有任何记载，因为这个家族纹章是畩市设计的。

因为手艺好，店里的生意异常火爆，订单接踵而来。就连附近的鹿儿岛实业公司的印刷品也都被畩市一手包揽。尽管光是操持家务和照顾弟弟们就已经让纪美分身乏术了，但她仍然帮忙打理畩市的生意。

在那期间，隔壁的房子空了出来，房屋中介来问畩市买不买。起先，畩市一口回绝，后来中介百般游说，甚至表示价格可以和屋主协商，畩市最终被说动，决定把房子买下来。他们把以前住的房子改造成印刷所，一家人住进了新买的房子。

在新房子里，二儿子和夫出生了。他真实的生日是 1932 年 1 月 21 日，但户籍上登记的是 1 月 30 日。这是因为畩市工作太忙，耽误了去上户口。

连哭三个小时的"磨人精"

哪怕误了给孩子上户口，哪怕通宵达旦，也一定要按时交货，这是畩市的原则。他工作专心致志、在工钱上也不讨价还价，这令那位纸品批发商由衷地欣赏。于是，他又给畩市带来了一台自动制袋机。

"福冈有一台特别好的机器，就是谁也不会用……不如稻盛先生用用看吧。至于费用，不用着急，几年后再付款也没关系。我还可以给你介绍（纸袋）客户。"

尽管纸品批发商提出的条件很诱人，尽管知道那台机器很有用，但畩市却是连过石桥都要一步一探的小心谨慎的性子。

最后，纸品批发商也不管畩市答不答应，强行把自动制袋机搬了过来。幸好结果不错，正如纸品批发商所料，畩市很聪明，很快掌握了新机器的使用方法。稻盛家的日子也因此渐渐宽裕起来。

生意越来越好，畩市便请来附近的大娘和大婶们到店里帮忙。纪美向她们麻利地发号施令、分配任务。大家都很尊敬她，"纪美太太，纪美太太"地喊她。"父亲具备匠人气质，沉默寡言，母亲则既开朗又坚强，与之形成鲜明对比"，这是一对性格互补、般配的夫妻。家中充满了欢笑声。

随着纪美的小叔子们渐渐长大，他们开始帮着印刷所干活，帮了很大的忙。长子利则的性格老实，从小不就怎么让人操心。问题就出在和夫身上，照顾他一个能抵照顾两个，他格外黏人，还爱撒娇。

鹿儿岛方言里有"磨人精"一词，指的就是任性、爱吵闹的小孩儿。幼年时期的稻盛就是个典型的"磨人精"。他成天跟在母亲后面，紧紧地抓着母亲的和服下摆。母亲去厨房，他就跟着去厨房；母亲上厕所，他也跟着去厕所。

"我还以为手里的是什么，原来是和夫的手。"

从母亲纪美的这句话中，我们就可以知道那时的稻盛是个多么黏人的孩子。

而最让周围的人头疼的，是稻盛一哭起来就没完没了，根本停不下来。他还手脚一通乱抓乱踢，常常把拉门踢倒、拉窗弄破。在接受采访时，稻盛对笔者说道：

"当年，我很爱哭，街坊都说'小和夫一哭就能哭三个小时'。只要妈妈一冷落我，我就会立刻大哭起来。我常赖在八个榻榻米大小的屋子角落里，一边手脚乱舞，一边哭闹不止。母亲怕我打扰附近的街坊，便跑过来训斥我'不准再哭了'。可是，这么一来，我哭得就更厉害了。母亲拿我没办法，只好走开。我觉得她不要我了，于是哭得更厉害了。"

稻盛的祖父七郎可谓一位勤劳肯干的模范老人。他以前主要做蔬菜生意，稻盛懂事起，到了夏天，就会看到祖父把冰棍和西瓜装到大板车上，走街串巷，四处叫卖。他最喜欢看祖父做生意的样子，当然是因为七郎会经常把卖剩下的东西给他吃。

此后，"稻盛承制堂"的生意越发兴隆起来，不仅请附近的大娘和大婶们来干活，还开始正式雇用员工了。

当时的印刷行是从铅"活字"中拣出字来，排列成活版进行印刷的。各种各样的金属活字被整整齐齐地码在一个大木盒子里。一只手托着选字盒，一边读稿子，一边熟练地挑拣活字——当年的印刷可谓凭技术吃饭的行当。

对小和夫而言，隔壁的印刷所是一个绝好的游乐场。其中，他最感兴趣的便是那台自动制袋机。发动机上很暖和，小和夫常常坐在上面暖脚。这一行为很危险，如果被卷入传输带，可能会受伤，但和夫一次都没被责骂过。

或许，大家会以为小和夫既然对印刷工作如此兴趣盎然，必定常帮父亲的忙。其实不然。众所周知的工作狂、"京瓷的创始人稻盛和夫"，小时候却是一个一点儿都不愿帮家里做事，既不懂事又爱撒娇的孩子。

每天，孩子们醒来时，畩市已经在工作了。但不管多忙，吃饭的时候，他总会和家人聚在一起。他就是这么顾家。

纪美的娘家位于锦江湾附近的天保山町，稻盛小时候经常去那里玩。稻盛记得最清楚的，是小学一年级时拜年发生的一件事。当时，妹妹绫子刚出生。那时，稻盛家只有三个孩子，利则他们都穿着漂亮的衣服出门了。

附近的人见了，都羡慕地说："纪美嫁了个好人家。"

纪美的父亲藏之助容易冲动，是个直性子。年轻时因为和别人打架，腿脚落下了一些毛病。他特别疼爱小和夫。在当时那个年代，1分钱就能买到粗制点心，但他竟然给过小和夫 50 分钱的压岁钱。

这对于一个节俭的人家来说，是非常难得的。

因此，当时还未出嫁的小姨子们都嘟囔："就知道疼外孙。"

与其哭泣，不如飞翔

鹿儿岛市和附近的村镇合并后，现在约有 60 万人，而在稻盛幼年时，大概只有 18 万人。即使在市内，只要离市中心稍远，举目便是一片宁静的田园风光。稻盛出生的药师町原本是萨摩藩的城邑，药师町的名字也因萨摩藩岛津家别邸的草药园得名。

从稻盛家步行一分钟，就是奔流不息的甲突川。甲突川这一名字取自"破甲"之意，特别适合当地的尚武之风。以前，这条河经常泛滥成灾。

稻盛家附近的甲突川
（左上为城山，北康利摄）

和母亲、哥哥利则（右）在
一起

从鹿儿岛市看到的樱岛
（北康利摄）

小时候，和夫常和哥哥利则一起去甲突川捕鱼。

"和夫，走，到河边去！"只要听到哥哥一喊，和夫就立马拿起水桶乐颠颠地跟在哥哥后面。

到了河边，哥哥三两下蹚进河里，特别勇敢、矫健。而和夫则在河堤边等待，负责接过哥哥抓到的"猎物"。

利则为了确认哪儿有鱼，常常慢悠悠地蹚着齐腰深的水往上游走。后来，他找到一处护岸工程打桩的地方，那儿沙土堆积，成为鱼虾的栖息地。当然，也正好成了天然的"渔场"。

运动神经发达的利则忙着捉鱼，一条又一条，就连藏在木桩间隙的虾和鲫鱼都能抓到。有时，还能徒手抓到个头较大的鲤鱼。

"快看啊，和夫！"

"在我看来，那时哥哥就像个大英雄，我一直在岸边为哥哥加油。我还记得，如果哪天我们捞了很多草虾回家，妈妈就会用酱油和糖煮成美味大餐，让我和朋友们一起大快朵颐。"稻盛回忆道。

那时的空气、水、土壤都还没有受到任何污染。河水清澈见底，一到夏天，孩子们穿条兜裆布就下河游泳了。

在甲突川对岸可以看到的城山是历代萨摩藩主居住的鹤丸城的腹地。虽然海拔只有 107 米，却形成了无法想象的、范围巨大的山体，成为一道天然屏障。

城山作为西乡隆盛的临终之地而被人熟知，山里还留下了西乡隆盛曾露营过的"西乡洞穴"。那是 1877 年（明治 10 年）西南战争时，在发起最后进攻前，西乡等人野营时留下的。虽然因为猛烈的炮击，那儿一度变成了荒凉的秃山，但是到了稻盛出生的时候，城山又是郁郁葱葱的了。

到了冬天，大家一起去城山捕绣眼鸟。那是特别开心的事。摆放好用于捉鸟的笼子、熟透了的柿子，加上涂有粘鸟胶的小树枝，剩下的就是静静等待了。

"说到等待绣眼鸟落入陷阱时的焦急心情，现在回想起来，心脏还会怦怦直跳。"

稻盛谈起这些童年趣事的时候，表情愉快，仿佛回到了少年时代。

小时候的和夫是个典型的"窝里横"，只要一出门就会乖乖地跟在哥哥后面。

有一回，他和哥哥及哥哥的朋友们一起在田间小路上边走边玩，突然被一处用于灌溉的水渠拦住了去路。水渠并没多宽，大家伙儿助跑后纷纷顺利地跳了过去，只有小和夫犹豫来犹豫去，想跳又不敢跳，最后急得眼泪都快出来了。

看到这个情形，孩子们开始起哄，还唱起鹿儿岛当地的童谣打趣他："哭吗？跳吗？要哭的话不如跳。"

这是流传在鹿儿岛的一句名言，意思是"有空暇思考，不如赶紧行动"。这是基于阳明学思想的萨摩隼人的精神信条。

那真是令人一筹莫展的时刻。关于那个故事的结尾，稻盛是这样说的：

"没办法，当时只好鼓足勇气，用力助跑开始跳，没想到还是不争气地掉进了水渠。我清楚地记得，当时我还'呜呜呜'地哭了。"

比起一口气顺利跳过去的结尾，我反倒觉得这个结果更令人信服。

当年的稻盛和其他男孩一样，从小就接受了长大后要当兵的宣传教育。当然，对他来说，对这个概念的理解仅仅停留在"打仗游戏"的程度。

日俄战争取得胜利后，日本士气高昂，以"大日本帝国"自居，极度膨胀，最终走向了毁灭。

1938 年（昭和 13 年）的春天，稻盛进入鹿儿岛市立西田小学上学。举行入学典礼那天，小和夫被母亲纪美牵着手走进小学的校门。

典礼结束后，新入校的学生被分到不同的班级，坐在各自的座位上。当时还处于"男女七岁不同席"的年代，因此班级被分成了男生班和女生班。

"今天辛苦大家了。各位家长请回吧。"

听到班主任老师的话，纪美刚准备和其他家长一起离开教室，一件意想不到的事发生了。

"妈妈！"小和夫一边哭嚷着，一边从座位上站了起来，跑过去死死地抱住母亲纪美。全班这么做的只有他一个人，大家都像看什么稀罕事一样看着他们两。

在教室里所有人的注视下，纪美的脸变得通红，只好一直站着不动。"能哭三个小时"的小和夫的泪腺被彻底打开，怎么劝眼泪都止不住。纪美想走也走不了，只好孤零零地站在教室后面陪和夫，直到他放学。

"没有比这更丢人的事了。"后来，这件事还常常被稻盛家的人提起。

入学一周左右，和夫仍然还要让纪美送他上学，可妈妈很忙，所以有时让四年级的哥哥利则领着他去上学。

"快一点儿啊！"哥哥着急地催促着，小和夫却磨磨叽叽的，总不跟上来。后来，利则等得不耐烦，就先走了。

"哇啊——"

于是，小和夫又开始哭鼻子了。

叔叔兼一也经常在关键的时刻顶上，用自行车接送哭闹着不肯上学的和夫。他真是个让人操碎了心的孩子。

没想到第一学期结束时，这个问题儿童却带着门门功课都是甲[1]的成绩单回了家，真是太让人惊讶了。纪美高兴得逢人便说："亲戚当中没有一个孩子像我家和夫这么有出息！"

虽然这让大家开始想象，"将来是当博士还是当大臣"，但和夫全甲的成绩仅仅维持到小学一年级第一学期就结束了。自从和夫沉迷于玩耍开始，成绩单上的"甲"逐渐变成了一只只小"鸭子"。[2]即便如此，父母也从来没有叮嘱过他"要好好学习啊"之类的话。他就这样无忧无虑，一天天茁壮成长。

"自由平等"的家庭环境

鹿儿岛一到春天就会举办叫"木市"的集市。木市上除了摆放着一排排适合庭院栽种的树木、花草的盆盆罐罐，还有卖鸟和点心的小铺子，所以大人、孩子都很喜欢逛木市。

和夫也和母亲纪美一起来到木市。当他发现有一家卖小白兔的铺子后，便停下了脚步。纪美有种不好的预感，结果不幸被她料中。

"我要养小白兔！"

说完，小和夫便赖在货摊前一动不动，非要买小白兔，怎么劝也不听。

纪美拗不过他，只好屈服，但还是开出了一个条件："那你一定要答应我自己喂养……"

心满意足的和夫蹦蹦跳跳地带着小白兔回家了。刚开始的几天，他确实按照和母亲的约定，跑到甲突川的堤坝上摘繁缕草，自己喂养

1　当时的成绩分为甲、乙、丙、丁四个等级，甲等最高。
2　因为"乙"的形状像鸭子，因此被戏称为"鸭子"。

小白兔。可是，没过几天，他就把约定抛诸脑后，不管不问了。就这样，原本就很忙的纪美又多了一项喂兔子的任务。（加藤胜美《一个少年的梦》）

兔子的繁殖能力很强，没多久兔子就添子添孙，满院子蹦蹦跳跳了。家里还养了鸡，在山上捉的绣眼鸟也关在鸟笼里。有段时间，家里还买了山羊，稻盛家的院子简直变成了动物园。纪美原本还在后院开辟了一小块菜地，没想到后来全被踩坏了，辛辛苦苦种的蔬菜都变成了小动物们的美食。

当时，政府用奖励的方式鼓励国民多生孩子。那个年代还没有生育率下降的问题，到处都是小孩儿。稻盛家也不例外，妹妹和弟弟相继出生，稻盛家不知不觉变成了一个有四个男孩和三个女孩的大家庭。

他们分别是长子利则（1929 年）、二儿子和夫（1932 年）、长女绫子（1934 年）、二女儿美智子（1937 年）、三儿子丰实（1941 年）、三女儿照子（1944 年）以及小儿子阿实（1948 年）。

和夫他们的名字都是父母反复查看起名书，仔细推敲出来的。据说，那本厚厚的起名书后来在战火中被烧毁了。

稻盛家的兄弟姐妹之间的感情很好。大女儿绫子上小学时，一放学，利则和和夫总会去教室接绫子。那时候，和夫会径直走到教室里，而大哥利则会在教室外面等。

然后，他们让绫子在中间，三个人手牵手一起回家。

稻盛上小学二年级的时候，也就是 1939 年（昭和 14 年），第二次世界大战爆发了。两年后，1941 年 12 月 7 日（当地时间），日本偷袭珍珠港，太平洋战争爆发。稻盛读小学的时候应该是他们家日子最宽裕的一段时期了。

类似于现在的员工旅行，稻盛家会安排在店里帮工的大娘和大婶们去樱岛采枇杷。当时的樱岛漫山遍野都是枇杷园。大家伸手从树上摘下枇杷，先吃个够，再把背包塞得满满的，满载而归。

到了盂兰盆节和新年，稻盛全家还会一起去泡温泉。鹿儿岛县的温泉仅次于大分县，排在全国第二。稻盛家附近就有不少温泉。

他们最常去的是河头温泉，位于父亲畩市的故乡小山田。据说，那是岛津齐彬[1]开设的温泉。孩子们只要听父亲畩市说"去河头"，就会立刻欢呼起来。到了温泉旅馆后，父亲一定会点上一份美味的寿喜烧，这应该是稻盛家最奢侈的享受了。

后来，稻盛一直特别喜欢吃牛肉盖浇饭，经常出入有乐町的吉野家。稻盛家好像有爱吃肉的基因，即便是平日里极为节俭的父亲畩市，偶尔弄到些肉，也先吃为快。到了晚年，父亲最爱的便是牛排。绫子她们说，大概父亲年轻的时候喜欢吃肉，可是想吃却吃不到，这应该算作他饱尝人生辛酸后给自己的一种补偿吧。

不过，当时的牛肉很贵。逢年过节，纪美就会把家里养的鸡杀了，做几道美味佳肴。她会将新鲜的鸡肉做成刺身，然后做玫瑰寿司，再用剩下的鸡骨头熬高汤，炖大白萝卜。这三道菜组成的"套餐"便是稻盛家最让孩子们难忘的"妈妈做的菜"。

稻盛上小学二三年级时，曾去甲突川河滩那儿帮着哥哥杀鸡。他掐住鸡脖子，用脚卡住脖子，哥哥利则负责拔鸡毛。

"记得那时我还小，总觉得把鸡脖子掐得太紧，鸡会很可怜，于是稍微松了松劲。没想到，那只快被拔光毛的鸡却突然发疯似的挣扎起来。我一紧张，手就松开了。结果，那只没剩几根鸡毛的鸡趁机逃跑了。大哥就急忙在后面追。"稻盛的童年不乏这样的经历。

"听父母说，我是个特别活泼开朗的孩子。比如，亲戚们聚在一

---

1 岛津齐彬：日本江户时代大名、萨摩藩第 11 代藩主。——译者注

起的时候，我常常会想办法逗大家开心。"（稻盛和夫《人生与经营》）

稻盛之所以能养成这种活泼、开朗的性格，原因之一大概是他潜移默化地受到了家庭氛围的影响。当年的鹿儿岛，封建思想还很严重，一般家里都特别重视长子，但稻盛家却完全没有这种想法。

虽然家庭只能说是一个很小的世界，但稻盛在其中充分享受了"自由和平等"，茁壮成长。所以，长大以后，稻盛绝不容忍损害"自由和平等"的事情。

重"义"的乡中教育

原本在外胆小懦弱、在家黏人又爱哭的稻盛，最终能成长为一个质朴、刚毅、坚强的人，有经受鹿儿岛特有的乡中教育锻炼的因素。过去，孩子们喜欢聚在一起学习或切磋武艺。稻盛小的时候，学校的活动必须参加，有的孩子还要去被称为"学舍"的机构接受教育。

当时的"学舍"里有好几本固定的基础教材，其中之一便是重振岛津家的日新公（岛津忠良）创作的《伊吕波歌》[1]。

"圣贤之道，听了、唱了却不践行，这样就没有价值。"

《伊吕波歌》里最前面的一些歌，完全体现了"知行合一"的阳明学精神。背诵和"咀嚼"这些歌曲的时候，更能理解重信守义、重礼节、以仁心为宗旨等曾经的武士道精神。

此外，和《伊吕波歌》一样被重视的还有《三戒》。"不认输""不说谎""不欺负弱者"这三条戒言在鹿儿岛人心中是不可违背的行为准则。

---

1 《伊吕波歌》：日本的识字歌之一，以 47 个平假名不重复地编成的七五调和歌。据传产生于平安中期以后，也作为假名的排列表，沿用至近代。——译者注

"学舍"还教授基础的日本历史、中国古籍和萨摩地区的伟人事迹。不用说，其中最了不起的人物便是西乡隆盛了。在稻盛的人生中，日本的代表人物西乡隆盛对他有着巨大的影响。

在西乡隆盛言行录《南洲翁遗训》中有这样的话："爱己为最不善也。"

后来，每当稻盛做经营决策时，都会扪心自问是否"动机至善，私心了无"。他用这句话来比照同乡的英雄人物西乡隆盛的无私精神，叩问自身的行为是否无愧于心。

通过乡中教育，孩子们不仅学习了文化，体能也得到了锻炼和提高。鹿儿岛最有名的是剑道"示现流"。训练的方法非常简单，只需要一个劲儿地击打树木。

鹿儿岛的孩子们即便在寒冷的冬天，也会赤着脚踩在霜柱上，坚持每天练习击打树木。同伴之间还相互较量，看谁能先把树折断。

为了培养人们继承当地的优良民风，鹿儿岛还保留着"参拜妙元寺""曾我烧伞祭""赤穗义士传轮读会"这三大传统活动，而这些活动也是鹿儿岛土生土长的人共同的童年回忆。

其中，"参拜妙元寺"是让人们沿着鹿儿岛市内的照国神社到德重日置市的德重神社单程约20公里的路线徒步往返，为的是体验在关原合战期间，岛津义弘突破敌人包围时所承受的苦难。据说，当年岛津义弘和他的部下都身着重甲徒步突围，令人震惊。

"曾我烧伞祭"源于曾我五郎和十郎两兄弟为父母报仇而杀死工藤祐经的故事。每年的7月，都会在稻盛家附近的甲突川举行。

当年，河里有个沙洲，人们在沙洲上用土筑了一个叫"台场"的舞台。活动举办前的大约10天起，孩子们就忙着收集不要的粗制油纸伞和新年时用的绳子。因为最后要选出哪个教育机构收集得最多，所以大家都很努力。其中也不乏混入了一些还能用的伞。

到了庆典当天，人们把收集来的雨伞堆在台场上，然后点火焚烧。当人们点燃手中的油纸伞时，心中自然而然地会产生壮烈之感。

"原本我们就是曾我的兄弟姐妹啊……"

围着熊熊燃烧的伞堆，人们开始载歌载舞。

1941 年 3 月，政府公布了国民学校令。在稻盛上三年级的时候，西田小学成为西田国民小学。

每逢赤穗义士为主君复仇的 12 月 14 日，全校学生就会被召集到大礼堂，举行"赤穗义士传轮读会"。校长会读《赤穗义士传》，让学生们了解赤穗义士们的忠义故事。

忠孝固然很重要，但对鹿儿岛人来说，"义"却是最重要的。赤穗四十七义士的故事与鹿儿岛毫无关系，他们之所以坚持那么郑重其事地学习，是因为赤穗义士身上有着不屈服于幕府权威的"大义"。

读《赤穗义士传》的日子必是寒天冻地的。不过，学生们不仅在上学和放学的路上，就连在学校里也要脱掉袜子，光着脚穿上草鞋。还要赤脚在铺着木板的礼堂里跪坐着听校长读《赤穗义士传》。听讲话的时间长了，脚会渐渐失去知觉，感受不到寒冷和疼痛。只有等到校长读完了，大家才能放松下来。

"那时，母亲一定会做好热腾腾的年糕小豆粥等着我回去。火炉上放着火撑子，上面架着锅，锅里'咕嘟咕嘟'地煮着我最爱吃的小豆粥。

"'冻坏了吧？'

"母亲总是一边嘘寒问暖，一边盛上一碗热气腾腾的小豆粥递给我。"

"赤穗义士传轮读会"在稻盛的记忆里始终深深地和他温柔的母亲关联在一起。

鹿儿岛从江户时代起，社会风气就很好。尽管如此，当年的鹿儿岛还有一些较为浓厚的封建习气。当孩子上小学或中学的时候，都必须在入学申请书上填写是属于"平民阶层"还是"武士阶层"。

看到父亲畩市填的是"平民"，稻盛还抱怨过："为什么我们家不是武士阶层呢？"

稻盛家那一带被称为"岛津宅地"，原本是萨摩藩低级武士所住的武家宅邸。畩市在做印刷生意挣了钱之后，购买了原来的武家宅邸，也算得上是发迹了，但孩子们却不懂得遮掩对于平民阶层的歧视。

"其中也有些孩子瞧不起我，总说我是'下等阶层的孩子'。我当时特别不甘心。我不服输的性格应该就来自那段经历吧。"（稻盛和夫《稻盛和夫：母亲的教诲改变我的一生》）

叛逆精神也是稻盛的主要特征之一。他虽然热爱故乡鹿儿岛，但同时对这些残留的封建思想有着强烈的反感。

"隐蔽念佛"

稻盛家族有虔诚的信仰。

稻盛年幼时，母亲纪美常常叮嘱孩子们："不得不把热水倒在池子里时，要记得先对水神（Sijin）说声'对不起'。"

"Sijin"是鹿儿岛方言中对水神的称谓，这种"万物皆有灵"的教育，贯穿在他们日常生活的点滴之中。

"老天有眼。"这也是稻盛家的家训。稻盛家的家训里所说的"老天"，指的是净土宗的阿弥陀佛。所以，稻盛家的家训又可以解释为："无论你怎么说谎、掩饰，都逃不过阿弥陀佛的眼睛。"

然后，母亲纪美还这样补充："不只是阿弥陀佛会看到，妈妈我也会看到哦。妈妈不只前面有眼睛，背后也长着眼睛呢。"

对稻盛家的孩子们来说，不用说，母亲可要比阿弥陀佛可怕得多。幼小的孩子的心灵就像吸墨纸，任何东西都能迅速吸收。在纯洁无瑕的心灵被沾染上污点之前，在家庭中进行品德教育时，加上些神秘色彩，效果会非常好。

晚年的稻盛之所以出家，其原点就是一种特殊的宗教体验，那就是"隐蔽念佛"。这些都源自当地对净土真宗的信仰，以及这一教派所受镇压的历史背景。"在阿弥陀佛面前，一切生灵都是平等的、尊贵的。"这一教义对执政者而言是极度危险的。众所周知，在这种信仰下形成的强大凝聚力，甚至让织田信长都吃了不少苦头。

1597 年（庆长 2 年）2 月，萨摩藩第 17 代藩主岛津义弘发布禁令，在藩内禁止信仰净土宗。即便如此，净土宗的教徒也没有放弃信仰。他们选择在深山的山洞等地集会，坚守信仰。这就是所谓的"隐蔽念佛"。

粕谷昌志的著作《关于"隐蔽念佛"》中描述：据文献记载，在宗教禁令管制下的庆应年间，小山田村有个村民是隐蔽念佛活动的组织者。此事暴露后，在被衙门传唤时，一位叫稻森长一的人还曾替他开罪。

1876 年（明治 9 年），针对净土宗的禁令被废止。虽然信徒们没有必要再隐瞒信仰了，但隐蔽念佛已经成了净土宗信徒之间的一种纽带。为了让信仰更坚定，在部分地区，信徒们还是保留了这种带有神秘感的宗教仪式。

其中，畔市的家乡小山田就是个尽人皆知的隐蔽念佛之地，在这里隐蔽念佛被很好地保留下来。纪美的祖母也是小山田人，看到畔市来提亲的时候特别高兴，想来也是与畔市经历过隐蔽念佛有很大的关系。

参加隐蔽念佛是一种很具仪式感的体验。稻盛曾在他写的《活法》一书中，叙述了他小时候体验隐蔽念佛的回忆。

"太阳下山后，我和另外几对父子一起，借着手中灯笼透出的微弱光亮，在漆黑的山路上艰难前行。大家都一言不发，我感受到一丝让人恐惧的神秘感。年幼的我，不由得加快了脚步，紧紧地跟在父亲的后面。"

这种集会是隐秘的，所以规定在去集会的途中，彼此间不能说话。

有人曾开车把笔者带到一个叫"栗之迫"的地方，据说稻盛当年就要经过那里。山路上狭窄又陡峭的坡道一个接着一个，孩子在这样恶劣的山路上走夜路，心里一定是很害怕的。

当年，稻盛他们到访的是一间民房。进到屋里，他们就看见壁柜里摆放着漂亮的佛龛，佛龛前穿着袈裟的和尚正在诵经。屋里只点了几根小小的蜡烛，十分昏暗。

孩子们都规规矩矩地跪坐在和尚身后，安静地听和尚低声诵经。诵经结束后，人们开始一个一个烧香叩拜。稻盛学着大家的样子做了一遍。

那时，和尚这样对他说："你以后不用再来了。但从今以后，每天都要对佛祖说'南曼南曼，谢谢'。在你的有生之年，只要坚持这么做就可以了。"

也有些孩子被要求"再来一趟"。实际上，这很重要，如果一直没能听到"以后不用再来了"这句话，据说日后的亲事都会受影响。

稻盛听了和尚的话，就像是考试合格，又像得到了真传似的，开心得不得了。

从那以后，对稻盛而言，"南曼南曼，谢谢"这句话便拥有了特殊的意义。

后来，在参观欧洲的教堂，被其庄严、神圣所震撼时，稻盛也曾脱口说出这句话。这句话就像口头禅似的，经过很长时间，已然融入他的身体，提醒他不忘谦虚、感恩。

从爱哭鬼到孩子王

纪美对孩子们总是很温柔，但同时她也继承了她父亲的基因，拥有"女中豪杰"的一面。

在稻盛出世前，纪美就有过"英勇事迹"。最小的叔叔兼雄还在上小学的时候，有一天，他满脸是血地回到家。

距离稻盛家两个路口的地方，住着一位在旧制高中上学的学生。据说，兼雄和朋友嬉闹的时候，那个高中生叫嚷"吵得我没办法学习了"，动手打了兼雄他们。

"居然连小学生都打，太不像话了！"

纪美催促畩市去讨个公道，不过，老实、憨厚的畩市不仅不去，还替别人解释："应该是他们的声音的确太大了吧。"

纪美不能接受这种说法。趁着畩市不在家，她拿起木刀，牵着兼雄的手，冲进那个打人学生的家里，威风凛凛地大喝道："一个有知识、有教养的人，会因为年纪这么小的孩子吵闹，就下毒手把人打出血吗？！这算怎么回事？要打的话就冲着我来！给我出来！"

事情后来如何发展不得而知，但是不难想象，面对着手持木刀、叉着腿、一脸凶神恶煞的纪美，那个高中生最后想必只能一个劲儿地道歉。

还有一次，稻盛和别人打架输了，哭着回了家。母亲问清楚事情的来龙去脉后，严厉地训斥他："如果认为打这场架是对的，干吗要哭着回来？！"说着，母亲拿起靠在墙边的扫帚塞到稻盛手里，要他去雪耻，说："去！把输掉的给我赢回来！"

从那以后，稻盛发誓，无论面对多么强大的对手，只要觉得自己是对的，就绝不逃避、绝不认输。

当时的和夫很像他的父亲畩市，身体瘦弱，头大额宽，下巴处却窄。家里人先是喊他"小和夫"，过了一阵子，出于长相的原因，给他取了个"假分数"[1]的绰号。

原本皮肤就有些黝黑的稻盛在鹿儿岛纯净而美好的自然环境里肆意奔跑、玩耍，被晒得更黑了。加上他头发有些自来卷，便又得了个"埃塞俄比亚人"的绰号。据说，这个绰号还是当年住在斜对面的老爷爷给取的。

可能是鹿儿岛乡中教育的成果，又或是受益于母亲斯巴达式的教育，随着升入高年级，稻盛不再是那个让人操心的爱哭鬼了，变得越来越坚强起来。他交了四五个朋友，他们就像他的"小弟"。正如稻盛在《稻盛和夫自传》一书中所写的那样，他逐渐变成了大家眼中的孩子王。

无论玩什么游戏，他都是当仁不让的指挥者。玩军事游戏时，稻盛负责制定"作战"方案，然后大家按照他的指令行动。对于在游戏中表现优异的人，稻盛会授予他们稻草做的勋章，以示奖励。

保护部下是领导者的职责所在。一旦领导者表现出软弱的一面，就会立刻被"小弟"抛弃。所以，即便遇到无法战胜的对手，稻盛也要鼓足勇气与其较量。据妹妹绫子回忆，稻盛在小时候，有一次回到家后说起过一个搞笑的故事，那是他手下的"小弟"被人欺负，他前去搭救的"英雄事迹"。

稻盛上小学时，一到放学时间，即便再忙，纪美也会为孩子们准

---

1 假分数：分子比分母大，比喻头大身体小。——译者注

备点心。纪美对做"蓬松点心"很拿手。它是添加鹿儿岛特产的黑糖后蒸出来的，类似现在的面包。有的时候，纪美也会煮些番薯。稻盛常带小伙伴们回来，大家狼吞虎咽地吃完点心后再一起去玩耍。稻盛自己往往没有点心吃，都让给小伙伴们了。这在食物开始日渐短缺的年代，是难能可贵的。

在那期间，班上有个被大家孤立的孩子。有一天，那个孩子悄悄对稻盛说了件不可思议的事："我有 50 钱银币。"当时，稻盛的零花钱每天只有一钱，所以 50 钱银币真的是一大笔钱了。

一开始，稻盛没怎么在意。直到那个孩子说："这是我奶奶给我的钱，稻盛你可以随便花。"稻盛才说："那么，你把钱带过来吧！"没想到过了几天，那孩子真的把钱带过来了。

"这些钱我真的可以用吗？"稻盛还是不放心，又确认了一下。

"当然可以用。"

于是，稻盛把这笔钱都用来买了点心，分给他的"小弟"们，痛快地过了一把大哥的瘾。然而，不久，麻烦就找上门了。第二天上学时，那个孩子的妈妈来了。稻盛随即被叫到办公室，不容分说地被老师狠狠地训了一通。

原来，那 50 钱银币是那个孩子从他妈妈钱包里偷出来的。

没想到，那个孩子竟然对母亲和老师说："稻盛命令我'把钱带过来，不然就揍你'，我没办法才偷的。"

另外，还有一件事。班上有个孩子，因为头顶上有一块正好一钱铜币大小的秃斑，大家都戏称他为"一钱秃"。

有一天，这个孩子对稻盛说："家里的柿子熟了，爷爷说，'把稻盛他们都叫来一起吃吧'。"

虽然担心再次遇到类似"50 钱银币"的事，但是经不住对方三番五次的邀约，稻盛心想这回应该是真的吧。

"那么，今天可以去摘柿子吗？"

"今天不行，今天我爷爷不在家。"这个孩子回答道。

第二天，稻盛又问他可不可以去摘柿子。这个孩子又找了别的借口，仍然表示不方便让他们过去。就这样被拒绝了几次以后，稻盛认为，既然之前同学的爷爷同意让他们去家里摘柿子，那么即便爷爷不在家，应该也没关系的。于是，他带了十多个小伙伴去那个同学家里，把树上熟透的柿子摘了个精光。

果然，这个孩子说的也是谎话。没多久，这个孩子的爷爷就怒气冲冲地来到学校，向学校投诉说稻盛威胁他家孩子："如果不让摘柿子，以后就整你。"结果，稻盛再次被老师严厉训斥。

熊熊燃烧的反抗之心

总是贪玩而无心向学的稻盛，就这样以平平的成绩升入了小学六年级。

糟糕的是，小学六年级时的班主任是个脸色苍白又阴郁的男老师。他和稻盛完全不对脾气。后来，稻盛索性连作业也不太愿意做了。这样一来，老师也肯定不会喜欢他。

六年级开学不久，班主任老师开始家访。

因为稻盛家在学区尽头，所以老师计划按照路线顺序，先去其他学生家家访，最后再去稻盛家。那天放学后，即将被家访的同学一个接一个跟在老师后面。途中，他们去了很多家，包括蔬菜店老板家、鱼店老板家，老师都只是简单地和那些家长聊上几句，让其他孩子在稍远的地方等他。渐渐地，跟在老师后面的孩子越来越少。在去稻盛家之前，老师又顺道去了一位刚从东京搬来的，名为镰田直谅的同学家。

那是个学习成绩好，又出身富裕家庭的孩子。孩子的母亲从玄关走出来迎接，即便在孩子们眼中看来，那也是一位很漂亮的女性，气质优雅又很有礼数。老师的态度突然变了。他和其他孩子的家长一直都是站在门口聊上几句就结束了，这次却意外地走进学生家里，还和家长谈了很长时间。

老师让稻盛在门外等着，但是等的时间太长了，稻盛感到有些奇怪，走过去将玄关处的门推开一道缝，悄悄瞄了一眼。原来，那个班主任老师正笑嘻嘻地喝着茶，吃着点心。幼小的稻盛心里觉得很不服气。

又等了许久，班主任老师才离开镰田家，来到排在最后的稻盛家。

母亲纪美当时正忙着工作，看到老师来了，赶紧停下手里的活，出来迎接。这时，老师又恢复了一贯的冷淡，简单寒暄几句之后，就结束了家访。母亲随意地将头发束在后面，也没有化妆。但是，对稻盛来说，母亲在他心里是最重要的，是不可替代的。稻盛认为母亲受到了怠慢，非常生气。

"这不是偏心吗？不公平！"稻盛的心里当时就是这样想的。

在那之后，稻盛开始欺负镰田，专找他的麻烦。虽然"不欺负弱小"是鹿儿岛乡中教育的三戒之一，但在稻盛心目中，镰田不是弱者，而是"强者"。

实际上，他联合自己的"小弟"们，那么多人欺负一个，不是欺负弱者又是什么呢？这样已经很恶劣了，然而他不单自己欺负，还煽动一帮小伙伴一起来。镰田对此事却一直保持沉默，大概是觉得如果和周围的人说了，会再被报复吧。

不过，坏事不久后还是败露了。据加藤胜美所写的《一个少年的梦》一书中记载，有一次，稻盛手下的一个小孩儿戴着当时流行的指节铜环欺负镰田时，伤到了对方的脸。这下终于纸包不住火了，在母亲的再三追问下，镰田把之前被欺负的事一股脑儿地说了出来。

第二天，稻盛来到学校，感觉气氛有些异样。平时，只要他一到学校，身边立刻会聚拢一帮手下的"小弟"，可那天却看不到一个人的身影。而且，到了上课时间，老师也没出现在教室。稻盛突然有种不祥的预感。果不其然，一会儿他就被叫到老师的办公室。

稻盛的"小弟"们都在老师的办公室里被罚站。面对老师的审问，孩子们异口同声地说："是稻盛让我们做的。"

虽然后来稻盛在《稻盛和夫自传》一书中谴责了他们的背叛，但说到底，最该被谴责的还是稻盛本人。最后，他再一次被老师极其严厉地训斥了。但是，稻盛可不是一般的"小孩儿"。

"为什么要欺负别人？"被老师这样责问时，骨子里的反抗意识让稻盛高高扬起了头："是老师不对。老师偏心！"

老师的脸色一下子就变了。

都没等稻盛解释为何认为老师偏心，老师的拳头突然就飞了过来，稻盛在毫无防备的情况下被打倒在地。

在以前的鹿儿岛，敢和长辈或上司顶嘴，立刻就会被骂"不许顶嘴"，并受到惩罚。大家都认为这是理所应当的，更何况没有比被一个孩子一语刺中要害更让大人丢脸、抓狂的了。

老师气得暴跳如雷，愤怒的表情让人感到害怕，但是稻盛并不服软，他狠狠地回瞪老师。老师失控了，狠命抓住倒在地上的稻盛的脖子，把他拎起来，又打了一巴掌。如果发生在现在，老师像这样毒打学生，绝对可以上报纸头条了吧。

当时，一般家庭还没有电话。一名学校的校工跑到稻盛家叫家长。母亲纪美吓了一跳，赶紧飞奔去学校。这回，老师开始恶狠狠地对纪美说教：

"稻盛的妈妈，你们家稻盛和夫是我们学校有史以来最坏的学生。我们正打算不让他这种顽劣的学生毕业。而且，就凭现在学校给他的

'在校评语'，他根本就上不了任何一所中学。"

当时，老师的社会地位比第二次世界大战后高得多。即使老师再有错、再不讲理，家长也不能抱怨。母亲纪美当时只能默默地听着。

直到傍晚，天快黑了，老师才算罢休。纪美牵着稻盛的手，踏上了回家的路。

途中，母亲问："和夫，你为什么要做那些事呢？"她虽然这么问，却并没有批评稻盛的意思。纪美永远是孩子们心中最慈爱的母亲。

对稻盛来说，他更担心的是自己的父亲畩市。他做好了当天回家承受父亲雷霆之怒的心理准备。

不出所料，吃饭的时候，父亲问他："你今天干什么好事了？"

"是因为老师偏心，我才那么做的。"稻盛回答了一句。

"哦，是吗？"出乎意料的是，父亲说完这句话，就再也没有提起那件事了。他用沉默表达了对稻盛的信任。

稻盛后来回忆当时的情形："我只想大呼'得救了'。"

这个故事后来还有下文。那个被稻盛欺负的镰田后来上了鹿儿岛二中（现在的甲南高中），再往后两个人一直没有见过面。镰田毕业后进入朝日啤酒公司，先后担任过总务、人事部部长等要职。没想到有一天，镰田突然给稻盛打了个电话。不用说，稻盛吃了一惊。

当时，朝日啤酒的业绩很差，负责裁员的镰田深感内疚而决定辞职。于是，他打电话来，想问问稻盛是否能给他一个在京瓷公司工作的机会。

时过境迁，两个人之间已没有任何芥蒂。而且，当初稻盛那么做也只是因为生老师的气。因此，稻盛欣然接受了镰田的请求，欢迎他加入京瓷公司。后来，镰田还在稻盛成立的北海道移动电话公司担任专务。他们成了关系特别好的朋友。

鹿儿岛方言里有"ぼっけもん"一词，指无所畏惧、豁达的人。这个词被认为是对萨摩男子汉最恰当的褒奖。稻盛固然继承了这种无畏的精神，同时他还兼具谨慎小心的一面。在前文中，已经多处提到过畩市是个做事谨慎的人。在做生意方面，稻盛受父亲的影响，特别谨慎。

京瓷公司里有个"只买一升"的原则。

虽然人人都说"买一斗更划算"，但是，京瓷提倡根据实际需要，一升一升地买。[1]

在这一思维方式的背后，其实藏着一个稻盛的童年经历。

在小山田，很多人像稻盛的祖父七郎那样，每天用平板车拉着或用扁担挑着蔬菜，在鹿儿岛市内走街串巷，沿街售卖，直到傍晚才回家。

把没卖完的东西带回家是很傻的。因此，他们会以很便宜的价格把卖剩的东西批量卖给想买的人家。而稻盛家就是他们的理想买家。

其中，有个远房亲戚找到稻盛家，重情义的纪美大方地把他卖剩的蔬菜全买下了。

稻盛看了，觉得妈妈做得很对，可是父亲畩市却不这么认为。

"你怎么又买了？！"父亲责怪母亲。母亲纪美可不会忍气吞声，她反驳道："人家给的价格的确很便宜啊！这样既可以帮到你家亲戚，我们又可以买到便宜东西。你不夸我就算了，至少没理由生气吧。"

听了父母亲之间的对话，稻盛心想："就是，妈妈说得对。"但是，在某个夏季的一天，稻盛刚从学校回来，纪美就拉着他帮忙，让他刨开院墙根，说那里埋着没吃完的番薯。

他挖出来一看，大半番薯都烂掉了。如果将腐烂的部分用菜刀削掉，原本一个大番薯就会变得很小。这真是"便宜没好货"啊。

1　一升是一斗的十分之一。"只买一升"遵循按需购买的原则。——译者注

这时，稻盛才终于明白父亲说的是对的。畑市想表达的意思是：无论东西怎么便宜，只要不是眼前需要的，就不该买。于是，"只买一升"原则在稻盛心目中成了一个绝对要遵守的规则。

从《生命的实相》中学到的心态

利则在稻盛家被称为"大个子哥哥"。他因为人品好而受到弟弟妹妹们的尊敬，家里的事都被他安排得井井有条。

年龄比他小很多的妹妹们的吃饭姿势、礼仪等，都由哥哥手把手地教导。可以说，利则分担了很多父母的工作。他还严格教授妹妹们打扫卫生的方法。比如说，清扫榻榻米时，要求她们沿着榻榻米的缝隙，仔细把角角落落都彻底清扫干净，不能只做表面文章。当妹妹们打扫卫生的时候，利则还常常站在后面，看她们做得是否标准。

哥哥利则小学毕业考入鹿儿岛实业学校后，还一直都是妹妹们的榜样。

"'大个子哥哥'当过班长。哥哥还在（鹿儿岛）实业学校当过辩论会会长。他以辩手的身份，曾在辩论大赛中获得过冠军。每当实业学校举办辩论赛（因为就在稻盛家附近）时，在家里就能听见辩论的声音。每到这时，父亲和母亲就会高兴地说'又在比赛了'。哥哥发言积极、思维敏捷，我们都觉得他很聪明。原本利则也想上大学的，不过，最终还是主动放弃了……"

从弟弟妹妹那儿听到的对哥哥利则的评价，全是无可挑剔的。

但是，孩提时期的"小哥哥"稻盛却十分任性。年尾全家一起大扫除时，稻盛竟然敢耍小机灵，在哥哥利则的眼皮底下玩消失，躲避劳动。

1944 年（昭和 19 年）春天，升学的季节到来了。稻盛毫不犹豫地报考了当地的名校——鹿儿岛第一中学（现在的鹤丸高中）。

哥哥利则小学毕业后考入的是鹿儿岛实业学校，但旧制中学的高中及大学升学率都远远高于实业学校。而旧制鹿儿岛第一中学（下文简称"一中"）又是鹿儿岛县排名第一的重点学校，所以稻盛无论如何都想考入一中，让自己的父母高兴高兴。

不过，稻盛当时的学习成绩只能算是中等水平。只有一年级时考过甲，小学六年的成绩几乎都是乙。而且，那个偏心眼的班主任老师对他的印象非常糟糕。

"我要报考一中。"听到稻盛这么说，老师的脸上浮现出一丝冷笑。他直截了当地说："我是不可能为你这种坏事做尽的学生给一中写推荐评语的。"

但是，稻盛是那种一旦做了决定，十头牛都拉不回来的性格。

"那我也会继续报考一中！"

他本以为只要能考出好成绩就一定能上一中，但这个想法太天真了。结果，他真的没被录取。无奈之下，他只能进国民小学高等科。

胜败乃兵家常事，考试也是如此。但对于好胜心比一般人都强的稻盛来说，考试失利却是一个沉重的打击。那位被他欺负过的镰田考上了鹿儿岛第二中学（现在的甲南高中）。看到他们昂首阔步、意气风发的样子，稻盛不由得想起当初他们被欺负得东躲西藏的凄惨场景。

稻盛所尊敬的西乡隆盛曾两度被流放离岛，可谓经历重重磨难，最终取得了成功。后来，稻盛在回顾自己的人生时才终于悟出，这些磨难与挫折正是通往成功之路的重要历练。然而，年轻时的他还不可能具备这样的格局。当时的他只是一味地懊恼，决心再次报考第一中学。

正当稻盛因人生的第一次挫败而备感沮丧之时，日本也正在迅速走向战败的道路。1944 年 7 月 7 日，塞班岛沦陷，从那里起飞的 B29 可以直接空袭日本本土。日本陷入空前的危机，国务大臣岸信介向首相东条英机提出了投降的建议。

当时的鹿儿岛地区有知览、万世、鹿屋等日本特攻队的基地。比稻盛年龄大不了多少的年轻人们携带着大约 250 千克的炸弹（仅携带单程使用的燃料）就出击了。他们所谓的"牺牲"丝毫扭转不了日本在战争中的颓势。与此同时，美国开始正式对日本本土发动空袭。

稻盛下定决心开始送报纸。虽然只送早报，但养成早起的习惯后，他对学习也就能投入更多的精力和时间了。然而，过了一段时间，发生了一件事，让他不得不停下送报纸的工作。

事情与畈市的二弟兼一叔叔有关。兼一曾入伍当过兵，退伍后回国开始跟在哥哥畈市后面做些事。

稻盛家的人基本上工作都特别认真，但二叔兼一却是个例外。一到周末，他就怂恿稻盛："一起去看电影吧？"

稻盛说："如果说得夸张点儿的话，可以说我是通过兼一叔叔才第一次接触到了外面的文化。"（稻盛和夫《稻盛和夫自传》）

之后不久，兼一再次被派往国外。不幸的是在工作期间，他罹患阿米巴痢疾，于 1944 年底回到鹿儿岛疗养。在哥哥畈市家休养了三个月之后，他好不容易恢复了体力，又要回去。在出发的前一天，为了感谢哥哥和嫂子对他的照顾，兼一特意请利则和和夫去鹿儿岛最大的商业街——天文馆大道的中餐馆里美美地吃了一顿。

但是，没想到的是，兼一叔叔留下了一份意想不到的"大礼"。

那就是"虱子"。睡在兼一旁边的稻盛被虱子叮咬后，先是身上痒，不久便高烧不退，卧床不起。

"这个症状太严重了，不像是虱子咬的……"

母亲的直觉使纪美敏感地察觉出和夫的症状非比寻常，急忙带他去看医生。

稻盛家常去的是位于附近的草牟田的植村医院。小时候，只要稻盛一发烧，他就会被父母带过去。往常步行过去只要 10 分钟，那次他的身体虚弱，竟感觉比平时远了好几倍。

植村大夫将听诊器放在稻盛胸前，脸色顿时一暗。他小声嘟哝："可能是结核病……"

纪美听了，脸色"唰"的一下变得苍白。战后，在特效药青霉素普及之前，结核病是不治之症，因此被称为"亡国病"。

为了保险起见，母亲纪美又带着稻盛去了鹿儿岛市内的大医院拍了 X 光，诊断的结果为浸润型肺结核。这是一种初期的结核病。虽然这一结果让纪美大受打击，但她并不感到特别意外，因为那时稻盛家被邻居称为"结核病之家"。

畩市的另一个弟弟市助住在家里的另一栋屋子里，于 1941 年 10 月因结核病不治身亡。他怀着遗腹子的妻子也是因为得了结核病，原本身体就虚弱，生完孩子后更是雪上加霜，仅仅过了两个月就追随丈夫而去。

悲剧到此还没有结束。畩市最小的弟弟兼雄开始咯血了。粮食供给的不足，使兼雄一天比一天虚弱。他脸色苍白，在家中院子里连站也站不稳。

此时的稻盛虽然只有 12 岁，却早早地意识到了"死亡"。母亲让稻盛住进家里采光和通风条件最好的那个有八个榻榻米大的房间，为他准备了特别有营养的食品，让他休养。病情时好时坏，眼看考试迫在眉睫，稻盛心里十分着急。

有一天，隔壁邻居家的女主人隔着院子的篱笆墙跟稻盛搭话："和夫，这本书虽然有点儿难，但你读读看！"

她是一个林田大巴司机的妻子，丈夫叫长野。她有一张椭圆形的脸，特别适合穿和服。她既年轻又漂亮，心地也好，稻盛家的孩子们都喜欢她。

她递给稻盛的是"生长之家"的教主谷口雅春写的《生命的实相》。据稻盛说那是一本黑皮封面的精装书。

在极度不安和恐慌情绪下，稻盛犹如抓到了一根救命稻草，如饥似渴地读了起来。他留意到了书上这样一句话："我们每个人心里都有一块磁石，它会吸引周围的刀枪、灾难、疾病、失业等灾祸。"

"这么说起来……"

稻盛回想起一件事。

稻盛知道结核病会通过空气传染，所以在兼雄叔叔卧病期间，每次经过他的房门时，都因为害怕被传染，总是捏着鼻子快速跑过。

父亲也叮嘱过："结核病是会传染的，你们不要从那儿走。"

所以，稻盛更加注意了。

但是，他那时候毕竟还是孩子，本打算憋着气直到经过房门，但往往因憋不住气，反而变成了深呼吸。"越想逃避，越逃不过厄运。难道是因为自己心中对结核病唯恐避之不及，才招致灾祸的吗？"

哥哥利则却不同，他满不在乎地说："哪有那么容易被传染上。"

畩市为了给弟弟兼雄补身体，特地买了山羊回来，让他喝羊血、吃羊肉。虽然花了大价钱，但兼雄的病还是渐入膏肓。

畩市感觉弟弟时日无多，就对家里人说："接下来就由我一个人来照顾兼雄吧。"结核病进入晚期后，结核菌的数量会异常增多。畩市对此十分清楚，所以坚持让家人远离，宣布由自己一个人来照顾弟弟。

结果，毫不在意的利则和一直坚持护理弟弟的畩市都平安无事，而唯独小心翼翼、唯恐避之不及的稻盛染上了结核病。

1945 年（昭和 20 年），稻盛家的住宅平面图（烧毁前）
（根据京瓷前监事稻盛利则口述而绘制的平面图）

1 坪：日本的面积单位，1 坪 ≈ 3.306 平方米。——译者注
2 叠：房屋面积单位，即一个榻榻米大小。——译者注

稻盛深深地感到，一切正如谷口所写的那样，父亲畩市明知自己可能被传染，但仍然义无反顾地照顾弟弟，这是多么美丽的心灵。面对甘愿自我牺牲、有献身精神的畩市，死神也要绕道而行。

稻盛虽然还是个孩子，此刻却幡然醒悟了。

他回忆道："这本书给我创造了一个契机，让我开始思考心态对人生的影响。"（稻盛和夫《稻盛和夫自传》）

在鹿儿岛大空袭中看到的生与死

空袭警报开始频繁响起，但兼雄叔叔早已做好了面对死亡的心理准备，所以很坦然。

他拒绝进入防空洞躲避："我不可以进防空洞，不能把病传染给别人！别管我了！我没事的。"无论空袭警报怎么响，他都纹丝不动。

在这种生活中，距离稻盛上次入学考试失败又过了一年。1945年春天，又将迎来鹿儿岛第一中学的升学考试。班主任土井老师特意来家里，劝说稻盛的父母同意他再次参加考试。考虑到他有病在身，老师还代他递交了报考鹿儿岛一中的志愿书，甚至还陪他一起去了考场。

然而，这次稻盛依然没有从公布的合格榜上看到自己的名字。

他的眼前一片漆黑，失魂落魄地回到家，蒙上被子倒头就睡。

当时，其实还来得及报名参加离家很近的私立旧制鹿儿岛中学（现在的鹿儿岛高中，简称"鹿中"）的入学考试，因为鹿儿岛一中的考试合格放榜日就是递交鹿中报考志愿书的截止日。但是，自暴自弃的稻盛躺在床上，呆呆地望着天花板，不愿再参加任何考试。

"算了吧，干脆不上中学了……"

那天又响起了空袭警报，全家人不得不再次躲进防空洞。就在稻盛无精打采、慢悠悠地从床上坐起来的时候，得知他没考上鹿儿岛一中，土井老师戴着防空头巾来到他家。

"是男人就不要放弃！"老师一边鼓励目光呆滞的稻盛，一边对他的父母说，"无论如何都要让和夫上中学。现在还可以报考鹿中，我已经替他提交了报考志愿书，请一定要让他参加考试！"

不用说父亲畈市，连稻盛自己也想回绝，但话到嘴边又咽了回去。他不忍伤土井老师的心，最终还是决定去参加考试。

鹿中的考试顺利通过了。试想一下，当年如果没有土井老师的坚持和极力说服，稻盛从国民小学高等科毕业后，或许会成为像他父亲那样的手艺人。

对于当时的学生而言，旧制中学以上的学历，和小学高等科毕业的学历，未来的人生道路将截然不同。如果没有听从土井老师的话报考鹿中，就不会有今天的稻盛和夫。他的人生虽然看似坎坷连连，但每次在命运的十字路口，他总能遇到对的人。

1945 年 4 月，稻盛进入鹿儿岛中学。

因为学校就在稻盛家的后面，每次听到上课铃响了再跑去学校都来得及。班上虽然有很多都是报考一中、二中失利的同学，但他们的学习成绩并不差。也有很多师兄毕业后考上了像陆军士官学校、海军学校这些比现在的东京大学还要难考的学校。

稻盛仍没有走出考试失败的阴影，总是抱有"自己很倒霉"的负面想法。有一天，他和其他同学一起排队参加了学生制服配给券的抽签。抽签前，他就确信自己绝对不会抽中，因为幸运抽奖他从没中过。在神社求签，他也没求到过什么好签。果然不出所料，当天稻盛没有抽到配给券，他叹了口气。

"南曼南曼，谢谢。"

稻盛觉得自己这么不走运，甚至找不到机会说这句话。

然而，在一个人心情低落的时候，也许一件小事，或简单的一句话，就可以把人带出阴霾。在初一第一学期的成绩通知单上，班主任兼修身课的斋藤毅老师写了这么一句评语："大有前途。只要努力，你会变得更优秀！"斋藤老师这句勉励的话，终于让稻盛放下了过去，开始变得积极起来。

那个年代，大多数少年都希望自己将来能成为军人，为国家效力。稻盛和他们一样，一心想考上陆军航空军官学校，当一名飞行员。然而，战争已经进入最后阶段。

每次只要空袭警报响起，学校就要停课放学，让学生抓紧时间进入防空洞。频繁的空袭带来无比的紧张与恐惧，这使稻盛完全忘记了结核病所带来的死亡恐惧。不知不觉中，他发现身体已经完全康复了。

"关注不幸，不幸就会来到身边；忘却不幸，不幸就会离你而去。"

这使他再次认识到，这一切都和《生命的实相》中所说的完全一样。

那段时间，稻盛家有两个卧床不起的病人。一个是爷爷七郎。他之前身体一直很好，每天都出门沿街叫卖。但因为年事已高，他突发脑出血，手脚动不了了。而兼雄叔叔更是"命在旦夕"。

当时的稻盛家是大家庭。除了利则与和夫之外，还有绫子（11岁）、美智子（8岁）、丰实（4岁）、刚出生的照子，还收养了因结核病父母双亡的叔叔的孩子——堂弟博至（6岁）。

带着这么一大家子躲避空袭是一件很不容易的事。于是，父亲畩市先将纪美和妹妹们疏散到小山田。

小山田是爷爷七郎的老家。在老屋旁边，有一个专门用来堆肥的小屋。与附近的牛棚等比起来，那里的臭味没那么让人难以接受。小屋的地基由石头砌成，特别坚固，面积有二十张榻榻米那么大。纪美她们母女几个就暂时被安顿在那里。爷爷家族的本家原来就有 10 口人，那会儿还要匀出一部分粮食给纪美她们，真的是十分难得。

1945 年 6 月 15 日，兼雄叔叔停止了呼吸。

他说："叔叔临近死亡的那段时间喜欢晒太阳，他的表情变得很安详，似乎感觉整个人都大彻大悟了。"（稻盛和夫《你的梦想一定能实现》）

为了参加兼雄叔叔的葬礼，6 月 17 日那天，到小山田避难的纪美带着还在吃奶的照子、长女绫子、二女儿美智子赶回了家中。

火葬结束后，亲朋好友围坐在一起吃饭，聊过去的事情，追思故人。稻盛一家人也已经很久没有睡在一起了。就在那天深夜，纪美首先发现外面很吵，不知怎的，就预感有不好的事情要发生。她不放心，拉开门，发现甲突川的对岸大火正在熊熊燃烧。鹿儿岛最大的空袭开始了。

看到门外火光的瞬间，畩市立刻大叫："快逃啊！"

所有的人都从梦中惊醒。

由于一只耳朵听不见，畩市没有被征召入伍，而是担任了自警团[1]团长，所以他非常了解紧急情况的避难方法。畩市在将家人转移到稍远的一个坚固的防空洞里之后，返回家去取晚上吃剩的饭菜，包起来带回了防空洞。这些食物在后来起到了很大的作用。

火势进一步逼近。

"这儿也不安全了……"

父亲畩市再次经过冷静的分析和判断，决定带着家人赶紧撤离防

1　自警团：在日本，指发生紧急情况时，为自卫而组织的民间自主的警备团体。——译者注

空洞。

畎市让大家把防空头巾放到水里沾湿后再戴到头上，然后把七郎扶上自行车后座上，开始推车。纪美抱着襁褓中的照子，让绫子拽着她和服的一角紧跟在后面。美智子由哥哥利则背着，和夫则把毯子弄湿，从头到脚将自己包裹起来。

稻盛一家人走到甲突川岸边，看到对岸已是一片火海。很多人正在渡河，往这边逃。城山方向，无数燃烧弹如雨点般落下，"嗖嗖"声刺破了鹿儿岛的上空。燃烧弹里的油脂散落后引发了更大的火势。对岸已经有很多人身上着了火，痛苦地在地上打着滚，远远地只能看到一团团黑色的剪影，简直就是一幅地狱里的画面。

不知道什么时候燃烧弹已经落到了这边。稻盛一家开始拼命往甲突川上游的小山田方向跑。河堤上挤满了逃难的人，黑压压的一片。途中，牛群也混了进来，受到惊吓的绫子松开了拽着妈妈衣服的手，很快就淹没在人群里了。眼看她就要走散了，所幸在往前 50 米左右的地方又和家人碰到了一起，大家这才松了口气。

到小山田只有四五公里的路程，不过，据稻盛后来回忆，感觉当时像是走了一整夜。一路奔波的疲惫，加上笼罩全身的紧张，让他觉得时间特别漫长。

在逃亡途中，稻盛还想起了叔叔兼雄。

"叔叔吃了很多苦，但离世时平静、安详，他一定是知道今天会有大空袭，为了不拖累我们，所以才在前天离世。"

稻盛思绪起伏，叔叔一定知道，自己的哥哥畎市心地善良，绝对不会丢下自己不管。光照顾七郎一个人都已经很吃力了，如果再加上自己，大家肯定都逃不掉。稻盛思来想去，内心无法平静。

鹿儿岛是地方城市中遭受空袭最惨烈的地方，其中 6 月 17 日的空袭造成的伤害最为严重。火车站前被一吨的炸弹炸开了大洞，这样的惨象在战后很长一段时间都没能复原。

鹿儿岛的街道已是一片废墟，满目疮痍。鹿儿岛中学除了礼堂以外都被烧毁了。架在城山山顶上的高射炮阵地也被完全摧毁。美国格鲁曼舰载机不断超低空盘旋。

稻盛他们在学校操场露天上课的时候，就遇到过美国格鲁曼舰载机突然从背后的山里出现，并用机枪扫射的事件。当时，稻盛紧紧地抱住烧焦的木桩不放，子弹就打在他的身旁，尘土飞扬。稻盛觉得自己必死无疑。

战后的稻盛家

稻盛家的房子在 6 月的大空袭中居然奇迹般地幸免被烧。不过，他们还没高兴多久，在战争结束前的最后一次空袭中，家里的房子，还有印刷机和自动制袋机全被烧毁了。接着，在 1945 年 8 月 15 日，战争结束了。

房子没了，稻盛一家不得不搬到小山田那边。因为那儿有避难时准备的一些家具用品，不仅有堆肥的小屋可以住，还有挖隧道时留下的洞也可以暂时使用。

笔者到访过稻盛一家当年在小山田住的地方。他们当年短暂住过的洞穴仍然存在，不过，火山灰堆积形成的凝灰岩洞穴顶部坍塌，沿着洞穴走没多远就到了隧道尽头。不难想象，当年稻盛一家的生活是多么艰辛。

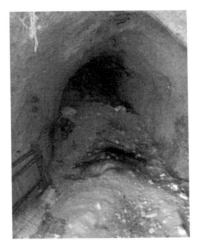

避难处的洞穴

妹妹绫子（前右）、和夫（后左）和
利则（后右）

避难处的洞穴

小山田到鹿儿岛中学的距离很远，路也不好走。虽然可以搭乘国道上往来行驶的卡车上学，但难免有的卡车司机要收取路费。还有的司机车开得太过野蛮，乘客被摔到庄稼地里的事也时有发生。

战后的日本食品极度匮乏，东京甚至还因为粮食不足引发了大规模的示威游行。吉田首相与麦克阿瑟谈判，最后达成协议由 GHQ[1] 发放粮食也发生在那个时期。

发放的物资也流入了学校。有时候，学校会在锯成一半的铁桶里加入热水，把浸泡加热后的牛肉罐头人手一个进行分配——这是在战争年代无法想象的奢侈美味。大家在津津有味地品尝牛肉罐头的同时，也深切地感受到，像美国这样物资充裕的国家根本就无法战胜。

课堂就设在蓝天之下。学生们干农活的时间仍然很长，和战时没什么变化。稻盛有一次趁着在田里干活的机会，悄悄地和几个平时表现不太好的同学一起合谋偷番薯烤着吃。因为怕烤番薯时冒出的浓烟被老师发现，稻盛就自作聪明地一边烤，一边拼命扇风，想把浓烟驱散开。没想到老师闻到了气味，事情还是败露了。老师勃然大怒，狠狠地训了他们。

稻盛一家的生活十分不易。多亏了本家的帮助，他们在祖父七郎继承的土地上重新搭建了小屋，搬了进去。他们将青竹刨开，做成屋顶，又从附近的井里将清水引来。

不能总依赖亲戚的帮助。畩市开始学着酿制烧酒，以维持一家人的生计。他先将番薯蒸熟、捣碎，冷却后加入米曲搅拌，然后放进密

1　GHQ：第二次世界大战结束后，为执行美国政府"单独占领日本"的政策，麦克阿瑟将军以"驻日盟军总司令"的名义在日本东京建立盟军最高司令官总司令部，在日本通称为"GHQ"。——译者注

封的坛子里，让其发酵。等发酵至适当程度后进行蒸馏，最后将蒸馏出的酒混合一下，就完成了。

酿造好的烧酒灌入水袋，一个水袋可以装两升多。畩市将灌满烧酒的水袋像绑腰带那样扎在腰间，前后各扎一个，然后去黑市兜售。因为是没有营业执照的黑市买卖，一旦被警察发现，就会被拘捕。如果按照畩市平日里谨小慎微的性格，是绝对不会做这种生意的，但是当时被生活所迫，不得不这么做。

蒸馏的时候会产生酒渣，酒渣会有酒香飘出。畩市怕被别人闻到，战战兢兢地将酒渣埋在田里的一角。最后，因为害怕私自酿酒的事情暴露会带来严重的后果，没过多久，畩市就放弃了酿酒。

走投无路的父亲畩市带着利则和和夫，借了纪美娘家一间靠海的房间，开始做起了制盐的买卖。先将铁桶割开，用来代替大锅，然后用一些废弃物做燃料把海水煮沸，海水蒸发后就成了盐。畩市将做出来的盐拿到农村去换点儿食物。但是，这不是长久之计，无计可施之下，他们不得不又回到药师町生活。

就这样，稻盛家把在临时居所上搭建的屋子直接移建回药师町的原住址。因为是简易的竹木结构的棚屋，搬运起来相对容易。然后，他们又在原有屋子的基础上扩建了房间。

房子盖得比较简陋，一到刮台风的时候就狼狈不堪。大家用竹竿支撑着防雨门，再用绳子绑紧。为了不被台风刮跑，他们可以说是想尽了办法。房子里的墙壁很薄，弟弟丰实年纪虽小，也帮着撑墙。外面的围墙经常会倒塌，他们经常是第二天一早就要忙着修理。

1947 年（昭和 22 年）6 月，祖父七郎逝世，享年 70 岁。

稻盛的身体一康复，又重新找回了他"孩子王"的地位。

读鹿儿岛中学一年级的一天，稻盛因为一件小事和班上最不好惹的同学发生了争执。事情的起因其实是稻盛扔塑料垫板玩，差点儿扔到了那位同学身上。

那位同学认为稻盛是故意找碴儿挑衅，于是两个人相约放学后在鹿儿岛中学和鹿儿岛实业学校之间的小路上"决斗"。稻盛他们班上的同学就不用说了，就连隔壁班的同学也都纷纷赶来起哄、围观。

当时，谁都不看好稻盛。稻盛从中学二三年级才突然长高，成年后身高达到一米七八。但当时的他个头并不突出，也不过刚刚达到平均标准，而对方却要高大得多。

但是，稻盛有取胜的秘诀。

"我当时想着'先下手为强'。于是，一下子跳起来，朝着对方脸上狠狠地就是一拳。因为反作用力，我也差点儿摔倒。"（稻盛和夫《稻盛和夫自传》）

稻盛在接受采访时不好意思地讲述了他当年的这段"英勇事迹"："拳头重重地打在对方的鼻子上，对方顿时满面都是鼻血。我趁他还没反应过来，又在他身上补上了几拳。但其实我打架没那么厉害。"

然而，就在这时，发生了一件意想不到的事。那个原本就不好惹的家伙居然气急败坏地拔出藏在身上的匕首。

"有种就空手上来！"

稻盛大喝一声，怒目圆瞪。

好在高年级学生闻讯赶来，夺下匕首，才算化解了危机。不过，当时的确是很危险的。

为了教训一下他们的好勇斗狠，那几个高年级学生把他们两个人都狠狠地打了一顿。

稻盛毕竟还是个孩子，没过多久，又开始神气活现了。但是，父亲畩市不一样。战争结束后，为了生计，他忙着酿制烧酒、制盐等，但是没过多久，都出于各种原因又不得不放弃了。

勤奋的畩市一直很努力地存钱，还曾满怀希望地说过："到50岁以后就可以靠着利息吃饭了。"但是，战后出于通货膨胀和存款冻结等原因，货币严重贬值。越是老老实实储蓄的人损失越惨重。

战前，纪美曾向畩市建议："把储蓄拿出一半买土地或者房子。这样可以把房子租给别人，到万不得已的时候还可以卖掉贴补家用。"

当初，中介看到稻盛承制堂的经营状况良好，曾介绍了好几处便宜的房产给畩市，都被畩市回绝了。中介知道畩市不好说话，于是找到纪美，希望她吹吹枕边风。

纪美是完全赞成此事的，可是畩市却顽固不化，谁的话都听不进去。

"你在说什么呢？那些东西是靠不住的，钱才是最重要的。钱是能生利息的，房子和土地能生利息吗？不能！不管过多少年也没办法生出钱来。"

这对恩爱的夫妻在理财方面意见相左，经常为此争论不休。当然，后来的事实证明，母亲纪美是对的。

"我早说过了吧？你不听——"母亲后来偶尔会发发牢骚，父亲什么也不说，一直沉默着。（稻盛和夫《稻盛和夫：母亲的教诲改变我的一生》）

父亲畩市尽管才刚40岁出头，却好像突然间就变老了。畩市原本就是很保守的性格，现在变得越发谨小慎微。无论纪美怎么劝他重开印刷所，他始终都没有点头。

因为如果要重开印刷所，就需要购买印刷机器设备，那么肯定要大量举债，而畩市不愿意这么做。

后来，原来在稻盛承制堂工作的员工自立门户开了印刷所，畩市说要去那里工作。这让纪美更心急、焦虑。

回忆起当时的情景，稻盛一边体味着父亲当时的心情，一边感慨地对笔者说："父亲当时真的是失去了自信。"

但在那时，母亲纪美却表现出异乎寻常的勇气和能力。

她先到郊外农户那里用自己的和服换粮食——当时城市里的人或多或少都有类似的经历，但纪美花了更多心思。她将换来的部分粮食在黑市倒卖，接着用挣来的钱去二手市场采购和服，再拿和服去农家换大米。在这个过程中，她展现出了经商的才能。

当时的交通情况很糟糕，纪美不得不乘坐极其拥挤的公交车。她的肠胃虚弱，一定是大受折腾。但在她的努力下，稻盛一家终于不用过每天只能吃点儿小米的凄凉生活了。稻盛的商业才华或许是来自母亲的遗传。

邂逅一生的朋友

稻盛进入鹿儿岛中学后最开心的事，就是遇到了他一生的好朋友——川上满洲夫。

川上后来在机械制造企业久保田铁工公司负责海外生产，还担任过久保田铁工公司的常务董事、信贷社社长等职务。他和稻盛一样，也是报考鹿儿岛一中落榜后才进入鹿儿岛中学就读的。只不过，他没有像稻盛那样报考两次，所以比稻盛小一岁。

川上满洲夫的父亲叫川上清志，在战争结束的前一年，他因乘坐的飞机在马来西亚半岛上空被击落而阵亡。由于他的军衔高，得到了丰厚的抚恤金，所以家里的生活比较宽裕。

川上家以前住在稻盛家附近的草牟田，所以两个人干什么都在一起，可以说是形影不离。有段时间，两个人突然迷上了音乐，跟着擅长弹吉他和曼陀林的同学学了好几个月，可还是摸不着门道。后来，稻盛经常去川上家听留声机，他们欣赏了《流浪者之歌》等许多美妙的音乐。

那时候的旧制中学其实就是现在的高中，所以同学间因为相互影响开始吸烟的大有人在。不过，后来成为"老烟枪"的稻盛在 20 岁之前却没有抽过烟。这个小时候顽皮的孩子王，长大后却似乎和那些不良少年再也没有交集了。

川上和稻盛都特别喜欢棒球。有时，川上会带着三个棒球手套以及鞋店老板儿子用剩下的碎皮做成的棒球过来。球棒就借用校舍的窗框代替。为了赚取购买棒球用具的费用，他们还会卖些粗制滥造的肥皂之类的小东西，可以说对棒球相当痴迷。

打棒球时，每个人的站位都由稻盛决定，他自己则是投手。川上后来加入了学校的棒球部。据他说，稻盛投低手球的技术水平相当可以。

那段时间，每天放学后两个人都会到操场上打棒球，直到天黑才恋恋不舍地回家。

在鹿儿岛中学读到三年级的时候，学校的学制改为了现在的六·三·三制。不过，父亲畩市反对稻盛上高中。

哥哥利则从鹿儿岛实业学校毕业后就在国铁[1]找到了工作。父亲劝稻盛像哥哥一样，毕业后就工作。还根据他自己的人生经验，认为与其继续在学校读书，不如早一点儿进入社会，开始工作。

但是，学校里将近七成的学生都打算继续升高中，川上也一样。稻盛觉得如果就此结束读书生涯的话，就好像中途退学似的，于是决定无论如何都要想办法说服父亲。

稻盛突然想起了父亲正愁着如何处理在小山田的那一小块儿农田，就请求父亲把那块田卖掉，让他读高中。当时还是个孩子的他居然打起了父母财产的主意。

据《稻盛和夫：母亲的教诲改变我的一生》一书中的叙述，稻

1　国铁：现在的 JR。——译者注

盛甚至对父亲说："哪怕再穷，让我读高中不也是你们作为父母的义务吗？"据说，畩市很少见地发怒了，打了稻盛一巴掌，将他逐出家门。

即便如此，稻盛还是不肯妥协，坚持要读高中。他向父亲保证："高中一毕业我就去工作。"父亲拗不过他，勉强答应了。

当然，稻盛的这个保证后来变成了一句空话……

据正式的官方记载，当年鹿儿岛私立中学的 250 名三年级学生被编入了鹿儿岛市立高中第三学部，但实际是被编入了市立鹿儿岛商业学校的普通科，他们在那儿度过了两年的时光。这是通过后来对川上的采访了解到的。他还说，普通科和商业科同学之间的关系不太好。发生争执的时候，稻盛总是在中间斡旋、调解。

鹿儿岛商业学校位于鸭池，离海边很近。夏天的时候，大家伙经常利用午休的时间去海边游泳，然后下午的体育课就会迟到，会受到老师严厉的训斥。

因为高中教的内容几乎和初中学的差不多，学生们感觉上不上课都一样。于是，稻盛每天放学后就沉迷于棒球。看不过去的纪美终于发话了：

"和夫，你好不容易才上了高中，现在却整天就知道玩。我们家里穷，生活很困难，你能不能稍微考虑一下家里的情况，帮家里做些力所能及的事呢？"

母亲说的是对的。从此以后，稻盛不再沉迷于打棒球，开始思考该如何帮补家用。他想到的，就是兜售纸袋。

"爸爸，重新生产纸袋吧，我负责去卖。"

一开始，父亲没有理会稻盛的要求，但禁不住他的百般请求，终于答应做做看。从以前就相熟的纸品批发商那儿买了纸。

就这样，稻盛家开始重操旧业，制作纸袋了。以前来工作过的大婶们闻讯聚集到了这里。有活儿干，就可以拿到工钱，她们非常高兴。

因为家里的自动制袋机在战争期间全被烧毁了，所以他们只能完全依赖手工作业。好在购置自动装袋机之前，大家也都是用手工制作，所以驾轻就熟。

将一个榻榻米大小的 500 张原纸摞起来放在操作台上，再用全身的重量压在专用的切纸刀上，猛一使劲儿将其切断。把切好的纸用来制作纸袋，从最大的一号袋到最小的十号袋铺满了整个屋子，最后盖上稻盛承制堂的橡皮图章。每 100 个扎一捆，就算完工了。畩市负责切纸，绫子她们帮着在袋子上盖橡皮章。平时一放学，稻盛就忙着四处兜售纸袋，星期天更是从一大早就蹬着自行车四处兜售。

当时的自行车后座很宽大。在那儿扎一个大竹篓，就能装上满满的纸袋，像小山一样，甚至因为纸袋太多、太重，前轮几乎都要翘起来了。

因为战争才刚刚结束三年，鹿儿岛市内还有五六处规模比较大的黑市。一开始，稻盛没有经验，每天漫无目的地四处转悠，结果发现效果很差。后来，他决定将鹿儿岛市划分成七个地区，每天主攻一个地区。

当时，鹿儿岛当地没有制作纸袋的商家，都是福冈的纸品批发商把纸袋拿到鹿儿岛来卖。

稻盛问黑市的阿姨们："需要纸袋吗？比福冈的纸袋便宜哦。"

"可爱的小伙子，既然你这么说，那就买几个吧……"阿姨们同意购买。后来，竹篓里的纸袋没卖光的话，阿姨们还会让他把纸袋留下代卖。她们称稻盛为"卖纸袋的小家伙"。

稻盛用怀念的语气讲述当时的故事：

"有一次，走进一家店里推销纸袋。我在店里喊了声'你好'，有个和我差不多年纪的女孩子出来了。我当时觉得很不好意思，一声不

鹿儿岛中学时期
（最前排中央为辛岛老师，右三为稻盛）

身着学生服的川上满洲夫（右）
与稻盛和夫

响地溜了出来。这事我记得很清楚。"

当年，在鹿儿岛以现在的制果食品株式会社为代表，有三家制作文旦糖的糕点铺。

有一天，稻盛经过其中一家糕点铺的门前，老板娘走出来问："小伙子，你是不是在卖纸袋啊？"

"对，是的。"稻盛回答。

老板娘告诉他：

"小伙子，或许你不知道，串木野、川内这些糕点铺都会来我们家进货。你可以将纸袋放在我们店里，由阿姨来卖，这样你就不用一家一家跑，到处兜售了。这叫作'批发'。"

稻盛觉得老板娘说得很有道理，于是按照她说的做了。结果，纸袋的确销路很好，不用再像以前那样，在鹿儿岛市内一家一家辛苦地兜售了。

听到消息后，其他的糕点批发商也下了同样的订单，县里其他地区的糕点铺都开始使用稻盛承制堂的纸袋。

就这样，不到半年的时间，鹿儿岛市内的纸袋完全被稻盛家垄断了，来自福冈的纸袋批发商被迫退出了鹿儿岛市场。

稻盛第一次做生意就大显身手，取得了很大的成功。后来，由于订单太多，人手短缺，稻盛还雇用了一名刚从小学毕业的孩子。虽然雇工是跟着畩市工作的，但是稻盛当时还是在校生，居然就有能力雇用员工，确实了不起。雇来的孩子每天都要正常上班，所以不是兼职性质，应该算作正式员工了。而且，这还是个性格很好的孩子。

为了方便工作，稻盛家还为那个孩子买了一辆新的自行车。当时的自行车要 15000 日元左右，而那时小学教师的起步月薪也不过 4000 日元。放在现在来说，就像是给那个孩子买了辆小型汽车。原本是因为听那个孩子说会骑自行车才给他买的，但其实他根本不会骑。稻盛一听就慌了手脚。无奈之下，他只好一边教那个孩子如何做生意，一边教他骑自行车。

稻盛每天扶着自行车的后架，带着他在家后面的鹿儿岛实业学校的校园里练车。

那个孩子总算学会了骑车。于是，他每天骑着车子和稻盛一起出门做生意。这样的日子持续了大约一年。

跑累了，稻盛就会在街角买根冰棍，然后递给他说："一起吃吧。"

后来，稻盛是这样回忆的："我就是从那个时期开始，懵懵懂懂地开始意识到应该如何用人的。"遗憾的是这位"第一号员工"的名字，稻盛和他的兄弟姐妹们都想不起来了。但有一点是确定的，他在《稻盛和夫自传》里写道："这就是我事业的起点。"

考大学也同样失败

稻盛在市立鹿儿岛商业学校普通科学习了两年之后，又在新制玉龙高中度过了他高中生活的最后一年。

玉龙高中的校名取自玉龙山福昌寺。福昌寺是一座名刹，里面有岛津家的墓地。与岛津久光蔚为壮观的墓地相比，岛津齐彬的墓地令人意外的朴素。在明治维新后的灭佛毁释运动中，鹿儿岛市内的佛教寺院遭到了彻底破坏。福昌寺北侧的岛津家墓地周边虽然保存完好，但在南侧寺庙的原址上，玉龙高中的新校舍正在建设中。

战败后关闭的军校的学生都被编入高中，比稻盛大五岁以上的学生比比皆是。那是个混乱的、百废待兴的时期。放学后，学生们常常被带到新建校舍的工地上去帮忙，这让好不容易说服父亲才读上高中的稻盛极为不满。

但是，他慢慢地找到了乐趣，就连拉货车、拾马粪之类别人都讨厌的工作，只要接到命令，他就会毫无怨言，埋头去干。不论干什么工作，他都极度认真。后来，他反复向部下强调"极度认真"这个词，几乎让员工的耳朵都听出了茧子，大概就是从这里开始萌芽的吧。

玉龙高中是由几所学校合并而成的，一个年级有 500 名学生。起初，刚从鹿儿岛商业学校并过来的稻盛和川上他们被其他人看不起，认为他们学习能力很差，但稻盛和川上从一开始就在年级中名列前茅，甚至还向老师提一些难题，让老师难以招架。

过去，不擅长的数学也因为从小学五六年级的课本开始重新自学了一遍，成了稻盛的擅长科目。数学老师是原来鹿儿岛中学的校长辛岛政雄老师，稻盛对学习数学开始有兴趣和辛岛老师的努力有很大的关系。

在玉龙高中读高三的那个夏天，学校在鸭池球场与鹿儿岛商业高中举行了一场棒球比赛。川上作为玉龙高中的投手参加了比赛。稻盛当然要去给好朋友川上助威，于是和住在家附近的十几个伙伴一起去球场观战。

不过，从家附近的新上桥车站到离玉龙高中最近的车站需要坐车，而稻盛没有月票。

一起去的伙伴说："没关系，只要在检票员面前随便给他看一下就行，反正他也不知道我们在哪里上的车。"于是，稻盛打算和伙伴们一起逃票。

逃票的确很成功，他们顺利地抵达了球场。虽然比赛遗憾地输了，但能到现场加油助威的感觉也让他们很满足。他们愉快地踏上了回家的路，没想到在回来的路上出事了。

大家都拿出月票，快速地晃了晃，然后准备下车。列车员很清楚他们是从哪一站上的车，所以，他抓住了提心吊胆地走在最后的稻盛。稻盛不仅被没收了刚买的月票，还交了几倍于车费的罚款。

"果然，我就是个倒霉鬼——"

稻盛为自己的被抓找到了奇怪的借口。

"看看他……"身边传来其他人的议论声。

无奈稻盛从那天开始就只能走着去上学，每天要走 1.5 公里。

这时，有一个人对他说，"不能只让你一个人牺牲"，陪着他一起步行，他就是同样住在药师町的川边惠久。这让稻盛非常感动。

但是，后来川边惠久向稻盛坦白："其实那天我也逃票了，我是在你被抓到的时候，从后面悄悄溜出去的。"稻盛很吃惊，原来他陪着自己走路上学是为了赎罪。总之，两个人从高三那年的 9 月直到毕业，在将近七个月的时间里都是走路上学的。（吉田健一《鹿儿岛时代的稻盛和夫——从幼年到读书时期》）

因为向父亲畩市承诺过，所以稻盛原本打算高中毕业后就找工作。但是，有一天，从学校回家的路上，他看到一个朋友拿着本杂志。当他问朋友那是什么杂志的时候，朋友惊讶地说："这个吗？是《萤雪时代》啊。稻盛，你不会不知道吧？"

那是旺文社出版发行的很有名的高考杂志，对于要考大学的考生来说，几乎无人不知，无人不晓。

周围的很多同学都在准备大学的入学考试，这让稻盛受到不小的打击。看着手中那本从朋友那儿借来的《萤雪时代》，他的脑中闪现出了要报考大学的念头。为此，首先要复习备考。于是，稻盛借着读高三的机会，把销售纸袋的工作交给了哥哥。

利则一直做的是蒸汽火车上的司炉工的工作，负责烧火和协助司机。可能是对机油过敏吧，利则一直因为皮肤问题而烦恼，不得已只能辞去了国铁公司的工作。如果哥哥利则接手纸袋销售的工作，一定可以做得很好。就这样，稻盛做好了安排，专心复习迎考。

"我现在没有时间再做生意了。必须把吃饭的时间都省下来学习。"稻盛心想，"我必须比别人更加努力。如果别人是两倍，我就要付出五倍的努力。"稻盛暗自下定了决心。

稻盛经常到川上家一起研究复杂的几何题，他的钻研劲头很足，非要解开题目才罢休。他总是在经过苦思冥想后，对川上说："喂，川上，我做出来了！"

在接受采访时，川上对笔者说，他至今还记得稻盛当时的笑容。

当时，大学的升学率很低。即便是男生，也只有极少数人能考上。虽然通往大学的门很窄，但就稻盛的学习成绩来看，还是很有希望的。他想学的专业很明确，因为自己和家人都曾因结核病而痛苦，同时他又喜欢化学，所以他希望今后能从事药剂学方面的研究。

但是，最让他担心的是对父亲的承诺，再加上考虑到家里的窘迫，稻盛的内心又有些动摇了。

稻盛一度打算放弃，在老师指导学生毕业发展方向的时候，他小声地对班主任辛岛老师说："我还是放弃考大学，选择到鹿儿岛银行工作吧。"

"你说什么？"老师瞪大眼睛，把稻盛骂了一顿。

据川上回忆说，稻盛在当年的全国统一的入学模拟考中取得了非常优秀的成绩，所以老师生气也不难理解。

第二天，老师一大早就到稻盛家登门拜访。

"请一定让稻盛上大学。学费方面请不要担心，因为大学里会有奖学金。"老师努力地想说服畋市同意稻盛上大学，一次不成功，又来第二次。畋市终于松口了，但他提出了一个条件：

"和夫，你如果要上大学的话，就至少要上九州大学。"

只要能报考大学，去哪儿上都成啊。按照父亲畋市的吩咐，稻盛对辛岛老师说他想报考九州大学。

老师建议他说："你在福冈有亲戚吗？既然可以去福冈，干脆报考大阪大学吧，怎么样？"

大阪大学比九州大学难考得多，这样父亲畩市也没有什么可说的。稻盛就这样决定前往大阪，参加大阪大学医学系药剂专业的入学考试。当时，开设药学系的大学很少。除了药科大学里设有药学系之外，一般都是在大学的医学系或是工学系里才有这方面的研究课程。

当年的稻盛还从未离开过九州，去过的最远的地方就是博多了。那还是在第二次世界大战前，畩市因为去博多参加一个印刷工会之类的会议，曾带他去过一趟。对他而言，大阪是一个遥不可及的地方。

稻盛家和开自行车铺的新见先生很熟，他家有个亲戚住在大阪玉造。所以，他们拜托新见写信给他的亲戚，希望能照顾一下人生地不熟的稻盛，但对方能不能收到信还不清楚。就算收到了，也不知道稻盛和对方能不能顺利见上面。为了以防万一，母亲纪美做了很多糯米饼装到包里，想着如果孩子肚子饿了，吃点儿饼也能忍过去。稻盛当时也做好了最坏的打算，顶多就是露宿街头。

换乘了普通列车后，稻盛终于抵达了大阪站。当时，列车班次很少，每趟车都塞得满满的。

稻盛好不容易到了玉造。他一边打听，一边按地址找新见先生的亲戚的房子。正好遇到了新见先生的亲戚，对方也正在找他，稻盛这才算松了一口气。事情到这儿看来，都还算非常顺利。但由于长途跋涉，过度劳累，精神又紧绷着，稻盛考试时没发挥出真实的水平，结果没能考上。

面对"考试"这种对年轻人来说重大的考验，稻盛持续不断地经历着失败的打击。

稻盛一心扑在工作上，40 岁之前即便有报媒想来采访报道，他也不怎么愿意接受。他几乎从不在公开场合提起他的少年往事。其中缘由，除了工作繁忙没有余暇回顾之外，大概还有当年的青春岁月充满了苦涩记忆的缘故吧。

1979 年（昭和 54 年），加藤胜美对相关人员进行了细致的取材，她所写的《创造京瓷的男人：稻盛和夫》一书出版后，人们才开始了解到一些稻盛童年时期的往事。这本书是在 1979 年京瓷成立 20 周年之际出版的。

从那时开始，他也终于开始零零星星地叙述自己走过的路。

对于以前就了解稻盛的人来说，一定无法想象，稻盛后来会为《日本经济新闻》撰写《我的履历书》。日后在此文章的基础上，又补充了部分内容，以《稻盛和夫自传》为书名出版并发行。

接下来，话题回到大学入学考试。当时，川上和稻盛一样满怀自信地报考了大阪大学工学系，结果也同样没考上。

当年的国立和公立大学中有一些入学考试时间比较晚的，成为很多报考第一批大学失利学生的保底选择。万幸的是，稻盛和川上两个人都顺利地考上了第二批招考的鹿儿岛县立大学工学系 [1]。

尽管父亲畩市曾表示如果考不上九州大学就不行，但当他得知稻盛考上本地的鹿儿岛县立大学的消息后，还是打心眼儿里高兴的。毕竟，环顾周围的亲戚，还没有谁家的孩子上过大学。据说，当年四年制大学的升学率还不到 8%，和现在 50% 左右的大学入学率相比，只要能考上大学的都是货真价实的精英。

1　于 1955 年 7 月被国家接管，改为"鹿儿岛大学工学系"。

鹿儿岛县立大学

1951 年（昭和 26 年）4 月，稻盛就这样进入了鹿儿岛县立大学工学系。他决定在应用化学专业学习有机化学。他选择学习有机化学，和当初报考大阪大学医学系药剂专业的动机一样，都是想今后从事与制药相关的工作。

稻盛还对高中的同学们说起过他将来的梦想：

"以后万一你们身体有什么问题的话，我会给你们配药的。"

当时的石油化学可以说是达到了全盛时期，有机化学专业也因此大受欢迎。不断地有新的物质被研发合成，整个化学产业充满了勃勃生机。据说，当年鹿儿岛县立大学应用化学系里有七成左右的学生选择了有机化学专业。有机化学的受欢迎程度由此可见一斑。

公立大学的学费低廉，还可以像当初计划的那样获得奖学金。稻盛决定把奖学金和打零工赚来的钱，一半用作学费，剩下的一半作为伙食费留在家里。

"明年再考一次大阪大学。"刚得知自己没考上大阪大学时，稻盛曾有过这样的想法，但后来他还是决定放弃这个想法，集中精力在鹿儿岛县立大学学好有机化学。

为了今后择业时能实现自己的人生梦想，从大学一年级开始，稻盛就异常努力地学习。因为没有钱，买不起昂贵的教科书和参考书，他就充分利用大学和鹿儿岛县的图书馆学习。

"是'及格万岁'，还是始终坚持不懈地追求第一，这已经不仅仅是成绩的问题了。"稻盛在其所著的《成功激情》一书中如此写道。这本书阐述了拥有燃烧般的上进心和持续努力的重要性。在书中，稻盛还这样写道："人最伟大的能力就是战胜自己的能力。"

进入鹿儿岛县立大学之后，他的克己之心开始觉醒了。

若是每天只顾学习，身体就会倦怠。所以，稻盛加入了学校的空手道俱乐部。在步入社会后，他依然保持着运动的习惯。无论工作多忙，他都要打打棒球，活动活动身体。

练习空手道，只需要有一件空手道服就可以了，非常适合贫困的学生。虽说是俱乐部，却只有几个人参加，也没有什么固定的流派，一位来自冲绳的教练教给他们一套改自少林拳法的空手道。稻盛每天回到家都反复练习。因为他从小就非常喜欢格斗，所以练习空手道时十分投入。他在院子里竖起草靶子，每天坚持练习踢腿和正拳突，不厌其烦，反复练习。

可是，有一次在与一位朋友练习时，稻盛用正拳突正面击中了对方的脸，打断了他的两颗门牙。原本稻盛练习用正拳突攻击，对方应该在第一时间扫腿拦截。可是练习中，对方却拦截失败，导致受伤。那位同学是医学系的学生，后来还在鹿儿岛开了自己的诊所。每次同学会见面时，对方都会说："我被稻盛打断过两颗门牙呢。"但稻盛每次都默不作声。

发生那件事以后，稻盛便不再练习空手道了，他对空手道的兴趣转移到了比赛上。

大家都知道稻盛喜欢格斗类项目，但他不仅喜欢格斗类运动，其京瓷公司还是"京都不死鸟"足球俱乐部的主要赞助商。而且，他还极其热情地为该足球队加油、助威。总之，每当要分出输赢时，他就会激动得热血沸腾。

其实，稻盛最近才知道，父亲畩市看似内向，其实也很喜欢格斗类项目。只要鹿儿岛市内有职业摔跤比赛，他就会去观战。

"我听说了这件事，也吓了一跳。原来我喜欢格斗项目，是因为身体里流淌着父亲的血液啊。"

稻盛说这话的时候，看起来很开心。

稻盛的结核病虽然不知不觉痊愈了，但是到了 1952 年（昭和 27
年），母亲纪美却被怀疑得了结核病。那时，稻盛正在读大学二年级。

持续 37.2℃～37.3℃的低烧加上没有食欲，母亲一天一天地消瘦
下去。纪美坚信自己一定是得了结核病。进行检查后，发现她锁骨下
面有阴影，医生开了抗生素的处方药。但是，由于纪美的胃肠功能较
弱，无法服用药性太强的抗生素，只能在胸膜腔内灌入空气，通过减
少病灶的气胸疗法来治疗。

治疗费对于稻盛家来说是巨大的压力。

"看医生的话，要借很多钱。我死之后，你们要还那么多钱，太
苦了。我不需要看医生，也不需要用什么药。"

尽管母亲这样说，但是孝顺的利则表示一定会凑够钱的，让妈妈
不要担心，并鼓励妈妈安心养病。

在那年的除夕之夜，伴随着新年的钟声，稻盛一家人难得地一起
去照国神社做了新年祈福。

据妹妹们回忆，参拜神社时稻盛特意穿上了和服裙裤。这应该是
为了表达自己强烈的愿望，希望被病魔折磨的母亲早日康复吧。他们
还买了一个小小的红白达摩形象的不倒翁摆件带回家，那是流传在鹿
儿岛的保佑家人无病无灾的护身符。

稻盛考入大学那一年，哥哥利则加入了警察预备队（现在的日本
自卫队）。

利则在接手销售纸袋的工作之后，因为机缘巧合曾在一家糕点公
司当了职员。后来，听说警察预备队成立了，他立即前去应聘。虽然
从警期不长，但待遇非常好。

父亲畩市很开心，还出席了送别宴。

利则把他在警察预备队工作期间的工资基本上全汇到了家里，补

贴一大家子的生活开销。妹妹绫子也中止了高中学业，开始帮着打理家里的生意。

稻盛刚刚适应了大学生活，还没高兴多久，父亲畩市就再次向他提出："不要上大学了，出去工作怎么样？"

母亲纪美听到后，在病床上挣扎着说："别再提这个事，照顾不了孩子，也别拖累孩子啊。"母亲的话，让稻盛感受到了浓浓的母爱。

有一天，附近的一个医生的太太给纪美拿来了《生命的实相》。但是，当时的纪美已经完全没有力气看书了。

"妈妈，我念给你听吧。"稻盛说，他在母亲的枕边轻声读了起来。

"陪伴母亲的那段时间，我会经常围绕书中的内容和母亲一起讨论、交流想法。那时的每一个日子，都成为我至今难忘的回忆。"（稻盛和夫《稻盛和夫：母亲的教诲改变我的一生》）

人人都以为纪美得了结核病，但不管怎么检查，也没从她身上查出结核病菌。实际上，她得的根本不是结核病，而是由于长期劳累而积劳成疾。然而，讽刺的是，医院采用的昂贵的气胸疗法明显地损坏了纪美的肺功能。

这对于特别敬爱母亲的稻盛来说，是一件很痛苦的事情。所幸纪美的身体渐渐恢复了健康，大家也都渐渐放下心来。

即便是到了冬天，稻盛也是穿着运动服和木屐去图书馆。他不分白天黑夜，勤奋地学习。

图书馆就是一个宝库。他如饥似渴地学习着，每晚睡觉前都要读书，这样才能睡着。他贪婪地吸收着知识，有空时还会帮着川上一起做实验。

在机械专业学习的川上一直在研究用于燃气轮机等设备上的耐热

材料。他曾经参加的由钴和镍构成耐热钢的蠕变实验[1]，后来也非常有实用价值。

不管学习有多忙，稻盛在大学期间都一直坚持打工。他曾在一家他去卖过纸袋的糕点铺里打了几个月的临时工，负责把红豆煮熟做成红豆沙。

他还在鹿儿岛的一家老百货店——山形屋做过巡夜警卫的工作。一周做三天，从傍晚工作到第二天早晨，需要在百货店里巡回检查好几次。他虽然年轻有体力，但有时也会撑不住，经常在警卫室里打瞌睡。

可是，他一到早上就会立刻醒来，变得心神不定。原来，在百货店里工作的大部分都是年轻女孩，她们一大早就会来上班。其中有一个特别漂亮的女孩。稻盛偷偷跑去那个女孩工作的柜台，躲在拐角看她，越看越觉得美。

稻盛抑制不住冲动，想去追求她。恰巧川上的一个表哥也在山形屋工作，在他表哥的帮助下，他终于成功地将那个女孩约出来看电影。

可是，又不好意思两个人单独去，稻盛只好拉上川上，三个人一起去了电影院。然而，看完电影后，川上这个丝毫没有眼力见儿的"电灯泡"始终跟在稻盛和那个女孩身边。最后，直到吃完晚饭把女孩送回家为止，稻盛都没有与女孩单独相处的机会。

"你干吗跟得那么紧啊？"

被稻盛责怪后，川上才总算反应过来了，可是为时已晚了。后来，女孩告诉稻盛："我要嫁人了。"于是，他那淡淡的、略带忧伤的初恋就这样无疾而终了。

---

1 蠕变实验：在实验材料上施加外力，根据材料变形的量来测定其变形与时间的关系。

日子就这样一天天继续着。稻盛比别人更加努力地学习，同时又享受着自由的青春，对未来充满憧憬、满怀希望。但是，他将要面临就业问题，很快就将了解到现实的残酷。

当时，稻盛的指导老师竹下寿雄教授曾给予他很高的评价，认为自有机化学专业创立以来，在学业上和做人方面，他都是最优秀的学生。（针木康雄《稻盛和夫：从挫折中积极奋起的企业家》）

但是，当时的就业环境非常恶劣。稻盛刚进大学的那段时间，国内的经济形势比较好。但是，从毕业前的1954年（昭和29年）开始，经济回调，需求减少，衰退日渐明显，招聘需求减少，就业形势一下子变得非常严峻。此外，办学历史较短的鹿儿岛县立大学的社会知名度较低，很多情况下都没有被列入企业设定的招聘学校名录。

这时，川上对陷入求职窘境的稻盛伸出了援助之手。

川上的叔叔川上为治曾在通产省担任矿山局局长，后来又担任了中小企业厅的官员、参议院议员。川上想拜托叔叔帮他和稻盛介绍一下工作。

但是，当年的大学生和现在的学生一样，缺少社会经验。在还没有事先确认叔叔意思的情况下，川上就贸然带着稻盛一起上东京找叔叔。

他们坐上夜行列车，在早晨6点前抵达了东京。他们先在东京车站附近的东京温泉里泡了个澡，穿戴整齐后又痛痛快快地吃了早饭，赶到叔叔家敲门的时候是早上7点30分左右。因为一大早就堵在门口敲门，而且还是突然到访，川上的叔叔十分生气，不愿出来见他们。

为了避免尴尬，婶婶把川上单独领到卧室去见叔叔。当时，叔叔刚起床，一看到川上就怒火直冒，大喝道："你跑来干什么？"

川上语无伦次地对叔叔说明了来意，但在当时那种状态下，叔叔是不可能很快就同意帮他们找工作的。在这个过程中，稻盛一直没被允许进门，而是站在门口。川上感觉很对不起他，后来因此和他的叔叔疏远了。

稻盛从东京回来后，立刻放弃了靠关系找工作的想法。这不是挑三拣四的时候，他知道了当初一门心思想进医药公司，是不切实际的，所以不得不放弃，转而把目光投向发展蒸蒸日上的煤炭、石油等能源产业。这类企业的招聘需求相对比较大。

但是，他先是在最心仪的帝国石油公司面试中落选，然后积水化学公司也没录取他。再后来，稻盛辗转于各个招聘单位之间。

"应该是每次面试时，我都穿得很寒酸的原因吧……"

各种负面的念头在稻盛的脑海中挥之不去，他的精神压力很大，快受不了了。

另外，川上也先后在川崎制铁、大阪燃气公司的招聘面试中被淘汰。淘汰的理由是"在机械系只有一个招聘编制"。川上听了，只能哑然，最后总算被久保田铁工公司录用了。

现在的"久保田"已经是国际化大企业了，但当年录取川上的那个"久保田铁工"还只是一家很小的公司。战后，久保田铁工公司开始制造和销售手扶拖拉机，并很快在东证一部上市，显示出强劲的发展势头。

这样一来，就只剩下稻盛的工作还没有着落了。

入来黏土的基础研究

想努力工作却求职无门，在社会的种种不公和冷漠前，稻盛开始变得愤世嫉俗。

"既然如此，干脆做个有文化的黑社会小混混算了！"

想着想着，稻盛还真的跑到鹿儿岛市天文馆路的黑社会组织小樱组事务所的门前徘徊良久。

稻盛自己说："那个时候，如果真的选择了那条路，我或许也能多多少少出人头地，成为一个什么小组织的老大吧。"（稻盛和夫《活法》）如果是那样的话，那么现在就会是："某某组暴力团伙的稻盛组了……"

此时，竹下教授向稻盛伸出了援助之手。

"我读京城大学时的一位朋友现在是京都一家绝缘瓷瓶公司的部长，他那里应该可以录用你。"

老师提到的这家公司就是松风工业。虽然是一家稻盛从来没听说过的公司，但据说是京都的一家老牌企业。这家公司主要生产绝缘瓷瓶。绝缘瓷瓶是安装在电线柱或铁塔上固定电线的绝缘物体，当时主要用陶瓷制成。

听老师这么一说，想尽快就业、让父母安心的稻盛立刻向老师致谢，并恳请老师务必帮忙联络。

但是，制陶业属于无机化学的领域。实际上，松风工业当时希望招聘的是无机化学专业的学生，最好是学过陶瓷技术的。原本稻盛并不符合他们公司的招聘条件，但是竹下教授十分欣赏稻盛，一直在为他找工作的事四处找人想办法。

为了能进入松风工业，稻盛的毕业论文必须是与陶瓷相关的内容。于是，竹下教授又去找无机化学专业的岛田欣二教授，拜托他指导稻盛的毕业论文。

当年，岛田教授很年轻，作为一名研究型学者，还处于刚刚起步的阶段。指导学生毕业论文更是第一次，和稻盛研究论文内容对他来说很新鲜。况且，当时距离毕业论文答辩也只剩下半年左右的准备时间。由于稻盛从没接触过无机化学，所以要从零开始学习。这对稻盛来说，是一次相当严峻的考验。

尽管是就业单位提出的要求，可是有机化学专业的学生临近毕业，突然要转到无机化学专业，放到现在根本不可能。但幸运的是，当时的鹿儿岛县立大学是一所新开办的学校，十分自由、民主。如果没有众人这一场费尽心思的斡旋与"折腾"，估计也没有后来的稻盛和夫了吧。命运一直以来对稻盛都是残酷的，但从那时开始，幸运之神突然开始眷顾他了。

在这里，笔者想先解释一下"ceramics"这个词，京瓷公司的名字也是源于此词。据《日本大百科全书》中记载，"ceramics"一词本源自希腊语的 keramion（土制容器）和 kerameia（陶艺）等。

无论是陶瓷器、玻璃、混凝土，还是耐火砖，从广义上来说，都属于陶瓷（ceramics）。因此，长期以来人们有个误区，认为陶瓷只不过是烧制物，不需要很高的技术。

但是，用高纯度材料研制出的具有高耐热性和良好绝缘性能的新型陶瓷产品很快受到了社会的青睐。这种新型陶瓷产品被称为"特殊陶瓷"（new ceramics）。后来，业界经常提起的陶瓷产品，就是指这种新型特殊陶瓷。

现在，人们大多将这种特殊陶瓷称为"精密陶瓷"。顺便说一下，这正是由稻盛和夫命名的。

据 1989 年（平成元年）发布的精密陶瓷产业基本问题座谈会报告书，"精密陶瓷"定义如下。

特别注重陶瓷多种性能中的某种特定性能。为了将该特定性能发挥到最大限度，使用精制、调配过的原料，使其拥有可控的化学成分，控制材料的微小组织、形态等，将其制造加工成符合目的的材料。这些材料主要为多种结晶粒子结合的、拥有微小结构的无机材料。

这段话中充满了复杂而晦涩的词语，看到这条定义就可以知道，精密陶瓷和一般的烧制陶瓷相比，其实已经进化了很多。

回到主题，当时的稻盛要写和陶瓷有关的毕业论文，他最终决定将制作陶瓷的原材料——黏土作为毕业论文的研究课题。

鹿儿岛现在也有金矿山。在金矿脉的附近经常可以看到白色的黏土层。当时，正好在鹿儿岛县一个名为入来町的地方发现了黏土矿，于是他决定对这种入来黏土进行研究。

入来町位于小山田西北方向的深山里。稻盛和岛田教授一起背着背包进入深山里去采集黏土样本。经过夜以继日的潜心分析和研究，他们终于发现了一种新型优质黏土，后来还被广泛地用作工业材料。

继对入来黏土进行研究之后，稻盛又调查了指宿黏土。这种黏土原来是用作萨摩烧[1]的原料，品质非常好。稻盛也因此对陶艺家们的眼光惊叹不已。

因为年轻，稻盛体力充沛，在完成毕业论文的这半年时间里，他忙着到户外调查和采集实验样本、在图书馆里收集和查阅资料，还要抽时间去打工，日子过得紧张而充实。

在岛田教授的指导下，稻盛集中精力在实验室里工作。当时的实验条件十分简陋，没有现在大学实验室里各种完备的实验器材。在进行质量分析之前，还需要自己先制作出测量器。岛田教授一边研究其他大学测量器的图纸，一边参考热膨胀计[2]的原理，自己制作测量器。人生中没有无用的经历，当时从头开始自己制作设备的经历，对稻盛

---

1 萨摩烧：一种乳色的日本陶器，于18世纪末在日本九州岛的萨摩开始生产。——译者注

2 热膨胀计：用于精密测定在不同温度条件下物质体积发生变化的仪器。——译者注

未来的人生产生了很大的作用。

虽然每天忙得不可开交，稻盛也会有忙中偷闲的时候。每当在实验中取得令人兴奋的好消息，他都会和岛田老师一起喝上两杯。当时的啤酒还属于奢侈品，他们喝的主要是番薯酿的烧酒。稻盛的进步确实得益于岛田教授的悉心指导和帮助，他一直没有忘记老师的恩情。后来，岛田教授委托他办的事，比如安排大学里的学弟进京瓷公司工作等，他都不遗余力地办成，稻盛十分珍惜这份师生缘分。

就这样，历经千辛万苦，稻盛终于完成了这篇题为《入来黏土的基础研究》的毕业论文。

1955 年 2 月 17 日，鹿儿岛县立大学举办了毕业论文发表会。稻盛是第一位发表的，也是获得评价最高的。

这篇论文还带来了另外一段缘分。当年，内野正夫教授刚刚到鹿儿岛县立大学任职，这篇毕业论文引起了他的注意。

内野教授比稻盛年长 40 岁，是熊本县人，毕业于东京帝大工科大学应用化学系。曾在古河矿业公司从事过金属铜的高纯度提炼方面的研究。曾担任商工省工程师等职，还指导过用于鸭绿江水力发电站电能开发方面的金属铝的提炼工作，先后担任过"满洲轻金属制造公司"（现在的日本轻金属公司）的理事长兼高级工程师，可以说是无机化学领域的权威。

第二次世界大战之后，内野教授因遭到整肃而被公司开除。整肃运动结束后，应他的朋友福田得志（鹿儿岛县立大学校长）的邀请，被鹿儿岛县立大学聘为教授。

内野教授出席了那年的毕业论文发表会，对稻盛的论文赞不绝口："我看过很多论文，稻盛同学的这篇论文比东京大学毕业生的论文都精彩！"

在毕业典礼后的谢恩会上，内野教授对稻盛说："你将来一定能成为一名优秀的工程师。"

谢恩会结束后，稻盛准备回家的时候，内野教授又热情地邀请他："稻盛同学，我们一起去喝杯茶，好吗？"随后，受宠若惊的稻盛被教授带到位于天文馆路上的一家很高档、雅致的茶馆。

还是个穷学生的稻盛从没有出入过这种高档场所，略显紧张地跟在教授的后面。在这家茶馆里，内野教授告诉稻盛要想成为一名工程师必须有的心理准备等。这让稻盛深深感受到了教授对他的爱护和期望。（稻盛和夫《稻盛和夫自传》）

内野教授起初还担心鹿儿岛县立大学的学生水平不行，总有些不安。现在看到有稻盛这样优秀的学生，他就安心了。同时，他抑制不住对稻盛的喜爱，想尽可能多地给予其帮助和鼓励。

这就是缘分吧。内野教授后来成为稻盛无话不谈的"终生心灵导师"。

第二章

邂逅精密陶瓷

入职松风工业

松风工业是 1917 年（大正 6 年）由原先烧制"清水烧"的窑户松风嘉定创办的。

当时，绝缘瓷瓶的生产加工大多由陶瓷窑户来完成。松风工业之所以在京都创业，也是因为那里的陶瓷烧制行业有悠久的历史。京都这块土地所拥有的历史积淀，直至今日仍被京瓷公司所传承。

随着高压输电网的扩充，松风工业擅长的高压绝缘瓷瓶的需求量直线上升。公司的快速发展为创始人松风嘉定带来了巨大的财富，现在仍然可以看到他过去的私人宅邸五龙阁 [1]。

顺便说一下，现在在东京证交所一部上市的企业松风公司，其前身是第三代经营者松风嘉定成立的松风陶瓷牙制造公司，相当于松风工业的兄弟公司。

但是，稻盛进入松风工业时，这家原先的知名企业已经摇摇欲坠，早已不复当年的辉煌。

第二次世界大战后，工会运动蓬勃发展，加上公司的创始人之间为了争夺经营权而钩心斗角，大部分管理人员被解除职务或离职，公司逐渐失掉了客户的信任。

加之其他竞争对手的实力日益增强。除了从日本陶器（现在的日本则武株式会社）独立出来的日本绝缘瓷瓶公司外，日本 Steatite [2]、河端制作所、鸣海制陶等诸多竞争对手也在不断涌现，导致松风工业的

1　五龙阁：日本登记在册的国家有形文化财产。
2　Steatite：意为滑石陶瓷。

市场份额急剧减少。

在稻盛进入公司的两年前，松风嘉定的弟弟松风宪二社长因为公司负债高达三亿日元而引咎辞职。后来，在作为主要银行的第一银行的推动下，原本的专务松风幸造担任社长，开启了银行主导下真正的企业重建。

对于松风工业出现的这种种情况，当年的稻盛却全不知晓。

稻盛的父母听说稻盛去了一家京都的知名企业，而且还是生产绝缘瓷瓶的公司，就完全放心了。觉得以前省吃俭用、辛苦操劳地送稻盛上大学真是值了，打心底感到高兴。他们为和夫举办了盛大的送别会。哥哥利则买了套西服送给和夫作为贺礼。全家出动，将稻盛一直送到鹿儿岛车站。送别后，稻盛满怀期待地向京都出发了。

"毕业于地方大学的我能找到工作真是幸运啊。我为自己在大学期间一直非常努力而感到自豪。我确信自己是凭借优异的成绩才被录用的，多少感到有些骄傲。"（稻盛和夫《稻盛和夫自传》）

他在东海道本线的神足站（现在的 JR 长冈京站）下车，去总公司报到之后，被带到了公司的员工宿舍（松风园常磐宿舍）。

"这就是你的宿舍。"

稻盛一看宿舍楼，便倒吸了一口气——那是一栋非常破旧的房子。眼前的景象让他从美梦中醒来，回到了现实中。

房间的内部比外观还要糟糕。榻榻米表面上满是毛刺，到处都是稻草屑，早就变得面目全非。稻盛只好到附近的杂货店买了草垫铺在上面，用钉子固定住四角。宿舍里没有食堂，但是，总在外面吃的话未免太奢侈了。于是，他用小炭炉自己生火做饭。条件如此糟糕，引起稻盛对未来的种种不安，让他郁闷不已。

进公司后，大学毕业的新员工全被分配到了制造部研究科。

一同进入公司的其他四个人都被分配去研究公司的主营产品绝缘

瓷瓶，只有稻盛被派去研究在特殊陶瓷中高频绝缘性极强的材料镁橄榄石。

大致来说，陶瓷的制造工序就是将原料混合搅拌后干燥成形，然后放入炉中，在1400℃的高温下烧结完成。

利用一种叫"球磨机"的实验器材将粉末状的原料混合。为了能将原材料完全粉碎，在球磨机中放入研磨球后，一边倒入粉状原料一边来回搅拌。比起用脑，这工作更多的是需要体力。一般研磨不一会儿，鼻孔里就会塞满陶瓷材料的粉末，稻盛只能闭上嘴巴。

刚开始的时候，稻盛还因自己的鹿儿岛口音自卑过。

他唯一会说的关西话就是"谢谢"。因为除了"谢谢"什么都不会说，所以就算电话响了，他也不敢去接，更不喜欢自己打电话。

稻盛对京都的第一印象是"压抑"。

这不仅仅是因为京都和鹿儿岛的南国风光不同。鹿儿岛人豁达开朗，但京都人说话却真假难辨。稻盛无论如何都无法适应京都人的这些性格特点。

稻盛就在这压抑的土地上每天重复着单调、枯燥的工作。实在受不了的时候，唯有怀念故乡鹿儿岛。

"在公司的研究工作也好，人际关系也好，都不顺利。每当太阳下山，我总会一个人去宿舍后面种满了樱花树的小河边，坐在那儿，唱着《故乡》。内心的痛苦日渐堆积，却又无计可施。我尽情地歌唱着，似乎只有这样，才能让自己振作起来。"（稻盛和夫《提高心性，拓展经营》）

这是多么悲伤的景象。

工作结束后，稻盛为了准备晚餐，会去最近的神足车站附近的商业街买东西。因为离商店关门的时间很近，所以大部分东西都卖完了。稻盛每天来来回回吃的就是用葱、天妇罗的面衣碎渣和油豆腐做的味噌汤。放面衣碎渣是为了能够增加味噌汤的分量。

每天晚上，他就用味噌汤当菜，然后自己煮饭吃。

有一天，在一家熟食店里，老板和稻盛搭话。

"我见过你，你是哪家公司的？"

"松风工业的。"

"你怎么在那样一家破公司啊？从哪儿来的？"

"鹿儿岛。"

"从那么远的地方来啊！你在那样的破公司，搞不好连老婆也找不到呢！"

直到很久以后，稻盛都没忘记那时的对话。

之后，他开始和朋友川上每三个月左右见一次面，要么他去久保田铁工公司所在的大阪，要么川上来京都。

后来在工作中绝不抱怨的稻盛，当时还很年轻。据川上说，那时经常会听到他的抱怨。川上也有川上的烦恼。他刚进公司就立刻被派去从事耕耘机的耐久试验，每天从早上 8 点到下午 5 点一直在挖水田。自己不是为了做这种事才读大学的，他也感到很烦恼和不甘心，偶尔也会发发牢骚。

不过，松风工业的内部状况的确糟得超出了想象。刚进公司时，稻盛还以为工资是每月分四次领的，因为工资的迟发和分次发放已经成为常态了。

等稻盛意识到自己这种地方大学毕业生之所以能入职，是因为公司经营状况不佳的时候，为时已晚了。想着当初为了进入这家公司，拼命地学习无机化学，想到家人和朋友们还为自己举行盛大的送别会，稻盛的心情不由得沮丧起来。

和稻盛同时进公司的五个大学生纷纷提出辞职，其中和他一起参加面试的京都工艺纤维大学的那个男生跳槽去了松下电器。到了秋天，仅半年不到的时间，就只剩下他和另外一个家在天草，毕业于京都大学的男生两个人。

"我们也别干了，辞职重新开始吧！"

两个人商量后一起向陆上自卫队提交了入队申请。

他们在伊丹的自卫队驻地参加了考试。考试很顺利，两个人都通过了。但是，当稻盛请鹿儿岛的家人将入伍所需的户籍副本寄来时，却怎么也等不到。过去不像现在，打个电话就能立刻知道情况。于是，他左等右等，错过了最后的提交期限。

后来他才知道，是哥哥利则坚决反对给他寄户籍副本。

利则说："这是大学老师好不容易给推荐的公司，和夫半年都不到就想辞职不干，这算怎么一回事啊！"

他的退路被切断了。

稻盛的心里乱作一团，但还是拿出了自己仅有的一点儿钱，为考入自卫队的同事举办了送别会，所以他为人确实很好。这样一来，五个一同进来的大学生就只剩下他一个人了。

"没办法，只能改变心态，全力以赴，专注于眼前的研发工作了。"他暗暗下定了决心。

镁橄榄石陶瓷与 U 字形绝缘体

稻盛着手研究的镁橄榄石陶瓷材料合成这一课题，与松下电子工业（简称"松下电子"）这一松下电器产业（现在的电器 Panasonic）旗下的子公司有着莫大的关联。不用说都知道，松下电器是松下幸之助创办的家电制造企业。

由于战后日本社会一片混乱，日本的电机厂商和欧美厂商之间的

技术实力差距很大，已经到了靠自己努力根本无法追赶的地步。从
1950 年（昭和 25 年）前后开始，国内电机厂商陆续与国外大型电机
制造商展开合作。

东芝与通用电气、三菱与西屋、富士电机与西门子公司相继合
作。随后，1952 年（昭和 27 年）12 月，松下电器与荷兰飞利浦公司
达成协议，共同出资成立了松下电子工业公司。1954 年（昭和 29 年）
3 月，松下高槻工厂开始投入生产。

稻盛进入松风工业两年前，日本才开始播放电视节目。当时，电
视机的真空管和显像管等主要零部件，基本都是由松下电子生产的。

当年，日本首相的月薪只有 6 万日元，但是松下电器公司推出的
12 英寸台式松下牌电视机每台卖到 23 万日元，而 17 英寸的豪华型电
视机更是每台卖到了 29 万日元。

后来，由于皇太子订婚，人们都想在电视上看到皇太子和美智子
大婚庆典游行，原本昂贵的电视机突然开始畅销。松下的电视机由于
成功地引进了飞利浦的技术，在品质上得到了高度评价，但存在无法
实现大批量生产的问题。

进口零部件需要用外币支付。当时有外汇限制，规定 1 美元兑换
360 日元。一旦外币不足，政府就无法偿还对外债务，会陷入债务违
约（不履行债务），国家也会面临破产。当年，日本这个国家穷得让
人提心吊胆。

政府为此设置了外币配额制度。由于限制严格，松下电子陷入了
想增产却无法进口零部件的窘境。

于是，他们开始摸索电视机零部件国产化的道路。生产显像管的
日本电气玻璃、旭玻璃，以及在彩色电视普及后接到彩色显像管订单
的大日本屏幕、日亚化学等许许多多企业，靠着来自松下电子的订
单，获得了迅速发展。

松下电子最先考虑国产化的零部件之一就是显像管电子枪使用的陶瓷绝缘部件。因其断面呈 U 字形，沟槽里又埋入玻璃体焊材，所以被称为 "U 字形绝缘体"。从金额上看，它在整个电视机零部件中所占的比重虽然很不起眼，却是左右电视机性能的关键零部件之一。

因为两家公司都在东海道主干线附近建有工厂，1954 年 9 月，松下电子向松风工业提出了制造 U 字形绝缘体的要求。

然而，无论怎么尝试，只要往 U 字形沟槽里填充玻璃焊材，绝缘体都会开裂，变成废品。这是因为绝缘体和玻璃的膨胀系数不同。

人们研究飞利浦的样品之后，发现他们的产品是用镁橄榄石做的，而当时国内新型陶瓷的主流还是滑石瓷。松风工业试做的样品，使用的也是滑石瓷，结果全部裂开了。

镁橄榄石在高温条件下的绝缘电阻很高，哪怕加大电负荷也很难发热。而且，它的膨胀系数接近金属和玻璃，非常适合与这些材料组合，制成电子零部件。一年前，通用电气虽然在实用化上已获得成功，但其制作方法仍属于商业机密。

一旦研发成功，该部件无疑会让企业起死回生。于是，松风工业为了制作 U 字形绝缘体，开始挑战镁橄榄石陶瓷材料的合成技术。稻盛进入松风工业，也正好是这个时期。

松风工业已日薄西山，这家企业看似一无是处，但事实并非如此。

有一次，稻盛看到一位前辈坐在原料的清洗间里，努力地用刷子清洗着球磨机。研磨球偶尔会有些磨损，那些磨损的凹凸不平处会沾上些前一次实验留下的粉末。那位前辈用刮刀将粉末小心翼翼地刮出来，再用刷子把研磨球清洗干净。

"大学毕业的男子汉，居然在做这种琐琐碎碎的活……"

稻盛一边想，一边不经意地看着。后来，在实验中得不到理想结果时，他的脑海里便浮现出那位前辈的身影。

松风工业公司的全景

和松风工业的同事们在一起

（右一为稻盛）

站在松风工业正门的稻盛

只是简单清洗的话，上次实验的粉末多多少少都会有些残留。如果混入接下来的实验里，陶瓷的特性就会发生微妙的变化。前辈细心地洗好实验器具以后，再用挂在腰上的毛巾擦拭研磨球。

"所以要彻底清洗，再擦干净吗？"

前辈的背影告诉稻盛现场实践的重要性。"体验远远重于知识"，这一态度成为稻盛后来一以贯之的"哲学"中的重要一条。（稻盛和夫《稻盛和夫自传》）

稻盛的过人之处在于他超乎常人的注意力。经过很多次不断试错的试验后，他找到了方向，看到了目标的大致轮廓。他发现，将氧化镁和滑石[1]的粉末混合，再加上硅酸玻璃作为烧结助剂，理论上就能合成镁橄榄石陶瓷材料。

但是，工厂不是大学的实验室。如果不能实现大批量生产，就没有任何意义。为了找到实现批量生产的方法，他接下来又费了一番周折。

原料的粉末都非常干燥，不知该如何熬炼才好。在传统的陶瓷世界里，常用黏土做黏结剂，但如果把黏土用在这里，就会混入杂质，无法发挥纯粹的物性。稻盛日复一日，锲而不舍地探寻着解决办法。

有一天，他路过实验室时，大概是思考得太入神，被什么东西绊了一下，差点儿摔倒。他看了一下脚底，鞋子上粘着茶色松脂一般的东西。那是前辈实验用的石蜡。

"就是它！"

这个瞬间，灵感闪现。

"如果在原料粉末中加入石蜡作为黏结剂，不就能够成形了吗？"

那正是指引稻盛和夫走向成功的"上天的启示"。（稻盛和夫《稻

1 滑石：以二氧化硅和氧化镁为主要成分的矿物。——译者注

盛和夫自传》)

他立即往锅里放入原材料和石蜡，像炒饭一样翻炒，再倒入模具里烧制成形。于是乎，终于完美成形。作为黏合剂的石蜡在烧结过程中全部燃烧殆尽，最后的成品中不会留下任何杂质。

因为公司里没有精密的测量仪器，所以他一开始不知道烧出的成品是否具备所需的物理性能。后来经过检测，确定了这个材料完全可以用于制作 U 字形绝缘体。

这是日本首次合成实用级别的镁橄榄石陶瓷材料，是一次壮举。虽然没有研发出大学时代梦想的新药，但稻盛获得的研究成果，价值不亚于研发出新药。1956 年（昭和 31 年）夏天，稻盛和夫年仅 24 岁，风华正茂。

正如 1956 年 7 月《经济白皮书》中所表述的"战后时代已经结束"一样，国民的生活方式正在发生巨大的改变。

而使这一改变成为可能的，正是日本的高速发展。国民的生活水平不断提高，继电视机之后，洗衣机、冰箱的价格也相继降低到老百姓所能够接受的水平。这三种电器被称为"三大神器"，置齐这三大件成为老百姓追求的目标之一。这一时期正是家电产业"热潮涌动"的时期。

松下电子听闻镁橄榄石陶瓷材料合成成功的消息后非常高兴，立刻下单订货。松风工业也正式开始生产 U 字形绝缘体。

最初采用的是冲压法，每次生产三个，但这样的话没办法完成大批量订单。于是，他们想到了把原料放入真空练泥机，再如同做凉粉般挤出 U 字形合成材料的方法。刚开始的时候，做出的产品总不理想，他们反复摸索了好多次。当时，手工制作的产品更有卖点，只是成品外观上稍微有些不整齐。如何尽快提高产品的精密度成了下一步亟待解决的课题。

稻盛为此常常通宵达旦地工作。那时，他还很年轻，精力充沛。

时任松下电子采购部部长的山口靖彦到松风工业拜访过稻盛。

那一天，太阳已经完全下山了。松风工业所在的地方蚊子特别多，而且还不是一般的蚊子，据说是那种极其凶猛的、即便隔着裤子和袜子也能轻松叮人的豹脚蚊。当时，整个公司只有一个地方还灯火通明，那就是稻盛他们工作的地方。看到他们像中了邪似的忘我工作，山口想起了柿右卫门的故事。

有田烧的第一代名匠柿右卫门为了呈现鲜艳的红色，日夜钻研，终于烧制出了釉色如夕阳映照下的柿子般的红花瓷。这个故事是为了告诉人们努力的重要性。它被收录在第二次世界大战前的教科书中，可谓家喻户晓。

"他简直就是昭和时代的柿右卫门。"

据说，山口不由得这样喃喃自语。（京瓷内刊《敬天爱人》）

成为旋涡的中心

U 字形绝缘体的外形越来越规整后，稻盛又向松下电子请教了玻璃焊材的配比问题，这才生产出成品并交货。由于拿到了 U 字形绝缘体的订单，稻盛的团队所在的部门成为亏损连连的松风工业公司里唯一盈利的部门。

制造部部长青山政次（后来的京瓷公司社长）惊讶地见证了稻盛的大放异彩。青山是稻盛进公司时的面试官，比稻盛年长 30 岁。这个面试时看上去腼腆、内向的年轻人，究竟是从哪儿来的这么大的活力呢？青山非常吃惊。

青山说："后来，我对稻盛极为旺盛的工作劲头非常惊讶，我觉得是'鸡窝里飞了凤凰'。"（青山政次《心之京瓷二十年》）

稻盛后来经常说"要成为旋涡的中心"。

"自己要主动、积极地寻找并承担工作，这样，周围的人自然而然就会来协助你。你就能在旋涡的中心工作。"（稻盛和夫《京瓷哲学》）

稻盛正是努力在松风工业里成为"旋涡的中心"。于是，青山也在不知不觉中，在积极意义上被卷进稻盛所引发的旋涡当中。

"他是那种需要自由发挥的人，所以不能有人在上面管他。"

发现了稻盛的这个特点后，青山开始在工厂内为他物色办公地点。青山发现，如果把设计室的东侧整理出来，可以腾出一个研究室的空间。在与专务商量并取得他们的同意后，青山把研究室搬到了那里。1956 年 11 月，稻盛等人从研究科独立出来，成立了特磁科。

虽然稻盛出于资历的原因没有当上科长，但是在进入公司的第二年，他就成了全权负责特磁科工作的年轻领导者。

随着电视机市场的高速发展，对 U 字形绝缘体的需求量越来越大，开始出现供不应求的情况。稻盛深感必须确立大量生产的机制，开始构思烧制特殊陶瓷的电隧道炉。

之前一直使用的窑炉被称为"调试炉"，是一种很简单的炉子。只要放入要烧制的东西后盖上盖子，烧制完成后取出来即可。稻盛设计的电隧道炉是依靠炉内传送带的转动，带动陶瓷产品在炉道内移动，然后一个接一个地烧制出来，是一种划时代的烧制炉。

稻盛亲自画了设计图，委托东海高热工业公司制作，大批量生产 U 字形绝缘体终于成为可能。大学时代，稻盛自己制作实验器材的经验发挥了很大的作用。这些都是发生在 1957 年（昭和 32 年）的事情。

但是，据青山在《心之京瓷二十年》一书中透露，这时发生了一件让青山部长无语的事。原来，在稻盛向公司提出费用申请、订购电隧道炉的时候，东海高热工业公司已经完成了电隧道炉的生产，进入交货阶段。可是，松风工业是一家连年亏损的公司。由于资金周转困难，哪怕是增加一点点设备，也必须得到银行的许可。原本银行对这次投资是不可能批准的，但参加了电隧道炉设计研讨会的营业科科长北大路季正认为这是需要尽快配备的设备，于是擅自拍板批准了。

最后，青山部长不得不向东海高热工业公司低头恳求。最终，对方同意松风工业在将近一年之后再支付费用，这样事情才得以解决。

因为北大路是个很细心的人，所以稻盛对他十分信任。与此同时，稻盛的工作热情也打动了北大路。最后，电隧道炉提前完成，U字形绝缘体的产量得以迅速提高，松下电子非常高兴。

松风工业不仅同意了稻盛提出的采购电隧道炉的申请，还允许特磁科增加人手。

要完成松下电子的订单，粗略估算需要二三十名员工。稻盛做出了一个惊人之举：他断然拒绝了人事部提出的增员方案。这完全不是一个雇员能做的决定。

当然，他的拒绝是有原因的。当时，公司管理方想裁减绝缘瓷瓶部的人员，由于工会的强烈反对而没能实施。所以，人事部想把绝缘瓷瓶部不要的人员转到其他部门。

公司内部的士气本就已经很低落了，绝不能让其他部门把不需要的、低效率的员工硬塞进来。于是，稻盛竟然开始自己招聘员工了。有时，他跑到京都车站前的七条职业安定所寻找合适的人才。

但招聘属于人事部门的工作，稻盛对这一点很清楚，所以他与公司人事部为此一再发生冲突。

晋升和晋级都由人事部掌控，所以，一般来说，普通员工不会和人事部唱反调。然而，稻盛却不肯向所谓的"权势"低头。只要他认为自己是对的，就不惜与对方对立也要坚持到底。即便走入职场，他的反抗意识也没有丝毫改变。

青山这样回忆当时的情景：

"每次部长们开会考核下属的工作成绩时，我会理所当然地给稻盛打最高分，但也有一些对稻盛不太了解的部长谴责他'是个占山为王、任意妄为、自以为是的家伙'。"（青山政次《心之京瓷二十年》）

但是，稻盛始终没有妥协。他下定决心，就算要攀登的山峰再险峻，也要从正面迎难而上。他无法忍受那种安逸的活法。用他的话来说，就是要选择"垂直攀登"的道路。

决定企业业绩的是人。

就在成功合成镁橄榄石陶瓷材料的 1956 年 8 月，稻盛录用了浜本昭市（后来的京瓷专务董事），同年 12 月录用了伊藤谦介（后来的京瓷社长），次年的 3 月又录用了德永秀雄（后来的京瓷常务董事）。

浜本昭市生于 1936 年（昭和 11 年），毕业于鸟取工业高中，比稻盛小 4 岁。由于浜本昭市的老家属于半农半渔地区，他从小在田间地头的劳作中得到了锻炼，肌肉发达、十分健壮。此人少言寡语，不喜欢抛头露面，但在工作上的细致、缜密却令周围的人都赞叹不已。（加藤胜美《京瓷：超成长的秘密》）

伊藤谦介生于 1937 年（昭和 12 年），毕业于仓敷工业高中。他和浜本一样，沉默寡言又很能忍耐。

通过这些人的性格特点，应该能够知道稻盛和夫想要招募的是什么样的人才。

求学心旺盛的伊藤进入公司后就开始读同志社大学的夜校。但稻盛对他说："没必要再去读大学了吧？我会教你很多东西的。"

或许伊藤当时会有些不满，但是在稻盛看来，他们的资质已经足够，完全可以在未来大展拳脚。

"外行的人看起来对行业不了解，却能够自由思考，对事物经常会抱有疑问。因为没有丰富的经验，他们在公司里会充满危机感和饥

渴感，所以能想出很多好的创意和点子。"（稻盛和夫《人生与经营》）

和普通的松风工业员工相比，他们显得很"浮躁"。

"稻盛的特磁科简直就是特殊部队。"

公司内部传出了这样的声音。

稻盛这个时期录用的人才，后来成为京瓷公司成立时的创业班底。

稻盛也并非从一开始便知人善用。

松风工业第一次给稻盛配备了助手，但那位助手让稻盛十分头疼。他家境贫寒，虽然没上过大学，却非常聪明。由于很早就尝尽了世间冷暖，所以身上有一种特别的冷漠。

有一天，稻盛交给他的一个实验得出了期待的检测数值。稻盛不禁高兴得跳起来："太棒了！"但他的助手却用冷漠的眼神看着稻盛。

稻盛对他说："你也应该高兴啊。"他白了一眼，嘟哝着说："太浅薄了——"一听这话，稻盛的脸色都变了。但是，这位助手仍然很冷静地反驳说：

"稻盛先生，实验不过有点儿小小的成绩，你就开心得跳起来。但是一个大男人，一生中应该也没有几次值得高兴得跳起来的事。你居然一个月能高兴得跳起来好几次。"

听完他的话，稻盛感觉被人从头顶泼了一盆冷水：

"正是因为有了感动，才能获得能量，继续挑战后面的研究。"然而，这个助手还是一副"不能苟同"的样子。

稻盛这样述说着他当时的绝望感：

"那个时候，我才知道京都人的难缠，或者说是冷漠吧。我觉得这样下去，是没法领导别人的，更不可能成就事业。"（稻盛和夫《稻盛和夫自传》）

虽说看到这位助手的反应，就断言京都人的性格如何如何，并不一定正确，但稻盛大概是感受到了这个人与性格活泼开朗的鹿儿岛人的截然不同吧。这样下去，自己一定当不好一名领导，稻盛充满了危机感。据说，他是这么想的：

"最初，我被人在心里轻蔑：'你脑子有问题吗？'无法得到别人的尊敬。于是，我想：'好吧，既然如此，我也学习一下京都人的难缠。'虽然我本身就有类似于西乡隆盛的开朗个性，但我先将其放置一旁，学习京都人身上的理性。从那以后，我的人格逐渐发生了改变。"（稻盛和夫《稻盛和夫自传》）

企业家中能成大事者，大多具备冷静而深刻的特点，松下幸之助等人皆是如此。

这种性格与"西乡的开朗"截然相反，是大久保[1]式的性格。稻盛年轻时和一般的鹿儿岛人一样，喜欢西乡隆盛而讨厌大久保。这时，他终于有了新的领悟。

"仅仅依靠西乡隆盛的'志向'和'真诚'无法做好经营。同样，仅凭大久保利通的'合理'或'逻辑'，也无法把握人心、凝聚团队。从成就明治维新的这两位历史人物身上，我感悟到，就像无情和温情、细心和大胆，如果不能够同时具备两种相互对立的特质，就无法成就新的事业。"（稻盛和夫《人生与经营》）

就在稻盛还在为怎样当好领导而烦恼的时候，妹妹绫子从鹿儿岛过来了。松风工业附近的明治制果正在招聘奶糖工厂的包装工，绫子决定去那家公司工作。

一直以来，妹妹绫子都在山形屋百货店工作，以贴补家用，甚至还给读大学的哥哥和夫零花钱，是个非常善良、懂事的妹妹。像母亲纪美一样可靠又能干的绫子能过来，稻盛十分安心。做饭、做菜就不

---

1 大久保利通：明治维新时的一个重要人物。——译者注

用说了，稻盛把家庭收支都交给她管理。

虽说如此，稻盛还是制定了预算交给绫子。绫子跟笔者讲过当时的艰苦，说那些钱只够勉勉强强维持生活，而这一切都是为了多给父母寄些生活费。

据说，当时稻盛最大的乐趣不是喝烧酒，而是喝威士忌。

"他会把小洋酒瓶放在办公桌里，偶尔拿出来，倒一点儿在瓶盖里喝。"

因为据说酒瓶的体积很小，所以估计是寿屋（现在的三得利）的托利斯。

但是，绫子只住了一年左右，就回鹿儿岛了。因为母亲纪美的身体还没有完全恢复，妹妹美智子一个人照顾的话，负担会很重。另外，绫子也有些受不了京都冬天的严寒。

尽管手头有些紧张，稻盛还是为绫子在高岛屋按样衣定制了一件双层加厚的大衣。

妹妹说马上要回去，不需要大衣了。

稻盛还是坚持让妹妹带回去，说："你一直以来那么辛苦，这件大衣必须给你做。"

据说，绫子之后一直很珍爱地穿着那件大衣，因为一穿上就能回想起哥哥的温情。

"经营"特磁科

尽管还有很多烦恼，但稻盛渐渐对自己的工作有了自信，开始发挥他超强的领导力，着手"经营"特磁科。

当时，松风工业没有足够的设备，所以，像粉末搅拌等作业都是脏活累活。在那样的劳动环境下，想要保持员工的士气是相当困难的。于是，稻盛每晚都将他们召集起来，向他们诉说自己的想法：

"我们现在从事的是连东京大学和京都大学都没有机会做的尖端研究。如果我们不去实践，就不能发现陶瓷的本质。让我们一起努力，创造出让世人惊叹的产品吧。"

稻盛将自己的能量传递、分享给大家，他充满热情地说：

"迄今为止，素不相识的我们能聚在一起工作，这难道不是一种缘分吗？人生只有一次，让我们珍惜每一天，全力以赴地活好每一天！"

其中，也许有人压根儿不想听这些话，只想早点儿回家。但是，稻盛热情地诉说着。听着听着，每个人心里都开始燃起了炙热的火焰。

工作结束后，有时他们也会去喝酒。从松风工业的正门出去走两三百米，在神足车站附近有许多小酒馆。稻盛下班后经常带下属去那里，点上素乌冬面和掺了热水的烧酒，和大家边吃边聊。

每当那时，稻盛一定会聊到工作上出现的问题。大家会针对那些问题进行深度讨论。最后，得出的结论往往是："好，那明天就用这个办法重新试试！"

酒过三巡，谈话的内容就会变得五花八门。稻盛可以从下属那儿听到平时听不到的事情，情绪也容易高涨。这些高昂的情绪往往会一直持续到第二天，团队的士气也会得到提升。意识到这一点后，稻盛开始减少在工厂里的训话，增加和下属们一起喝酒、聊天的时间。

后来，稻盛把这种喝酒聚餐的形式命名为"空巴"，并将其升华成为经营诀窍之一。这最初的一步，就发生在神足车站附近的小酒馆里。

当年，稻盛到手的工资有 8000 日元。在国家公务员的起薪为 9000 日元的年代，这份工资并没有想象中那么低，但是他把其中的 2000 日元寄回老家之后，剩下的钱基本都花在和年轻同事喝酒上了，日常生活自然过得比较艰苦。稻盛甚至还向公司预支过工资。

渐渐地，他和大家打成了一片。大家开始齐心协力，逐步形成合力。稻盛非常开心，所以一点儿也不心疼钱。对他来说，工作的意义已经超越了养家糊口。

稻盛想更好地"经营"特磁科，在那之后一直做着各种尝试。接下来的"经营改革"就是不加班。

因为松风工业经常拖欠工资，加班费便成了员工赚取生活费的一个来源。因此，平时员工在上班时间自由散漫，加班时却很卖力的奇怪现象随处可见。稻盛认为自己领导的特磁科不应该出现这种情况。于是，他宣布："今后禁止加班！"

以按时下班为目标，就能提高工作效率。这样一来，生产效率一下子就提高了。

当然，包括稻盛自身在内，要做到完全不加班是不可能的。但是，与之前不同，员工不是为了赚取加班费而加班，而是让加班恢复本来的面貌："尽可能不加班，但为了完成工作目标，在不得已的情况下也要加班。"

让人佩服的是，他在当时实施这些改革时既不是科长，也不是系长、主任，但他已经把自己当成经营者果断推行这些措施了。稻盛后来创造出了"阿米巴经营"的经营体系，而当时的他正相当于"阿米巴经营"中的"领导人"（阿米巴长）。

他当时的上司青山写了这样一段话，表达了自己的惊叹之情：

"当时的松风工业，正如前面所说的那样，经济状况不好，员工的工资也很低。大家都理所当然地挣加班费。如果是因为有任务而要加班，自然无话可说。但是，员工往往是把白天上班时间可以完成的工作拖延下来，连车间主任也一起加班。系长、科长对此一言不发。部长及一些高级管理者虽然口头上三令五申，告诫科长说要停止这种伪加班的行为，但情况一直无法改变。说起来，我也曾是部长中的一员，为此感到羞愧。我回到松风之后，把重心放在了处理重建问题上，而把现场管理都交给了次长。这么说或许听起来像找借口，但我却是没有力量去纠正现场的不良风气。稻盛却不一样。他既不是主任，也不是系长，但从一开始就把特殊陶瓷制造的工作揽在身上。科员从 5 个人增加到 10 个人，又从 10 个人增加到 20 个人。在这个过程中，他总是以身作则、殚精竭虑，全身心地投入工作，科员们也毫不犹豫地跟着他干。稻盛和夫有条不紊地按照自己的想法，带领着特磁科的同人们一起前进。上班时间，他拼命工作。如果工作还未做完，也会安排加班。但如果没有工作就会正常按时结束。即便其他的绝缘瓷瓶部门磨洋工、混加班，他的部门也绝对不随波逐流。"
（青山政次《心之京瓷二十年》）

或许是稻盛的努力起了作用，松风工业开始看到了希望的曙光。

1956 年 10 月，第一物产（现在的三井物产）成为松风工业的出口总代理。第一银行和它们共同签署了三方协议，决定提供重建资金。

就在那之前不久，第一物产为了调查实际情况而走访了松风工业。调查团的团长是顾问吉田源三。第二次世界大战前，他担任过纽约分行行长，是一位见解独到的大人物。松风工业方面十分紧张地迎接了他。

就在调查接近尾声时，吉田突然说：

"听说你们这儿有位毕业于鹿儿岛大学的叫稻盛的年轻员工，我一定要见见他。"

这让大家十分惊讶。吉田顾问为什么会知道一个普通员工呢？董事正想去叫稻盛，就被吉田制止了。他自己走向了研究室。

稻盛一出来，吉田就用很有礼貌的语气说：

"你就是稻盛先生吗？其实，你们鹿儿岛大学的内野是我在东大（东京大学）时的同学。每次和他在东京见面，都会听他说起你的事。所以，今晚我想和你好好聊一聊，你愿意去我住的新大阪酒店（现在的丽嘉皇家酒店）吗？"

稻盛去往吉田所说的位于中之岛的新大阪酒店。那是一家第二次世界大战前大阪金融界倾力打造的酒店，别具风格。稻盛被酒店气派的大厅给震撼了，不由得呆站了良久。

大概看出了稻盛的紧张，吉田对他说：

"请放轻松一些。你可以叫我吉田。"

吉田十分欣赏稻盛的才华，对他很尊重，一直称他为"稻盛工程师"。

不知不觉，两个人聊了很多，越谈越投机。稻盛谈了自己进公司以来，怎么研发镁橄榄石陶瓷，并让其顺利投产，使之事业化。又谈到了电子产业的发展前景，及松风工业的出路就在电子产业。要想重建公司，就应该在这个领域集中投资，给员工们指出明确的前进方向等。稻盛将平日的各种想法一股脑儿地倾吐出来。

吉田一直默默地、笑眯眯地听着，突然，他大声地感叹：

"哎呀！你真了不起！这么年轻却拥有了 philosophy。""philosophy"这个单词一不小心就会被忘掉。于是，与吉田分开后，稻盛为了记住这个单词，在回去的途中"philosophy, philosophy"地大声念了很多次。

"回到宿舍后查了字典，我记得，当我看到释义里写着'哲学、信念'时，我的心好像被什么东西深深地触动了。"（稻盛和夫《人生与经营》）

阻挠罢工

1957 年 5 月，正当 U 字形绝缘体的生产供不应求，稻盛他们忙得不可开交之际，因为劳资双方在提高工资及裁员问题上僵持不下，松风工业发生了大规模罢工。

第二次世界大战后，全国工会运动蓬勃发展。从京都知事蜷川虎三长期执掌革新政治工作（1950—1978 年）这一点上，就能了解当时京都的左翼势力之强。工会运动的激烈程度在全国也屈指可数。

特别是松风工业，由于业绩恶化，劳资谈判经常产生激烈的摩擦。偏巧稻盛正在为松下电子的订单拼命努力的时候，谈判破裂，转而进入罢工阶段。

稻盛后来一直支持革新派政党，绝对不是一个不理解工会运动的人。相反，对于满足于体制现状或独占权力的人，他是持批判态度的。在企业经营方面，他经常采用的手法相对于资本主义，让人感觉似乎更接近于社会主义的风格。

此时，他努力追随自己的"真心"，将其付诸行动。

一旦罢工，U 字形绝缘体的生产就不得不停止。在电视机最畅销的时候，如果不能提供零部件，将会给松下电子带来很大的麻烦。而如果因为这个理由中止和松下的合作，松风工业也很有可能会破产。这是冷静思考一下，就能明白的简单道理。

"没有停工的时间！"

稻盛并没有受经营层指示，而是自发地决定阻止罢工。

结果，工会的干部骂他：

"公司的走狗！"

"不要故作清高！"

但他没有胆怯、退缩，坚信大义在自己这边，以坚定不移的信念，决意不参加罢工。

一旦进入罢工，工会为了防止有人破坏罢工，会在公司的大门口设置纠察[1]，不让人进入工厂。于是，稻盛提前做了周密的安排，他买了罐头等食品，又把燃料和被褥塞进锅里偷偷运进工厂，然后和四五十名部下一起，在罢工的前一天住进工厂。

问题是做出的产品该怎么发货，交给客户呢？

松下电子的显像管工厂在高槻市，因为 U 字形绝缘体是小而轻的零部件，即便发货以 1000 个为单位，也无须货车，坐电车就能带走。但是，因为纠察守住了工厂的大门，员工不可以自由进出。于是，稻盛想到，可以委托特磁科的一位女员工，她的名字叫须永朝子。

她没有反对罢工，但是每天早上会按时来工厂后面等待。

产品被包装得严严实实以避免损坏，再被扔到墙外，在那儿等候的朝子就立刻将产品送到松下电子的高槻工厂。他们隔着墙传递东西，就好像罗密欧和朱丽叶一样。而这位女性后来成为稻盛和夫的人生伴侣，这真是一种不可思议的缘分。

稻盛说日语单词"儲ける"[2]中的汉字"儲"，就是写作"信者"二字。（稻盛和夫《敬天爱人：从零开始的挑战》）

这意味着商业的基础就是"诚信"。

一个人拼命努力的样子一定会传到客户那里。稻盛不惜破坏罢工也不愿给松下电子带来麻烦，此事传到客户耳朵里之后，他们十分感动。松下电子也深受创业者熏陶，是极重情义的一家公司。那时建立的信赖关系，后来逐步成为京瓷与松下电子之间深厚的纽带。

稻盛反对罢工的行为并非为了讨好松风工业的经营者，但是经营方却误会了他的意思。

一天，常务来到工厂，面带感激地紧紧握住稻盛的双手，又往他

1　纠察：指静坐或手挽着手堵门的人。
2　意为赚钱。——译者注

的口袋里塞了几张钞票。

"你这是在干什么？"稻盛条件反射般地表示拒绝，立刻把钱塞了回去，"我不是为了得到这些东西，我只是想保住大家的工作。"

晚年，稻盛回忆说"那时说的话确实有些狂妄"，却表达了年轻人特有的正义感。下属们也都对稻盛的男子汉气概产生了共鸣，特磁科的员工们变得更加团结了。

去巴基斯坦的诱惑

1957 年 6 月，罢工终于结束了。松风工业也迎来了新的社长。他是第一物产推荐的原电铁公司的社长，时年 64 岁。大家都激动地期盼着这位优秀社长的到来。

新社长总是坐电车上班。松风工业位于神足站的西侧，由于车站出口在东边，所以总要绕个圈，步行 500 米左右。稻盛每天都和 64 岁的社长一起走路。

稻盛看到他每天步行的样子觉得过意不去，有一天，他安慰社长说：

"早晚我会赚钱给你买辆车的。"

青山政次在《心之京瓷二十年》一书中介绍了这件逸事，并对稻盛赞不绝口，稻盛也的确是位"超狂妄"的年轻员工。

"稻盛说自己会努力，一定可以给社长买辆车。这种自信和气魄，表明他压根儿没觉得自己只是一个微不足道的小职员。那时的稻盛就已经具备了经营者的素质。这不是一个大学毕业刚两年的员工说的玩笑话，能够认真地对社长说这样的话，这一点他就和我们非常不一样。"

1957 年夏天，通过第一物产的介绍，巴基斯坦绝缘瓷瓶公司的公子来到松风工业视察。当时正好是稻盛为大批量生产 U 字形绝缘体而开发电隧道炉的时期。

巴基斯坦人一眼就看上了电隧道炉。如果稍加改造，绝缘瓷瓶的大批量生产也将成为可能。于是，他们决定委托东海高热工业针对巴基斯坦电力情况改良电窑炉，做出低压规格的设备。完成后的电隧道炉以 800 万日元的价格出口巴基斯坦。

1958 年春天，电隧道炉的改造终于完成了。到了出货阶段，对方说如果仅仅进口电隧道炉，还是不懂如何操作，希望稻盛作为技术指导前往巴基斯坦。

对方给出的条件非常优厚。当时，稻盛在松风工业的月薪也稍微上涨了一些，能拿到一万几千日元。但是，如果去巴基斯坦，对方开出月薪九万日元的价码。说一点儿都不心动是不可能的。稻盛犹豫再三后决定辞职，提交了辞呈。社长花了一天的时间来说服稻盛，努力挽留他。"现在你辞职的话，特磁科就要关门了。这样的话，由你一手组建的二十多名员工的团队和设备该何去何从呢？也许这些都比不上你的未来，但是，你应该可以随时进入任何一家出色的公司吧。为公司想一想，不，为我想一想，我不想失去左膀右臂，请你一定留下来。如果你觉得宿舍太破，就住到我家里。我只要在，就会对你负责。即使公司的经营进一步恶化，以你的能力，到时候还是可以进任何一家好公司的。"

阻止稻盛前往巴基斯坦一事，最终还连累了青山。

青山一直致力于松风工业的重建工作，他也期望新社长的到来能令公司有所改观。然而，这种想法太天真了。这位新社长走马上任后仅过了两三个月，就把一位莫名其妙的人拉了进来。

那个人曾是社长原工作单位的研究所所长。他的兴趣爱好十分广泛，在古董、围棋、将棋、音乐等方面都显示出与众不同的才华。因为对古董兴趣浓厚，他还当过古董店老板。但是，他缺乏一般的常识。这位新社长邀请他来松风工业工作，不久还让他担任了技术部部长一职。

青山说："M 先生一进公司就接二连三地对绝缘瓷瓶生产的相关设备和方法提出了诸多改良方案，而社长立刻决定推行。但是，原有技术人员却对他完全不理睬，认为他没有水平。尽管如此，他后来还是被提拔成了技术部部长。然而，事实证明，他所谓的那些'改进'和只能糊弄外行的'理论'都是十分可笑的，最后全都失败了，没有做出任何成果。而当他恣意提出那些毫无价值的改良方案时，公司的专务、常务也好，技术人员也罢，都只是默不作声地看着。"（青山政次《心之京瓷二十年》）

青山认为，如果再这样继续胡闹下去，后果将不堪设想。于是，他向社长逐一陈述了那些改良方案的失败，并劝告社长："如果再让事态任意发展下去，要不了多久，松风工业就要倒闭了。"

社长却说："你什么话都不要说。如果他失败了，我会负全责。"

青山和社长沟通无果，决定亲自去找技术部部长本人，直接告诉他不能继续这么干。

"你接连提出那么多改良方案，结果一个也没成功。你到底是怎么打算的？"

"改良方案这种东西，十个里能有一个成功的，就算很了不起了。"技术部部长的回答让青山无语。

后来，青山不断向社长提出劝诫，结果被社长逐渐疏远，社长还免除了他兼任的管理部和特需部部长的职务，把他贬到社长办公室。最终，命令他前往巴基斯坦工作。

"稻盛现在离开的话，公司会有麻烦。你反正有空，不如你代替他去吧。"

结果，青山不得不替代稻盛，前往巴基斯坦进行技术指导。

1958 年 7 月，青山从羽田机场出发，飞往巴基斯坦。当时，青山已经决定，等完成了巴基斯坦的工作，回来后就立刻辞职。而与此同时，特磁科也被纳入那位新技术部部长的管辖范围。他与稻盛发生冲突只是时间问题了。

同时决定结婚与辞职

此时，稻盛脑中难得地被工作以外的事占据了，那就是婚姻大事。他的对象是须永朝子，就是在反对罢工中起很大作用的那位女同事。

步入社会后，稻盛并非没有罗曼史，只是没能和第一次交往的女友步入婚姻的殿堂。稻盛之所以会对朝子产生爱慕之心，有一段令人莞尔的小插曲。

稻盛暂住公司的那段时间，饭盒就放在桌子上。有一次，他打开饭盒，发现里面的午餐与平时的完全不同，满当当地装了许多可口的饭菜。稻盛很感动，吃得干干净净，一粒米都不剩。

第二天、第三天也都有丰盛的午餐放在稻盛的办公桌上。他也没有打听是谁送来的，就这么每天享用美味的午餐。终于有一天，他知道了这些都是朝子带来的。

特磁科的研究室里有三排办公桌，十几个科员在一起工作，朝子是其中一员。她比稻盛小 2 岁。京都府立西京大学（现在的京都府立大学）毕业后，她一直在家里帮着做一些家务。当时，女性考入四年制大学的概率只有 2%，可见朝子也是很了不起的知识女性。

恰巧，住在附近的青山太太对朝子的母亲说：

"你家姑娘大学毕业，闲在家里可不行啊。"

于是，青山让她进入松风工业，帮忙处理一些研究室的日常事务。

当时，稻盛把锅碗瓢盆炉灶都带到公司，一到中午就在研究室里煮饭，做味噌汤，有时也会吃太阳便当[1]。看到这一幕，朝子回家后和母亲说了此事。

朝子的母亲感叹："那太可怜了。"

于是，母亲开始每天准备两份便当，让朝子帮着带过去。

妹妹绫子在京都时，与稻盛走在街上，朝子即使与他们擦肩而过，也不会点头打招呼。那并非代表她没有礼貌，恰好证明了她是一位谨言慎行的女性。带便当过来这件事，她也一直没有主动提起。从她的性格来看，这也不难理解。

采访时，只打听出了他们约会的一些事情。

"我记得好像去京都市内看了几次电影。"

但是看的是什么电影，稻盛已经记不清了。

"有一次，朝子的母亲听说我晚上回宿舍还要自己做饭，就对朝子说：'太可怜了，你把他带回来吃饭吧。'然后，晚上我就厚着脸皮过去蹭饭了。她是位特别慈祥的母亲。"

笔者读了朝子母亲写给稻盛家的一封信，字里行间可以感受到朝子母亲的温文尔雅和良好的教养。

接着，笔者又顺便试着打听了一下稻盛当初是怎么求婚的。

"哎呀，求婚这件事嘛……"

稻盛显然不愿回答这个问题，开始顾左右而言他。毕竟，那是只属于他们两个人的回忆。

稻盛拜托他的朋友北大路当媒人，商量什么时候结婚，最后将婚

1　太阳便当：在米饭中放一个梅子的简朴饭菜，因像日本国旗而得名。——译者注

期暂定为 1959 年（昭和 34 年）2 月。但是，后来却突然出现了状况，致使他们不得不提前举办婚礼。

因为新任技术部部长的失误，松风工业的业绩持续下滑，公司不得不进行裁员。

面对绝缘瓷瓶部门狼狈的状况，稻盛在社长和部长们面前猛烈爆发："特殊陶瓷这个领域以后会飞速成长。如果不趁现在多赚钱，公司就无法扭亏为盈。请务必重新调整体制，下决心把人员和设备都集中配置到特磁科来。"

如果一直这样束手束脚的话，结果就是大家一起等死。正因为如此，稻盛才会如此迫切。

但是，在不得不裁撤员工的绝缘瓷瓶部门里，有很多人毕业于京都大学等名牌大学。他们自负地认为，公司是靠他们才支撑到现在的，所以都直截了当地提出了反对。

而且，他们还说了一些不可理喻的话：

"特殊陶瓷以后的发展就交给我们吧，稻盛君只要试制产品就行了，研发的工作还是交给研究科来负责。"

话越说越离谱。对于这种打算夺取自己研发权的意见，稻盛全部断然拒绝。而这荒诞的事件之所以发生，是那位新任的技术部部长在推波助澜。

于是，该发生的事还是发生了。

其导火索就是稻盛接受了一项非常重要的工作。

美国通用电气当年主导了一个建立微波通信网的计划，日本电视台的正力松太郎也参与其中，并且得到了吉田茂首相的支持。

发射高频微波的真空管用以往那种玻璃管是不行的，必须用镁橄榄石陶瓷材料作为绝缘体。因为在国内有望生产出该产品，所以与通用电器合作的日立制作所（简称"日立"）将订单发给了松风工业。

如果这次能够成功地完成日立制作所的订单，这个业务也可能与 U 字形绝缘体一样，成为公司的一大盈利支柱。松风工业的高层决定，再次将这个研发任务交给稻盛。

虽然反复实验了很多次，但这次的产品对技术水平要求极高，研发难度极大。而日立那边催得又紧，稻盛已经神经紧绷了。这时，那位新任的技术部部长又不合时宜地出现在稻盛面前。不仅如此，竟然还对稻盛说了这样的话：

"以你的能力是不可能完成这个项目的，还是让其他人来做吧！"

"这个东西其他人做不出来！"

但稻盛说的话新任的技术部部长完全听不进去：

"看来你是不行了，我们公司有不少毕业于京都大学的技术人员，交给他们去做吧。"

听到这话的瞬间，稻盛全身的血液上涌，脱口而出："哦？是吗？那行啊。反正公司已经不需要我了，我干脆辞职好了！"

畅快淋漓地说完后，他便愤然而去。

让我们先了解一下此事后来的发展结果。从亚洲各国的经济实力考虑，发展微波通信网的计划本身还为时尚早。虽然日本电视台在 NHK（日本放送协会）之前取得了最早的国家电视节目播放许可证，但还没看到怎样的大发展，这个计划就偃旗息鼓了。

没想到 26 年后，稻盛自己创办了第二电电，在全日本设置转播基地。兜兜转转那么多年，又回到构建微波通信网上来了。这真是人算不如天算啊。

放弃前往巴基斯坦，决定创业

新任的技术部部长完全不了解稻盛和夫这个人才的真正价值，在稻盛提出辞职后，仍然满不在乎。但当他向社长汇报此事的时候，社长对他大发雷霆："笨蛋！稻盛辞职了，公司以后怎么办？！"

新任的技术部部长并不知道稻盛这个年轻人在这家公司受到如此器重。这个时候，他才知道自己做了多么愚蠢的事。与此同时，社长也突然认识到青山以前的劝诫都是对的，他一手提拔的这位部长将把松风工业带往破产的泥沼。

社长开始拼命挽留稻盛。他好几次将稻盛叫到自己的家里做工作，企图让他回心转意。然而，稻盛却始终不肯点头。更讽刺的是，社长的再三挽留，反而让稻盛越发对自己的判断有了自信。社长虽然也隐约意识到了这一点，却不得不继续挽留稻盛。

稻盛提出辞呈的消息很快就在公司里传开了。

"稻盛先生辞职的话，我们也辞职！"浜本和伊藤他们都表了态。但是，大家又都提出一个同样的问题：

"辞职以后做什么呢？"

虽说提出了辞职，但老实说，稻盛当时没太多考虑以后的去向，也没有想过要去竞争对手的公司。

于是，稻盛找青山商量，青山提到了上次那家巴基斯坦公司。

青山冒着酷暑，在巴基斯坦干了两个月技术指导的工作。在那期间，对方经常提到稻盛，并恳求青山"回日本后，请务必劝稻盛先生来巴基斯坦"。并且，他们还提出希望青山也能一起过去工作。

听到这些，稻盛觉得也不错，兴趣盎然地说："青山先生，如果这样，不如我们一起去巴基斯坦吧！"

然而，当他和哥哥利则商量时，哥哥冷静地建议他去问问内野老师的意见。

稻盛是完全信赖内野老师的。大学毕业后，他一直和老师保持着紧密的联系。

"每次有事来京都时，老师都会发一封电报告诉我'几点几分在京都站停车'，把我叫去见面。在夜行列车短暂停留的时间里，他询问我研究的进度，并给我提出建议。最后，他一定不会忘记对我说'加油'。"（稻盛和夫《人生与经营》）

和内野老师见面的机会很快就来临了。稻盛赶紧跑到京都车站，和老师商量去巴基斯坦工作的事，没想到得到了一个令他意外的答案。

老师这次一反常态，严肃地说："不能去！"

"绝对不能成为巴基斯坦绝缘瓷瓶公司的工程师，廉价出售你仅有的那些技术。新型陶瓷这个领域日新月异，也许在去巴基斯坦的这段时间，你掌握的技术就已经落伍了。你好不容易刚在新陶瓷领域崭露头角，这时候过去，太可惜了。"

明白了自己的短视之后，稻盛默默地低下了头。如梦初醒的他毅然决然地放弃了去巴基斯坦工作的机会。

在那期间，松风工业也一直在持续地做稻盛的工作，试图挽留他。

这次，他们想出了一个办法。1958 年 9 月，公司提出让稻盛晋升为制造部技术科第二科长。虽然实际和以前的特磁科主任没有任何区别，但是他们专门创造出了"第二科长"这个职务，以提拔稻盛。当时，稻盛还很年轻，只有 26 岁。

但是，稻盛辞职的意向非常坚定。于是，他决定向公司明确提出自己离职的具体时间。

"因为还要交接工作，所以请允许我在今年年底（1958 年底）离职。"

就这样，他断了自己的后路。

稻盛倾听自己内心的声音，同时想试试自己的技术到底能走多远。

稻盛递交辞呈的消息传到了银行派来的原松风工业常务董事那里，他说：

"稻盛君，你不如自己成立一个新的特殊陶瓷公司吧。"

但是，只靠一个人是不行的。于是，稻盛把那些他喜欢的下属一个个地叫出去喝酒，向他们和盘托出了自己打算成立新公司的事。

"如果公司办得不顺利，我们就算出去打零工，也一定要和稻盛一起将新型陶瓷的研究继续下去。"

听到有人说出这样的话，稻盛特别感动。与此同时，青山和北大路也表示要和稻盛一起干。

"是哭泣，还是飞翔？与其哭泣，不如展翅飞翔。"

从小就被这句话影响和激励的稻盛和夫又开始了他人生中新的征途。

创业恩人西枝一江

决意辞职的稻盛打算先和松下电子的山口采购科长谈一谈。因为，如果新公司不能继续拿到 U 字形绝缘体的订单，公司就无法经营。

他们约在京都车站见面。山口按照约定的时间抵达了，却没看见稻盛。这时，有个男人四下张望后举起手示意。山口看到后，不禁笑了出来。稻盛大概是想乔装吧，戴着一个大口罩。

他们径直去了附近一家中餐馆。稻盛将最近要辞职的事情全说了出来，然后对山口说："希望贵公司能从我们的新公司采购之前的 U

字形绝缘体。"

本来这么重要的事无法由个人判断和答复，但山口当场答应：
"好，我们买。"

稻盛一直以来付出了多大的努力，山口一清二楚。如今，稻盛做出辞职单干的重大决定，山口很想做点儿什么来表示对他的支持，所以他才会当场一口答应。

于是，他们约定，从新公司成立开始，每月松下电子向稻盛的公司订购 20 万根 U 字形绝缘体。

但是，没过多久，前文提到的那位松风工业的原常务董事说的话开始含糊起来。他的意思是，让京都的某家西服店还是和服店作为赞助商来成立一家新公司。但仔细一听，才发现不是什么靠谱的事。原来他的意图只是想通过招募出资方投资新公司，从中赚一笔钱而已。

稻盛想通过创办新公司让自己的技术发扬光大，所以绝不允许有人把它当成投资赚钱的工具。于是，他主动回绝了对方。

"动机至善，私心了无。"

尽管稻盛没有将这句话说出来，但从他迈出创业的第一步开始，就将其作为自己的行为基准。

这样一来，创办新公司之事又回到了起点。让人放心的是，还有经验丰富的青山在，他说："我有办法。"

随后，他向稻盛介绍了宫木电机制作所的专务董事西枝一江。

西枝和青山同毕业于京都帝国大学工学系电气理工专业，比青山早一年进入松风工业。但是，第二次世界大战前他就已经离职了。

"西枝是新潟净土宗寺庙住持的儿子，还在学生时代，就和大他 10 岁的女子结了婚。他有着领导者的气质，遇事常有自己独到的见解，属于那种只要事情不合乎情理就绝不答应的个性。因为和松风的掌权人松风宪二发生冲突，于 1930 年被解雇。"（针木康雄《稻盛和夫：从挫折中积极奋起的企业家》）

西枝当年刚从京都帝国大学工学系毕业，就取得了专利代理人的资格，因此在离开松风工业后，他便开始独立开展代办专利的业务。那时，他的第一个顾客就是宫木电机。

后来，松风工业技术部部长青山也很支持他，将松风工业专利申请业务全部委托给了他。在那之后，西枝的客户增加，他积累了很多财富。家里的职员和帮忙的人，多的时候达到了十二三人。

第二次世界大战期间，西枝担任过宫木电机的专务董事。这家公司是宫木男也社长在京都创建的生产高压用油断路机和配电盘的企业，主要从事与军需相关的工作。宫木社长是一位温厚且威严的绅士，他很信赖西枝，后来甚至把第二代社长也托付给了西枝。

另外，在宫木电机公司里，还有一位青山认识的人。他就是常驻东京的常务董事交川有。他在工商省专利局工作过，也因为这层关系，青山和他成了朋友。

西枝虽然是个资本家，但交川比他富有得多。战后，宫木电机因为接不到与军需相关的订单，资金周转陷入困难。当时，西枝拜托已经从专利局辞职的交川买下了宫木电机的一半股份。于是，交川就成了公司的常务董事，常驻在东京。

1958 年 10 月，青山首先去和西枝商讨了创办公司的事。西枝听了青山的介绍，刚开始半信半疑，但还是决定先听听交川的意见。

几天后，交川正好来京都参加每月一次的董事会。青山利用这个机会在西枝家的客厅和他进行了谈话。当时，稻盛也被叫了过去。

这次，青山使出浑身解数，更加热情地讲述。但是，交川却突然打断了他，严肃地说：

"我不太清楚稻盛君到底有多么优秀，但一个二十六七岁的黄毛小子能干什么呢？"

交川并没有恶意。他除了宫木电机以外还投资了一些企业，都在亏损经营，连分红都没有，所以他深知企业经营之不易。

西枝也严肃地说：

"青山君，哪怕只是创办一家买卖东西的商社都很不容易，何况现在是打算成立一家必须运用复杂技术，以研发为中心的企业。尽管你们说得简单，但肯定不会那么顺利吧？"

投资方提出这种意见十分正常，以研发为主的企业需要雄厚的资金，而西枝一针见血地指出了这个问题。

尽管如此，青山并没有退缩。他说："稻盛君拥有超乎常人的工作热情，一定可以成功的。"

交川立刻反驳："仅靠工作热情，事业就会成功吗？"

这时，一直一声不吭，默默听着他们对话的稻盛忍不住插了句话："未来一定会迎来新型陶瓷的时代！"

但这依然无法使交川他们信服。最后，交川抱着半信半疑的态度先告辞了。青山没有料到会是这样的结果，一脸歉意。倒是稻盛反过来安慰他说：

"我的确是一个黄毛小子。而且，我的技术也不太好理解。没事的，让我们再多沟通几次吧。"

像这样的谈话之后也进行了好几次。有的时候谈得很热烈，有的时候，他们又一筹莫展。后来，西枝和交川说想看看现场，于是稻盛便利用星期天悄悄带他们去了松风工业，向他们展示了设备和产品。

的确，能够有望接到 U 字形绝缘体的订单，这是让人非常放心的一个因素。人才方面也在某种程度上得到了保证。当时又恰逢进入了岩户景气[1]时期，可以预见电视机的销售数量只会水涨船高，而这正是创业的最好时期。

---

1 岩户景气：指 1958 年开始出现的日本第二次经济发展高潮。日本开始大量生产汽车、电视机和半导体收音机。——译者注

特磁科的伙伴们。右起稻盛、德永、浜本（后排）、北大路、
须永朝子，前排最左边为伊藤

青山政次

鹿儿岛大学时期的恩师
内野正夫老师

最终，稻盛燃烧的激情和坚定不移的信念终于打动了西枝他们。

而稻盛的信念，就是吉田说过的"Philosophy"。

西枝他们终于答应出资支持稻盛，宫木电机的宫木男也社长也决定出资支持。有了他们的协助，稻盛对未来更有信心了。

西枝对宫木社长这样说道："不要让稻盛君的公司变为宫木电机的子公司，让他自由地去干。当然，成功与否不尝试一下是不会知道的。希望大家都做好思想准备，投资的钱可能会打水漂。"接着，他又对稻盛说："估计怎么着也会亏三年吧。我们（指西枝和交川）作为非全职的董事，不需要任何报酬。"

由此可知，他们是何等纯粹地支持着稻盛等人。

"无论什么事都要通情达理。"

这是西枝的口头禅。他是那种要么不支持，一旦决定支持，就会彻底无条件地支持的人。

稻盛感激得热泪盈眶。

新发现的家书

那是发生在 2017 年（平成 29 年）秋天的事。

"前段时间，我在老家的佛龛下面发现了这个。"

稻盛一边说，一边把一沓发黄的信递给笔者。没想到这些不经意间递过来的信，竟是稻盛临创业前写给老家的亲笔信。

那一刻，周围的京瓷的人脸色为之一变。大家都认为稻盛已经出版了很多作品，不会再有什么新资料了。就连稻盛自己，大概也是这么想的。而就在这个当口儿，发现了这些珍贵的资料。其中有一封是稻盛决定独立创业后，写给父亲畩市的信，在这里想先介绍给大家。

在决心独立创业前，稻盛每天思前想后，想得都快胃疼了。以至于牵挂家人的他连写信的时间都抽不出来——不，应该说是情况瞬息万变，他不知道该如何下笔。

就在这个时候，他收到了父亲畷市的来信。父亲担心天气转凉，与信一并寄来了被褥和棉衣。稻盛觉得如果不回信表示感谢，心里实在过意不去。这里介绍的就是 1958 年 11 月 15 日，稻盛写给父亲的信。

前略。秋意渐浓，早晚已觉阵阵凉意。自我来京都后，和家中全无联络，深感自责。父亲的来信确已收到。

另，被褥和棉衣也顺利收到，请放心。近来，我精神百倍、干劲十足，请勿念。

来京都后，我出差去了东京三次、名古屋两次，每次都是一个星期左右。明年还要在东京和名古屋两地举行大学毕业生的面试。业务过于繁忙，以致未给家中写信。

公司从社长到员工，对我都抱有很大的期望，似乎整个公司都由我背负。巴基斯坦方面也来信让我过去，但是我已决定不去。

其后公司依然没有好转，不到年尾，就准备大量裁员。

从前段时间起，我们就讨论过公司的重建计划，但是没有什么好的方案。公司现在只有我所在的特磁科还忙于业务。后来甚至听到要把公司关掉，只留下我这个部门的消息。

本月上旬开始，公司的气氛变得不一样了，各色人等都盯上了我这个部门，弄出了许多麻烦，实在烦人。

不过，我的工作倒从来没有丝毫马虎、懈怠。目前，各

方面发展日新月异，要做的工作堆积如山，我们虽然提出了
强烈的要求，但公司的整体状况不佳，无力满足。

但是，就算无力满足，也不能什么都不做，否则必将一
蹶不振。因此，我们一直在猛烈地催促公司的社长、部长等
高层加快步伐。

因为公司整体的氛围很差，可以说之前没有人会提出这
些问题，所以一旦提出，反响就非常强烈，为此召开了好几
次重要会议。

因为只要解决了这些问题，我们部门在如今大好形势的
基础上，人才和设备方面就能得到大发展。只要做到这些，
便能够重振公司。

然而，少数不看好我们部门的部长、科长却说：“这样不
好，应该由我们来负责特殊陶瓷的发展。由稻盛来制作样品，
成功之后再由我们负责，这才是最好的办法。同时，研究工
作应该交给研究科，而不是稻盛。”

这种观点使得我们之间出现了很大的矛盾。我想可能是
因为这些搞技术出身的人干了很多年却干不好自己的工作，
对仅仅入职四年便升任科长且身负重任的我感到眼红吧。

他们这些人不仅要把自己迄今为止（持续了近 50 年）的
工作全部废弃，如今还要来巧取豪夺我的成果。并且，想仅
让我做样品，不让我负责我视若生命的研发环节，简直岂有
此理！另外，这帮人（可以说是除了我以外的所有技术人员）
把 50 年来的事业搞得一塌糊涂。如果把制造到研发工作都交
给他们，肯定没有好结果，所以我对他们提出的方案表示了
反对。

他们看到我们不到四年就完成了任务，都以为这个工作
很简单。可是，连绝缘瓷瓶都做不好的人，是不可能完成这

项工作的。

要是我的研究成果全被这些毫无道义的家伙肆意掠夺，500 万日元的研究经费也被巧取豪夺的话，那我努力打拼到今天，又有何意义呢？

也许为了公司，我必须放弃这种"这都是我的东西"的自我本位的想法。不过这样的话，我未免也太可怜了。

作为交换，将我破格提拔为科长，让我能和公司的其他干部平等对话，这种意图可以理解。可我认为要是和这些人一起共事的话，事情又会干不下去。所以我坚决反对，然而这个意见却未能被采纳。我以不能忍受工作会令部下陷入赤贫为由，提出了辞职。

不过，社长和公司的干部们都十分震惊，不断地对我说若我不干了，公司就会垮掉，让我三思而后行。社长又让我几次去他家里，公司里的其他重要人物也劝了我好几次。

社长说要是没了我，自己也没脸见人，让我再好好考虑考虑。

社长又说重建松风也许可能性不大，但希望我能坚持到最后一刻。

我提出辞呈以后，前部长和我意见一致，所以我们拟订了去巴基斯坦的计划。听闻我要辞职这件事，外部人员和前常务董事又提议让我自己开办新公司，所以我便决意离开老东家。况且，辞职信刚交了上去又马上撤回，未免也显得我做事太过草率了。

这期间，创办新公司的事宜不断得以推进。从这个月底开始，大概工程就能动工了。老东家的总务部部长今天找到我，说要把我的工资涨到一个月 21000 日元。

要是为了钱而留下来，那我的信念就崩塌了，所以我回绝了。不过，他们好像原本就有给我涨工资的打算，所以也就无所谓了。

我决定从今晚开始画新公司的建筑图纸。

按照目前的情况来看，我打算在这个月把工作辞了，先回一趟家，待上 10 天左右，再回京都参与新公司的建设。

之前，我一手带出来的部下（总共有 60 个人），其中有 8 个人愿意跟着我出来干。（松风接下来可能生产不了特殊陶瓷了吧？）

男子汉做事业，就该豁出去干一场。资金方面，除了厂房、土地之外，预计还需要 800 万～1000 万日元。

创业成员除了前常务董事、前部长（青山）和北大路以外，都是资本家。其他的等我回去再细说。

关于朝子的事，原本说 11 月太早了，所以改成 2 月结婚，但现在情况又发生了变化。我想在 12 月上旬举行婚礼，也征求了朝子的意见。她大概明天会回复我。

来京都以后存了 15000 日元，后来没再找公司借过钱，债务方面只有 30000 日元。

家里情况不知怎样，我没有寄钱回去，想必日子比较紧巴。15 日左右，我会寄三四千日元回去。

婚礼我想尽可能弄得简单些，爸爸妈妈来京都的钱我可能一时出不了了。

到时候，你们就算借钱也请尽量过来，我会想办法出这个钱。婚礼的事我以后再详细说。

就到这儿吧。

和夫做的事，一定会实现的。请二老放心，不要替我担心。三年内，我一定会出人头地，在那之前需要忍耐。

想必父亲您也有很多想法，请把我的信也给兼一叔叔和哥哥看一看，问问他们的看法，我等着聆听大家的意见。

近来抽不出时间写信，可写起来又毫无章法，让您担心了。今后，我会尽量常常与您保持联系。

请转达对母亲及美智子的问候。谨上。

父亲大人

和夫上（写于背面）

今天有钱进账，故随此信附上 4000 日元。

刚好须永先生也来了，我和他商量后决定，如果辞职创业的话，就在 12 月举办婚礼。

创办新公司的事月底前会定下来，一旦定下来我再联络您。如果不办新公司，我就会留在现在的公司。

稻盛畩市先生　收
京都府乙训郡长冈町神足
松风园常磐宿舍

稻盛和夫 [1]

这封信用的不是普通的信纸，而是印着"报告"字样的纸张，可

1　标点为作者所加。

能是松风工业的业务日志之类的纸张。这是一份非常珍贵的资料！它清晰地折射出稻盛单挑公司大梁的骄傲，以及对上司不理解的愤怒和愤而辞职等年轻时的复杂心理。

信里没有提及《稻盛和夫自传》中记载的与新任的技术部部长的激烈争吵，由此也能看出，稻盛在尽量以温和的方式向家人传递信息，令人感受到他对家人的细心和关爱。

同时发现的还有尚未寄出的写于 9 月 28 日的信，内容是关于婚礼和婚后生活的初步计划。先前介绍的写于 11 月 15 日的信，前半段和后半段并不是写于同一时间。从这里也能看出当时情况的瞬息万变和混乱不堪。

还有许多事，稻盛不愿写进信里。

虽然稻盛在信的一开头写着自己"精神百倍，干劲十足"，其实问题堆积如山。正因为如此，他才在最后写下"如果不办新公司，我就会留在现在的公司"这种泄气的话。

信里雄心勃勃地写着要"画新公司的建筑图纸"，实际上，建设新工厂的资金还没有筹措到。他只是不想让父母担心。信中之所以频繁地提到钱的话题，不是因为他贪财，而是为了让父母安心。

不过有一件事，他在信中向父母发了誓：

"和夫做的事，一定会实现的。请二老放心，不要替我担心。"

随后，正如宣誓的那样，他将京瓷培育成了能够代表日本的跨国大企业。稻盛和夫的传说正是从这封信开始的。于是在 1958 年 12 月，创业团队的成员们齐聚在稻盛所住的公司宿舍。

伊藤谦介、浜本昭市、德永秀雄、冈川健一（后为京瓷专务董事）、堂园保夫、畔川正胜和青山政次。除了 56 岁的青山，稻盛 26 岁，其他人的年龄都在 21～25 岁之间，非常年轻。

稻盛高呼："让我们歃血为盟，永不忘今日之激情！"在场者无不响应，冈川健一迅速写下了誓词。

冈川毕业于高知大学文理学院，专业是地球物理学。在他找不到工作、走投无路之际，被稻盛揽入麾下。在场者都和冈川一样，各自怀着对稻盛的感谢和深厚的敬意。

誓词写道："让我们团结一心，为社会、为世人成就事业，特聚于此，歃血为盟。"

稻盛带头签名并按下血印，随后他说了如下一段话：

"社会很残酷，尽管心正，也未必能实现我们的志向。若到了那个时候，我们就算一起去车站当小红帽[1]也要坚持下去。你们也要做好这个心理准备。"（青山政次《心之京瓷二十年》）

在这个时期，稻盛能说出"心正"这句话令人备感惊讶。原来，创业伊始，他心里就已经种下了"思无邪"的种子。

12月13日，稻盛没有食言，正式从松风工业辞职了。

与朝子结婚

稻盛在决定辞职的时候，同时筹划着他和朝子的婚事。他希望同步开启新的人生。朝子毫不犹豫地接受了稻盛的诚意。

就这样，两个人在稻盛从松风工业离职的第二天举行了婚礼。

婚礼会场在京都东山的京都市市长公舍（现在的京都市国际交流会馆），朝子身着婚纱，这在当时还很少见。来参加婚礼的除了与稻盛结盟的七个人，还有从鹿儿岛赶来的稻盛的父母和美智子，以及从大阪赶来的川上。

婚宴只备有蛋糕和咖啡，极其简朴。除了一些恭贺新婚的祝词

1　小红帽：车站内帮乘客搬运行李的搬运工。——译者注

外，他们聊的几乎全是关于新公司的话题。似乎只要沾上稻盛，连婚礼都会被搞成空巴。

稻盛让父母先回去。当天晚上 10 点多，新婚宴尔的稻盛夫妇坐上了特急三等卧铺列车，前往稻盛的故乡鹿儿岛，开始了他们的新婚旅行。因为出发时间较晚，所以前来送行的只有青山。途中，他们在别府和雾岛分别住了一晚。

之前介绍的写于 1958 年 11 月 15 日的信里提到"可能出不起父母来京都的费用"，不过，据稻盛的二妹美智子说，在送别父母的时候，稻盛一分不少地把钱给了他们。

稻盛的父母对在京都拼搏的稻盛担心得不得了，不过看到稻盛不仅稳稳当当地办了婚礼，还为他们准备了路费，不禁在回到鹿儿岛以后欣慰地说："和夫这孩子还真是孝顺。"

在青山所著的《心之京瓷二十年》中，有稻盛凑齐父母路费的原因。

"婚宴会场费 2000 日元，两个人到鹿儿岛的往返旅费、老家办酒席的费用、搬新家的准备金等一切开支，都出自从宫木电机借来的 6 万日元。不让父母担心，这是稻盛的信条。想一想，这不就是很稻盛风格的、值得引以为傲的婚礼吗？"

这一段叙述非常动人。

稻盛的新家位于京都市左京区田中东高原町的鸭东庄，附近有白川溪水潺潺流过。他们租的是朝子伯母的两居室，因为不用收礼金和押金。

不管稻盛多么优秀，说到底他当时已经辞掉了工作。和这样的男人结婚，若不是对对方有着相当的信任，一般人是难以做到的。有妻如此，夫复何求。

说起朝子的聪慧和坚韧，就不得不提到她的家庭。朝子的父亲须永长春（本名禹长春）被誉为"韩国近代农业之父"，是记录在韩国教科书中的著名农业学家。

在这里，我们稍稍回顾一下须永长春的传奇人生。

须永长春的父亲是朝鲜人禹范善，母亲是日本人酒井仲。

"乙未事变"后争气的长春仍然寒窗苦读，终于考进东京帝国大学农科大学实用系。毕业后，他就职于农林水产省。其间，与毕业于长冈师范学校的小学老师渡边小春邂逅，两个人坠入爱河。可是，他们的恋情躲不开世俗的偏见，长春被小春的家人歧视，他们的恋情遭到强烈反对。但是，小春不仅没有在反对声中屈服，甚至为了和长春在一起，不惜与父母断绝关系。

两个人结婚时，一位名叫须永元的人收下这对年轻人，把他们作为养子女，并让他们改姓须永。须永元师从福泽谕吉。他这么做是想庇护这对新人，不让他们在歧视中受到伤害。

后来，长春在人生道路上历尽坎坷。虽然他在农业试验场完成了一篇关于牵牛花的论文，可惜一场大火，烧毁了他辛辛苦苦研究出的成果。他又将目光转向油菜，并继续研究，提出了享誉世界的"禹氏三角"，在遗传学和育种学上有着卓越的贡献。

第二次世界大战后，他在京都的泷井种苗当过农场长。有一天，GHQ 的宪兵坐着吉普车过来说：

"我们接到韩国政府的请求。他们希望您这位在日本取得了辉煌成就的专家能够回国，协助改良泡菜的原材料大白菜。"

虽然长春只会说日语，但朝鲜毕竟是自己父亲的祖国，他毅然决定奔赴朝鲜半岛。小春也支持长春的决定，高兴地送他出门。

而长春在韩国不负众望，大展拳脚，赢得了韩国人民的尊重。

然而不久，传来母亲去世的噩耗。长春平素最爱母亲，所以希望

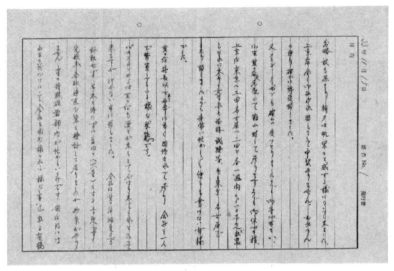

稻盛写给父亲畩市的信

婚宴的场景

能立刻回日本为母亲治丧。偏不凑巧，当时长春的请求没有被批准。他直接找到李承晚总统，也依然没得到许可。长春预感到自己可能再也回不了日本了。

但是，长春并没有因此而记恨韩国政府，而是在母亲的奠仪之时，为当时遭受旱灾的人们挖了一口井。并将自己对母亲的哀思寄托在井上，每日不懈打扫，权当为母亲尽孝。

后来，长春病倒了。他病重的消息传到日本，小春毫不犹豫地赶赴韩国，陪他走完了人生的最后一段路。

韩国政府为表彰长春的功绩，在其临终前授予他"现代农业之父"的褒奖。釜山郊外的农业试验场附近也兴建了一座禹长春博士纪念馆。他挖的那口井得以保存，至今仍为韩国民众所敬仰。

稻盛与朝子谈婚论嫁之前，完全不知道朝子的父亲竟然是这样的大人物。

不过，稻盛倒是与自己的岳父见过一面，那是岳父偶尔回国的时候，他们是在家里见的面。

稻盛说："我记得我们两个搞研究的谈得十分带劲儿。"

长春在稻盛与朝子结婚后的第二年夏天就去世了，但他和稻盛最后一次见面时，身体看上去还很硬朗。

据说，长春也兴致勃勃地提到过对稻盛的印象："他有他自己的哲学，将来自能成就一番事业。"

第一物产的吉田也这么认为。凡是见过稻盛的人，无一不在稻盛提到"哲学"二字之前，就已经感受到此人心中自有一套哲学。这一点非常有意思。

长春与小春育有二男四女，朝子是第四个女儿。长子须永元春后来也加入了京瓷。次子季春在鹿儿岛经营一家叫"王将"的饺子连锁店，这家店后来由稻盛最小的弟弟阿实继续经营。

"姐姐们都说我活得最像母亲。虽然我并没有刻意模仿母亲，不过既然有了一个为目标努力拼搏的丈夫，那我自然就希望他能一直干下去，不能让家庭拖他的后腿。有了这样的想法，其结果和母亲相似也就顺理成章了。母亲当年应该也是这样一种心态吧。"朝子如此说道。（角田房子《我的祖国——禹博士的命运火种》）

她还说过："我们姐妹几个都没什么本事，但是都嫁得好。已故的姐夫，姐姐智子的丈夫其实也是非常好的人。"不过，她说自己"没什么本事"，实在是太谦虚了。朝子是贤妻良母的典范，稻盛之所以能专注于事业，毫无疑问是她的功劳。

关于夫人朝子，稻盛对笔者说过如下的话：

"从结婚到现在，虽然我经常把京瓷的同事叫到家里来喝酒，但是不管我们在家里怎么喝、怎么闹，她从没有一句怨言。而且，也从不说要买这买那的。"

家庭生活中的稻盛和工作中判若两人。他处于完全放松的状态，西服也不自己挑，像个布偶一样，任由朝子给他穿搭。换灯泡之类的事情，对于高个儿的稻盛来说轻而易举，但就连这个也由朝子搬梯子来换。

稻盛家最早在鸭东庄，后来搬到市营住宅，再到分户出售的住宅，最后搬到了现在位于伏见的家。据说，住在分户出售的住宅的时候，有一次屋顶的瓦裂了漏雨，也是由朝子换上裤子，慢慢地爬上梯子去察看的。

因为丈夫每天早出晚归，邻居们很少看见他。甚至有人说："朝子简直就像寡妇一样。"

家里的收支全部由朝子决定，稻盛的工资也分文不少地交给了朝子，因此还有过下面的对话。

"那是很久以前了，我问她：'你手头现在还有多少钱？'她说不清楚。我又接着问：'不清楚是什么意思，你把钱存哪儿了？'她说存在伏见的京都银行了。我记得让她去查过还有多少钱，因为家里很少有大笔消费，所以存下了很多钱。"

在采访的时候，笔者还听到了这样的事：

"虽然现在也是这样，我的妻子是一位内心非常善良、非常优秀的女性。我们家有一只叫作'库乌'的猫咪，这只猫非常喜欢我的妻子。每当我想抱它时，它就一下子跑开。可是，它却靠在妻子的背上，哪怕她转来转去也紧抱着她的背不离开。果然，连动物也知道谁更温柔。所以，就像我在故事里说的，真的因为有妻子的陪伴，我才有了今天，我非常感谢她！"

京瓷的诞生

在此，让我们将话题再次回到为了成立新公司而奔忙的稻盛身上。

虽说稻盛在"奔忙"，但公司成立的事基本上都交给了西枝和青山，稻盛本人则在新公司生产体制的建立方面倾注了全部精力。

第一代社长确定由第一大股东宫木社长担当。那个年代比现在还重视社会信誉，请有社会地位的人来担任社长是常有的事。但无论头衔是什么，这家企业实质上是稻盛在掌控，没有人怀疑这一点。

创业初期的高管，在宫木社长以下，决定由青山任专务董事，稻盛任董事兼技术部部长、西枝任董事（第二年起，交川也加入了董事会），监事则由野村秀雄担任（宫木电机制作所会计部部长）。

除去在宫木电机制作所兼任职务的 3 个人之外，还有在血书上签名的 8 个员工，以及从平安伸铜跳槽过来的樋度真明（后来的京瓷专务董事），还包括从松风工业辞职的北大路等 2 个人在内，新公司共有 11 名干部职员。另外，还新录用了初中毕业的 11 名男性和 6 名女性做普通员工。这就是京瓷公司最初的"二十八罗汉"。

至于公司的名字，是由宫木社长、青山、稻盛、西枝、交川 5 个人开会讨论决定的。当时，只要有重要的事，就都要经过他们 5 个人讨论。

稻盛先开口说："'陶瓷'这个词，我认为一定要加进去。"

他的愿望全跟陶瓷有关，这一点大家都很清楚，所以没有异议，大家都表示同意。

问题是在陶瓷之前加些什么。大家列举了一些像"大日本陶瓷""东洋陶瓷"这种听起来很有气势的名字。但宫木社长对京都有着很深的感情，最终决定命名为"京都陶瓷"[1]。他们又将京都的单词首字母 K 和陶瓷的 C 组合起来作为商标，迅速注册了。

公司的资本金为 300 万日元。宫木社长和同公司的相关人士共同出资 130 万日元，西枝出资 40 万日元，剩下的 100 多万日元由青山和稻盛他们出。

话虽这么说，但稻盛没有钱。这时，西枝伸出了援手。

他对稻盛说："就当作你入的是技术股吧！"

这就是《公司法》中所说的"实物出资"。即便是现在，将专利权和技术知识当作实物出资，其价值估算至今也很难界定，在当时更不符合常例。但西枝拥有专利代理人的资格，交川又在工商部专利局工作的经验。正因为他们在这个领域如此精通，才想出了这个办法。后来，稻盛对会计知识也非常精通，但在当时，他只有点头听西枝他们解说的分儿。

然而，加上新公司所需的流动资金，除了资本金以外，他们至少还需要 1000 万日元。剩下的资金只能从银行贷款了。但是，还没有

1　在本书中使用的是后来的名称"京瓷"。

信用的新公司想要借钱，就必须有担保。连本金都拿不出来的稻盛，当然不可能有可做担保的资产。

这时，西枝再次鼎力相助。令人吃惊的是，他竟然要将自家的房子作为抵押。

他这样对妻子说："我们家这个房子有可能会被银行收走，但我想在稻盛君身上赌一把！"

"如果一个男人爱上了另一个男人，愿意为他冒险，那么即使失败，岂不也是甘之如饴？"妻子的支持反过来给西枝带来了勇气。

《日本经济新闻》报里有个名为"交游抄"的著名专栏。[1]

受邀的嘉宾通常都会纠结该介绍哪位朋友，而稻盛在 1987 年（昭和 62 年）6 月 10 日的"交游抄"里，同时谈了内野老师和西枝一江夫妇。在有限的版面上还专门介绍了前面提到的西枝夫人所说的那句话，从心底里表达了对他们的感激之情。

最初，稻盛还梦想着要盖新的办公厂房，但那显然不是首先要解决的问题。在宫木电机制作所的南侧，隔着一条马路，有两栋旧的建筑，稻盛决定将它们租过来暂时充当公司的总部兼工厂。

那是像以前小学木制校舍一样的建筑物，实际上的确如此。二楼是战争时期的青年学校[2]。西枝还在这里教授过很短的一段时间。稻盛将这两栋楼租借过来后，基本上维持了原貌，仅简单地隔断了一下房间，就直接使用了。

稻盛辞职的第二年（1959 年）的 1 月 6 日，新公司的成立准备工作正式启动。

德永、冈川、浜本、伊藤、畔川、堂园等几个人还继续留在松风

1　属于文化版的专栏，主要邀请日本各界的名人来介绍和与他们交往深厚的人物之间的故事等。——译者注

2　青年学校：通常指针对小学毕业后即将工作的孩子开设的社会教育机构。

工业，但在整整三个月的时间里，他们每个星期天都从神足的单身宿舍赶到西之京原町的宫木电机，从早到晚帮着完成各项准备工作。他们没有报酬，只能拿到一些往返的交通费。

如果大家都同时辞职的话，会给松风工业带来很大的麻烦，所以他们当时是陆续提出辞职的。当最后辞职的伊藤谦介到位后，新公司的团队成员就全部到齐了。只有青山还暂时在公司的员工宿舍里悄悄地住了一段时间，其他员工基本上都住进了鸭东庄，开始到新公司成立事务所上班。

"常说要永葆创业初心，但事实上，这份初心，只有真正参加过创业的人才明白。还继续在松风工业上班的情况下，我每个周日都赶到设在宫木电机内的新公司成立事务所帮忙，从不缺席。晚饭也只是在夜间路边摊吃碗乌冬面就打发了，然后一直干到夜里 10 点。就这样坚持了三个月，才于 4 月 1 日完成了公司成立的所有准备工作。但是，对于这份辛劳大家并不感到苦，更不会抱怨。这份辛苦中充满了期待和希望。因为大家在 3 月中旬前都已经辞去了松风工业的工作，所以从那时开始就没有收入了。从今以后，必须全靠自己工作赚钱吃饭了。这是一件非常严肃的事情。不管怎样，先拼命工作，只要能吃得上饭就可以。月薪是多是少还暂时无法计较，大家都全心全意，想着怎样才能让公司步入正轨。不顾自己，不考虑时间，尽己所能地工作，一心让公司步入正轨，这难道不就是创业精神吗？"（青山政次《心之京瓷二十年》）

稻盛也在他的许多书中提及当时的状况。作为创业者，稻盛拼命努力是应该的。可是，从这段话中能看出来，其他人也都团结一心，完全凝聚在了一起。

新公司成立的一切事宜都是秘密进行的，所以松风工业一点儿也没有察觉。那位技术部部长还豪言壮语地说，稻盛的工作完全可以由其他优秀的人才来代替，但实际上根本没有人能取代。此后仅仅勉强支撑了五年，松风工业就不得不宣告破产。

以世界第一为目标

1959 年 4 月 1 日，在京都市中京区西之京原町 1112 号租借的办公楼二楼事务室里，举行了公司成立的纪念仪式。

那天，从一大早开始就是万里无云的晴空。根据京都地方气象台的记录，当天最低气温为 3.9℃，最高气温 16.2℃。北风轻轻地吹着，带来些许寒冷。但是，晴朗的天空还是为公司带来了成功的兆头，大家的情绪都很激昂。

宫木社长点燃电炉，种下雪松作为纪念，期盼已久的京瓷公司终于扬帆启航，全体员工总计 28 人。

公司成立纪念典礼结束后的当晚，公司的董事、干部等齐聚河原町三条附近的中餐馆，举办了庆祝宴。总算迎来了公司成立的这一天，这种满足感加上今后可放开手脚大干一场的兴奋感，促使稻盛突然站起来，发表了感言：

"现在，我们要努力成为原町第一！之后成为西京第一，中京区第一，京都第一，日本第一。最后，当然要成为世界第一！"

据小山倭郎（原京瓷公司董事）回忆说，后来，稻盛一直重复着下面这些话：

"虽然有一句话叫作'不言实行'，但是我认为还是'有言实行'比较好。因为，如果不言实行，周围的人就不会知道你的决心，你就给自己留下了退路。但是，一旦'有言实行'，就必须完成。"（北方雅人、久保俊介《空巴》）

"一定要成为日本第一，然后是世界第一！"这句话并非公司的发展蓝图或战略，但稻盛还是持续讲述这个梦想。

起初，部下们听到这些话，觉得公司刚刚起步，并没有往心里去。但是，稻盛心中怀有比任何人都强烈而持久的愿望。这一强烈的愿望开始驱动现实，使梦想朝着实现的方向发展。

生产设备不可能从松风工业搬过来。稻盛尽可能地买来一些还可以使用的二手设备。除此之外，他还亲自重新设计了一些关键的机器，然后委托厂家加工。生产体系逐渐齐备起来。

镁橄榄石陶瓷的原材料必须靠自己的力量调配。滑石的价格比较便宜，但问题在于昂贵的氧化镁，于是稻盛想出了一个办法。在盐田晒盐时会产生盐卤，据说其主要成分便是氧化镁。因此，稻盛亲自跑到赤穗的盐田工会去谈价格，这样一来节省了很多费用。

总公司办公场地的空间有限，稻盛经过深思熟虑，合理地配备了相关设备。

把东头的平房作为原料室，把西侧的二层建筑的一楼作为烧结室，配置了箱型电炉、电隧道炉、干燥机等。从外面的楼梯上到二楼，便是会客室兼社长办公室等办公场所，还有一间放了双层床的休息室。再往里走，就是成形车间和质检室。最里面的墙边上，摆放着推土机、产品放置台和三台手动冲压机。

因为办公场地破旧，如果在二楼使用手动冲压机，地板就会变形。一楼的天花板直接就是二楼的地板，若有谁走过，灰土就会从木板缝隙里扑簌簌地落下来。当时的办公环境就是如此恶劣。（伊藤谦介《领导人之魂》）

在开业之际，稻盛向全体人员宣布了以下内容：

一、非公务的电话费必须由个人支付；

二、工作时间内不要打私人电话；

三、工作时间内从别处打来的私人电话，除非确定有急事，否则不要接听；

四、个人专用的、被看作类似自己的经营用具的算盘、计算尺、制图用具等均由自己准备，公司不会提供；

五、自己工作上所需要的必要参考书自行购买；

六、不接受一切供应商的请客，以后若是需要供应商协助，尽管对方是乙方，也要由公司出面请客。（青山政次《心之京瓷二十年》）

和电话相关的注意事项居然有三条之多。结合后来稻盛带领第二电电进军通信产业，就令人感到意味深长。私人电话被禁止，关于稻盛如何讨厌公私不分，也有很多故事。

厂家订购物品的对接部门被称为"采购部"。对于经常往来的供应商来说，采购部有莫大的权力。在公司创立第一年的一天，负责采购的工作人员刚好到了下班时间，一位前来洽谈业务的供应商对他说：

"可以的话，要不要坐我的车？"

难得对方一番好意，这个京瓷的员工回答道：

"那我就不客气了。"

稻盛听说了这件事，就把那名员工狠狠地训了一顿。

公司成立后的第一个夏天，供应商给公司的社长，还有其他负责人寄来了许多中元节礼物。这在每家公司应该都是司空见惯的事情。但是，稻盛把送给他个人的东西全部交由总务部门统一安排，公平地分给员工。随着公司规模的扩大，在中元节还有年底的时候，来自供应商的赠品就像比赛一般成倍增长。但是，稻盛还是开动脑筋，通过让全体员工抽签的方式进行分配。

这些事看似微不足道，但若听之任之，就可能滋生行贿、受贿等严重问题。稻盛将这些风险都扼杀在了萌芽状态。在京瓷，压根儿没有所谓的"灰色收入"。

据说，在日本绝缘瓷瓶和日本特殊陶业这样的竞争对手公司里，有博士学位的员工就有 100 多人，而京瓷公司一个也没有。京瓷唯有下定决心、拼命努力、同心协力，才能赶超它们。

"自己的愿望在脑海里如果仅仅呈现为黑白的影像，那就不可能成功。而如果不断思考，使其呈现为'栩栩如生'的天然颜色，那就有八成的成功可能。"

"梦想就是能量。当我们讲述自己的思想时，能量就发生了转移。而听了我的话，你们的脸变红了，那是因为我将能量转移到了你们身上。"

他用那样激昂的表达方式热切地述说着。

稻盛说话时一定会看着对方的眼睛。他一边看着对方的眼睛，一边观察他们的反应。

他一边说"你还没明白我的话""你看起来还不懂"之类的话，一边继续深挖内容，更加热切地说明。他说话的时候，若对方没能露出"听明白了"的表情，对话就不会结束。在空巴上，大家也会彻底讨论，直到大家的灵魂产生"共振"为止。

人们这样感叹道："在京瓷，稻盛的灵魂已经转移到了员工的身上。"

为了用最少的人获得最大的成效，"统一方向"是必不可少的工作。

"因为是长跑，所以一开始可以跑慢一点儿——对于新参赛的选手来说，根本没有这样的选择余地。我们现在参加的是整个行业的马拉松赛。我们起跑本就比别人晚，而且还是（对他们来说）根本无法形成威胁的外行。即便是全力奔跑，也不知道是否能赶上。即便拼命奔跑，也未必有胜算。但是，哪怕是起初的 100 米，也要以百米冲刺的速度去跑，全力奔跑，跑到哪里是哪里。"

稻盛这样鼓舞着大家。很快，冲刺的机会来了。

永不放弃

创业后的第二个月，松下电子委托他们制造阴极管。

这和 U 字形绝缘体一样，都属于显像管的零部件。松下电子起初委托的是东京的一家公司，但等了很久都没实现产品化，他们心急如焚，才转而委托京瓷。

"如果研发成功，每月会给你们 5 万 ~10 万个产品的订单。"

话虽这么说，但稻盛很快明白了为什么东京的厂家会叫苦不迭。

因为阴极管是空心的，在软的状态下切割，会毁坏空心部分，但烧成后又很难切割。外径 1.61 毫米（误差在 0.03 毫米之内），内径 1.22 毫米，长度 6.5 毫米（误差在 0.2 毫米之内）。看到这组数字，就可以明白这是一个多么精密的零件。

原料是纯度 100% 的矾土（氧化铝），因为需要比镁橄榄石陶瓷的烧结温度高出 350℃，所以必须从制作炉子开始。

如果成功，这将是稻盛他们创业后的第一个新产品。大家都很拼命。上班时间一般是从早上 8 点到下午 4 点 45 分，但是他们常常会加班到深更半夜。其中，从松风工业过来的那些员工基本上都是通宵工作的工作狂，他们是一群挑战越大就越有斗志的人。

"不行的时候才是工作的开始。"在稻盛的激励下，大家尽管知道没有加班费，却还是忘我地工作着。

他们在经过反复试验后，终于想出了一个异想天开的方法：将烧制好的阴极管放入饭盒大小的容器里，并注入液状的蜡，冷却后

创业时的商标和徽标

创业时的稻盛
（董事兼技术部部长）

宫木电机社长宫木男也
（京瓷第一任社长）

使其凝固成蛋糕状。再用切蛋糕的方法将其切开，那么空心部分就不会被破坏。切开后用加热过的汽油将蜡溶解即可完成。

后来，这种切割方法被命名为"蛋糕切割法"。松下电子对京瓷做出的产品大加赞赏："比飞利浦公司的产品还要好，不愧是京瓷。"那是令所有京瓷的技术人员感到无上满足和幸福的时刻。

此后，日立也发来了订单，阴极管成为京瓷长期畅销的产品。因为其他公司都做不了，所以一段时间内京瓷垄断了阴极管的市场。考虑到申请专利的话，制作方法可能会被公开及模仿，所以京瓷没敢申请该项技术的专利。

此后，京瓷就是这样，凭借不断积累独有的技术诀窍，参与市场竞争。

创业之初，京瓷主要靠松下电子的 U 字形绝缘体和阴极管的订单支撑。除此之外，客户也只有电阻器的龙头企业柳下电机了。他们的订单是用在珐琅电阻器上的串联式软管。可是这样下去，京瓷的经营风险就会太大，开拓新客户是当务之急。

松下电子的山口采购科长对稻盛说："你们研发的产品，除了供给我们，也可以卖给其他公司。"

这样一来，产量增加，单价也随之下降，这对松下电子来说也是好事。

然而，当京瓷的员工尝试去其他公司销售的时候，却没有公司表示愿意购买。因为京瓷这个品牌并没有什么影响力。那种情况下，稻盛对松下电子的感激更是油然而生。

正在这时，青山接到了一份意外的订单。

公司成立的第二个月，打算先在关西本地周围的企业转转看的青山拜访了三菱电机的伊丹制作所。

"拜托你们，无论什么订单都可以，让我们试试吧。"

没想到青山拜访之后，很快就接到了对方发来的陶瓷真空发射管冷却软管的订单。由于产品的形状复杂，就连技术实力雄厚的绝缘瓷瓶厂商都拒绝了这个订单。

"那是直径 50 厘米，长度 1 米的陶瓷管，里面沿着内壁还有一根双螺旋的水冷管。恐怕是第二次世界大战前制造的，寿命已经到期了。不知道是谁做的，也没有留下设计图。"

据说如果可以做成，三菱电机一个月最少要定制 10 根。一根 5 万日元，一个月就有 50 万日元。在当时，京瓷每个月的交易总额只有 200 万日元左右，这个订单很有吸引力，可就是制作的技术难度太大了。

但是，稻盛鼓起勇气，决定接受这个挑战。

问题主要出在双螺旋的水冷管上。于是，稻盛借来黏土挤压机，在大柱子上涂满黏土，试着制作中空的螺旋状管子。然而，黏土如果过硬，在干燥过程中就会产生裂痕。如果太软，螺旋管又会塌掉。

稻盛渐渐发现，为了让管子外侧的张力与内侧的收缩力一起产生作用，必须保持内外的干燥速度一致，让管子均匀干燥。于是，他想了很多办法，譬如在管子外侧盖上毛巾等。最后，他抱着陶管，一点一点地转动，直到把管子弄干，就像母鸡孵蛋一样。他一整晚都保持着那样的姿势。最后，在 10 根管中至少有七八根合格，这样才总算完成了 15 根这样的冷却装置。

稻盛是这样叙述那段往事的：

"接到订单后花了三四个月的时间才最终完成，我那时的执着给 20 多名员工带来了某种感动，就此逐步营造出'永不放弃'的企业文化。"

1959 年 9 月，在公司董事会会议上，宫木社长赠送了一幅字——"敬天爱人"给稻盛。"敬天爱人"是西乡隆盛的名言，广为人知。虽然这幅字只是复制品，但它仍然被精心装裱，挂在了会客室里。

后来，"敬天爱人"成为京瓷公司的社训。不仅在京瓷总公司，在工厂等所有分支机构都竖有刻着"敬天爱人"文字的石碑。这些石碑在无言地传递着西乡隆盛所倡导的无私精神的重要性。

在接下来的 10 月，一个划时代的事件发生了。

那时候，有一家公司被稻盛定为业务上的攻克目标，那就是索尼。在前一年，也就是 1958 年，东京通信工业更名为索尼，同时在东京证券交易所一部上市。当时，索尼公司刚刚开售日本最早的半导体收音机，正处在蒸蒸日上的状态。如果京瓷能成为索尼的合作伙伴，仅此一点，就会获得很好的宣传效果。

于是，稻盛专程前往东京，拜访了索尼公司的采购部。采购部的负责人对精密陶瓷不太了解，眼看着就准备送客了，这时稻盛表现出了不达目的绝不罢休的韧劲儿。

"无论如何请让我见一见你们公司的技术人员。"

在他的再三恳求之下，索尼的技术科科长终于露面了。

"你们公司能生产这种氧化铝陶瓷吗？"技术科科长一边说，一边展开设计图。那是一种有 4 个直径 7 毫米、厚 0.6 毫米的小洞，中间有细长的缝隙，边缘有凹形口的产品。他表示，如果京瓷可以生产的话，索尼将定制 3000 个。

实际上，早在半年前，索尼就将这个产品的订单发给其他公司了。但对方报价高，而且交货慢，让索尼感到很不爽，于是让京瓷试试是否能做。

"只是，交货期只有两个月，而且需求量很大，所以单价要求控制在 10 日元以下。"

看上去是非常难以加工的产品，而且价格要求也很苛刻。然而，稻盛却当场回答说："单价 9 日元 80 钱，加上模具成本，总共 4 万日元可以吗？"

结果，他拿到了索尼的订单。

宫木社长赠送的书法作品"敬天爱人"

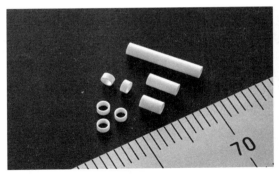

阴极管

双螺旋结构的陶瓷真空
发射管冷却软管

对方是赫赫有名的索尼。稻盛和他的团队投入了极大的精力，反复制作了三四轮模具，又是挤压加工法，又是冲压成形法，可谓绞尽脑汁，结果只生产了 2500 个。在交货的前五天，也就是 12 月 20 日，稻盛带着试制品来到索尼公司。

上次那位技术科科长走了出来。

"我还在担心呢，正商量着是否让负责人去你们公司看一看你们到底是一家什么样的公司。"他一边说，一边开始检查产品。稻盛的脸上露出了紧张的表情。

过了一会儿，科长抬起头，与之前的严厉判若两人，他笑逐颜开，对稻盛说："合格。"

就在那一瞬间，所有的疲惫一扫而光。

剩下的 500 件产品也能在交货期内完成，京瓷获得了索尼的极大认可。随后，索尼以此为契机，换掉了原来的供应商，改为全部向京瓷订货。

25 年后，稻盛和索尼的创始人盛田昭夫一起创办了第二电电。但是，对当年的稻盛而言，盛田还是个高不可攀、只可仰视的人物。

划破手的产品

稻盛后来总结了经营创业型企业的心得，其中不乏惊人的话语：

"即使公司目前还没有属于自己的系列产品，抑或是技术能力还不足，也要先说'我可以'，先把订单拿下来，这一点很重要。首先，无论如何都要接下订单，然后再去研究'如何研发''如何在短时间内交货'。为了不给订货的客户带来麻烦，就要竭尽全力研发。这种态度对于创业型企业来说尤为重要。"（稻盛和夫《敬天爱人：从零开

始的挑战》）

三菱电机的发射管冷却软管也好，索尼的氧化铝陶瓷部件也罢，尽管从结果来看似乎都很不错，但依据"常识"来说，在能否制造还不确定之前就接下订单，是要冒极大风险的。但是，正因为稻盛的"常识"与一般的"常识"不同，才更能够体现出这位罕见的经营者的非凡之处。

稻盛说："看待个人和企业的能力，都要用将来进行时！"

生产企业有技术壁垒和盈利壁垒。小批量生产不合算，但是，稻盛却是从接受小批量订单开始的："请让我们来做。"

为此，他们的生产工序必须随机应变。后述的"阿米巴经营"便是为了能够接受小批量订单而进行的经营体制的创新。

相应地，京瓷从不采取为了拿订单而请客、送礼之类的销售手段。归根结底，品质、价格、交货期等才是成败的关键。

"客户至上，服务无止境。"大家都将此铭记于心。

他们持续努力，"必须到达更高的境界，让客户无论如何都想购买我们公司生产的产品"。

1960 年正月，稻盛仍然沉浸在成为索尼供货商带来的兴奋中，他决定去参拜神社。

距离最近的是车折神社，最近因为有杰尼斯公司的很多人气偶像前去参拜而变得广为人知，但当年去参拜的人还很少。

青山家住在车折神社西边，稻盛跟他们约好了，两对夫妇一起去参拜神社。

即使在那样的时候，稻盛也表现出了一贯的认真。他说在鹿儿岛时，常常和家人去做开年参拜。于是，四个人零点前在神社集合，盯着手表的秒针，就在秒针指向零点的瞬间，大家一起敲钟、击掌，为京瓷未来的发展祈福。

"似乎他想趁着神还没听到其他人愿望的时候，最先说出自己的心愿，这样神就会最先听进耳朵里。"（青山政次《心之京瓷二十年》）

此时，朝子的肚子里有了长女阿忍。

获得索尼公司的订单后，高兴也只是暂时的，找京瓷订货的公司并没有像预期般增加。

此后，稻盛和青山一起走在销售的前沿。他们提着样品箱，走访了研发显像管、真空管等电子零部件的厂家和研究所。

最令他们难忘的是，一次他们去拜访位于富山县立山山脚下一家生产电阻器的工厂。虽然知道即便拿到订单，也不过是数万日元的生意，但他们还是专程跑了一趟。当时恰逢隆冬时节，稻盛又是南方人，特别怕冷。他的鞋子里灌满了雪，脚上还长着冻疮，好不容易到了目的地。

结果，对方就一句话："不需要。"

吃了闭门羹的两个人饥寒交迫，连说话的力气都没有了，默默返回了富山车站。

但是，稻盛后来还是找到了感觉，开始在销售方面展现出超凡的才华。

那也不奇怪。他还在读书的时候，就在销售纸袋的事业上大获成功，原本就是位天生的商业奇才。后来，京瓷培养出了很多优秀的销售人员，不过可以说没有人能超过稻盛。无论是作为技术人员还是销售人员，他都是员工的榜样。

世界上大多数公司会让业务员写销售日志，或者会听取他们的销售工作汇报。但是，在稻盛面前，寻常的汇报很难让他满意。

"你说的事我知道了，不过你再说一遍。从你说'你好'开始，把去拜访客户的过程尽可能详细地再说一遍。"

就这样，稻盛常常让销售人员再现与客户的所有对话。

在听汇报的过程中，稻盛还会加以评论，"这个地方解释得不对""那个结论来得很不自然",等等。

他不遗余力地指导下属。在安排销售人员去客户那里做新产品介绍之前,他会让他们在自己跟前预演一次:"你把自己当成客户,试着讲解一下。"

跟稻盛一起出差是件苦差事。他总是想着好不容易花这么多旅费过来,无论如何都要努力拿到订单,所以把吃饭的时间都省下来,到处拜访客户,忘了吃午饭是常有的事。最严重的时候,不仅午饭,甚至晚饭也忘了吃。据说,他有些时候只能在末班列车上买些车内销售的点心、面包之类的充作晚餐兼夜宵。

稻盛平时也不正经吃午饭。即便吃,也常常是边吃边谈工作。结果,往往工作一结束,他就感到饥肠辘辘,哪怕已经到了半夜,也要吃点儿东西充饥。这种不规律的作息对身体极其不好。

京瓷的优势在于无论是以前还是现在,他们从原料到成品的内制率都很高。

京瓷不仅生产精密陶瓷产品,电路印刷、导线安装等也都没有交给其他厂家,完全实现了自产。交货的产品已经不是零件,而是接近最终产品了。这才是一个企业的核心竞争力和产生附加值的源泉。

京瓷的技术都是具有核心诀窍的专业技术,其他公司即便想模仿也很难。陶瓷一旦烧制成形,体积就会大幅度缩小,所以很难保证陶瓷零部件上每一个微小的孔都尺寸相同。因此,即便认为在实验室阶段能做出比京瓷更好的产品,但一旦投入生产,往往成品率就会大大降低。想要实现大批量生产并获得利润,其实是件非常困难的事。

挑战其他公司做不出来的产品,要想实现这一目标就必须掌握独门绝技,提升市场口碑。而在实现目标的过程中,通过积累核心技术和不懈努力,京瓷的技术水平得到了切实的提升。

松下幸之助的名言中有这样一段话:"你曾经抱着产品入眠吗?

只要你夜里抱着它睡，它就会对你说话……"

有趣的是，稻盛也说过类似的话："倾听产品的声音！"

"做出划破手的产品。"这也是稻盛从创业初期就反复说的话。意思是说，要生产出像簇新的纸币一样手感的、让人一看到便赞叹不已的高品质产品。

松下幸之助曾经对部下带来的产品评价："太重了。"不是因为性能，仅凭重量，松下就判断产品不行。因为他知道，顾客从店里购买后能直接拎回家的商品，其销售量要远远大于需要物流配送的商品。

同样，稻盛和夫也曾因为产品的颜色不对，而让员工返工，因为他觉得部下拿来的产品和脑中想象的颜色不一样。稻盛在命令员工研发产品的时候，就已经连该陶瓷产品的颜色都预见到了。（稻盛和夫《敬天爱人：从零开始的挑战》）

京瓷的股票不是废纸

说起来似乎有些矛盾，但稻盛并非对什么产品都有兴趣。

一般来说，能载入公司历史的只有成功的或退出的项目，从一开始就没出手参与的项目往往不会被记录。可是，一个优秀的经营者，其过人之处往往就表现在"不做××"的取舍之上。

以稻盛为例，他从创业初期就没有参与生产收音机、电视机中的电子零部件氧化钛类电容器的竞争。

氧化钛类电容器是在京瓷创立之前就出现的产品，市场本身也在不断扩大。因此，村田制作所、太阳诱电、河端制作所等竞争厂商都把它作为主打产品。换言之，京瓷没有参与这个产品的竞争反而是件怪事。即使京瓷是个后来者，但赶超前人，将该产品加入自己的产品线，一般看来这是理所当然的。

但是，稻盛冷静地做出判断，认为这一市场的竞争过于激烈，决定将主营方向转向陶瓷新材料。用现在的话来说，他采取的是"蓝海战略"。这一果敢的决断让人看到他作为经营者老练的一面。

于是，他将公司的主力产品聚焦到镁橄榄石陶瓷上来。与此同时，他还果断地挑战了竞争对手很少的另一个领域，那就是在阴极管上用到的氧化铝陶瓷。

当时，人们普遍认为，在日本可以制作出氧化铝陶瓷的只有日本特殊陶业公司。该公司从很早就开始生产用氧化铝陶瓷制成的火花塞，可以说垄断了整个市场。由于氧化铝陶瓷的烧结温度高，烧结炉的设备投资巨大，如果没有相当大的需求量，就很难有盈利。因此，其他公司在当时都不敢涉足这个领域。

但是，稻盛却想出了一个解决方案。首先使用普通的炉子，烧结到一定程度之后，再用钼炉在更高的温度下继续烧制。通过这个方法，他一举打破了氧化铝陶瓷的竞争壁垒。

接着，他们又进入了氧化铝光盘等领域。

身为工作狂，稻盛有一件烦心事，那就是上下班花在路上的时间太多。

稻盛居住的鸭东庄和京瓷总公司，一个在京都最东头，一个在最西头。为了节省上班路上的时间，稻盛提出，想买一辆当时刚开始流行的踏板摩托车。

全体董事一致反对，表示要是不小心受伤就糟了。但是，稻盛坚持无论如何都要买，结果买了脚踏车中最大尺寸的一款。每天早上，他都载着住在他家附近的青山一起去公司上班。当然，他跑销售的时候也骑着他的踏板车全力疾驰。

"京瓷公司创业之初，我每天骑着踏板车从京都到位于大阪伊丹的三菱电机研究所送产品，风雨无阻。我原本车技就不好，途中掉到沥青的沟里翻了车。就算全身都湿透了，也要保住运送的产品，不能弄坏。"

没多久，稻盛开始考虑把家搬到公司附近。

自京瓷公司成立以来，从松风工业辞职过来的人也和稻盛一样，都住在鸭东庄。稻盛每天上下班花在路上的时间太多，哪里还谈得上什么甜蜜的新婚生活。原本就不应该买踏板车，而应该考虑搬家的事。

当时，在嵯峨的鹿王院往北约500米、新丸太町路附近正好建有市营住宅，正好赶上了入住者招募。稻盛便提交了申请。尽管竞争很激烈，但没想到运气这么好，一次就申请成功了。小的时候，像抽签、抓阄之类的事，稻盛基本上每次都没有好运。当时，他还一直感叹自己不走运。然而，命运是平等的。他在后半生里却好运连连。他口中念叨"南曼南曼，谢谢"的次数也越来越多了。

京瓷公司从创业的第一个月起就开始盈利，业绩增长很快。第一年决算就实现了盈利，年销售额达2630万日元，税前利润达到了430万日元。这对于已经做好思想准备，认为在最初几年里可能亏损的宫木社长和西枝他们而言，是一个值得高兴的失算。公司也向表示愿意不拿酬劳的西枝他们支付了董事薪酬，给股东发放了20%的分红。

公司一盈利，稻盛首先想到的是偿还债务。一是父亲畎市讨厌欠债的思想对稻盛有潜移默化的影响，二是西枝用自家的房子做抵押找银行贷款，让他十分不安。然而，当时他忘了将税金计算在内。结果，交完税之后，公司账上只剩大约100万日元了。

这样岂不是永远都还不清债？稻盛有些泄气。西枝这样教导他：

"银行贷款这类东西，不需要那么急着还。只要支付利息，就又能从银行获得新的融资来发展事业，此后再去偿还本金就行了。像你这样总嚷嚷着马上还钱的人，是没法成为大企业家的！"

西枝明明抵押了自己的房子，却将话说得如此轻描淡写，没有比这更难能可贵的了。但是，稻盛并没有接受西枝的一番好意。他还是想尽快偿还债务，这就需要不断地提高收益率。

公司取得了很快的发展，早日开拓东京市场便成了一个大课题。于是，京瓷成立一年后，也就是 1960 年 4 月 11 日，在位于中央区银座东五 5 丁目 13 号的三原桥大厦的宫木电机制作所东京营业所里，开设了京瓷驻东京办事处，建立了进军东京的桥头堡。

原本宫木电机制作所的东京营业所规模就很小，不过只有两名销售员和一名女事务员。在八张榻榻米大小的房间里放了三张桌子和一个书架，就算营业所了。在已经非常狭小的空间里，再硬塞下一张办公桌，然后把冈川派过去，京瓷的东京办事处就算正式开张了。

因为房间太小，感觉办公桌都快要被挤出来了。进出的时候，身体也要侧过来才行。后来，在现在位于品川的东京事业所开设之前，他们共搬迁了六次。这正是"只买一升"精神的体现，是以满足最低限度需求的空间持续销售的结果。

6 月，公司购买了第一辆车——"斯巴鲁 360"。那是一辆昵称为"瓢虫"的小型汽车。这种小型轿车因为可以坐四个成人，1958 年刚一发售即大受欢迎。作为京瓷的起点，这辆"斯巴鲁 360"在各种照片中都有可爱的身影。

可是，过了一阵子，一同乘车的人们都开始说稻盛一边思考问题一边驾驶很危险，于是公司雇请了在运输公司工作过的人当司机。这次，轮到那位司机开始抱怨了：

"在国道上行驶时，会有很多卡车别过来。因为我们的车太小了，别人根本不在意。这样开车太可怕了，我想辞职。"

稻盛劝他，他也不听。据说，为了留住他，有一段时间，稻盛还让司机坐在旁边，自己来驾驶。这在当时是无法想象的。稻盛会很冷静地对部下说"你给我辞职",但对这位司机却特别和善。

1960 年 7 月 1 日,京瓷公司进行了 300 万日元的第三方定向增资,公司的注册资金增长为 600 万日元。

"如果大家都持有公司股票,一定会士气高涨。"

稻盛听从了西枝的建议,拿出部分增资作为功劳股分配给员工。这次分配不是只面对管理人员,而是全体员工人人有份。

虽然分红达到了两成的高比率,但当初员工们对此事却不以为然。

"这些股票说不定会变成一堆废纸……"

连一些管理干部也这么说。然而,后来这些股票不知翻了多少倍,让他们都成了亿万富翁。

定价即经营

从成立时起,京瓷与客户松下电子之间的合作关系一直都是既亲近又伴随着紧张感。

提起松下电器,人们就会想到那是一家以严格的成本管理而闻名的公司。其子公司松下电子也一样,随着镁橄榄石陶瓷逐渐成为普通产品,松下电子施加给京瓷的降价压力也越来越大,甚至难以忍受。

但是,令人佩服的是,松下电子从不提出无理要求,所提的降价要求必定有其理由。

笔者有机会从了解当年的松下电子的人那儿听到这样一段话:

"现在,虽然不流行讲三方好,但也讲企业必须实现双赢。所以,经常有人指责松下只顾自己赚钱,却把承包商搞得疲惫不堪,实在不像话。"

然而，这是他们的骄傲。

对于制造电视机的松下电子来说，就零部件所占的成本而言，日本电气硝子公司、旭硝子公司所生产的显像管所占的比重最大，而 U 字形绝缘体只不过是其中一个极其微小的零件。

尽管如此，他们也没有放过这个零件。山口采购科长对稻盛很好，但他的上司却是个很厉害的人。

"采购数量增加了这么多，应该可以再降降价吧？"

"你们生产这么多年，制造流程肯定越来越合理了，价格是不是可以再降低一些？"

他们千方百计找出理由要求降价，并且所要求降低的比率可真不低。

他们毫不客气地压价："去年给我们便宜了两成，今年能再便宜一成半吗？"

即使京瓷的人苦着脸说"已经不可能再降了"，也没有用，他们反而开始展现手段。

"那么，能给我看一下决算报表吗？"

当看到一般管理费的数字时，他们说："京瓷这样规模的企业，应该不需要 8% 的管理费吧，改为 3% 怎么样？请给我们降价 5% 吧。"或许 8% 的管理费的确有点儿高，但降到 3%，这也太夸张了。

"那样公司会亏损的。"

即便京瓷被逼得很可怜，松下也属于那种"不相信眼泪"的公司。

"如果价格降不下来，我们就只好选择使用飞利浦公司的产品了。"松下使出了撒手锏。

"那可不行。"京瓷只好举白旗。

松下电子的要求真的非常严格。之后，即使没有亲眼见到松下幸之助本人，稻盛也能感受到他是一个怎样的人物。稻盛之所以精通财务，也是在那个时期锻炼出来的。

他反复考虑后，横下一条心：

"多少钱都可以，价格由你们决定。不过，一旦定了，就请不要再提降价的事了。"

于是，对方提出一个极低的价格，稻盛默默咬牙接受。他开始拼命摸索，如何在那个价格下实现盈利。

稻盛和其他经营者不同的是，他并没有将松下电子的这种行为视作"压榨供应商"。松下不仅对京瓷，对其他供应商也一样严格，所以有很多企业的人对此非常不满。

参加供应商的聚会，常常能听到有人对松下的怨恨："松下以前不过也是个中小企业，现在稍微做大了一些，就抖起威风来了。"然而，随着时间的流逝，那些抱怨的公司基本都倒闭了。

稻盛不仅没有任何怨言，他还说，京瓷之所以今天能够拥有足够的实力，成为全球电子零部件制造商，都是在松下苛刻的采购要求下锻炼出来的。

尽管起初很痛苦，但稻盛渐渐产生了感恩之心。对严格要求供应商的客户，是选择怨恨还是感恩，将改变企业的道路及经营者的人生。

"我们应该做客户的仆人。"这种彻底以客户导向为目标的态度，并不是让人放弃尊严，而是告诉人们，要谦虚地接受并努力满足客户的需求。

在这一思想的指导下，京瓷公司的优势逐渐显现。那就是前面所介绍的产品内制率高，加上高水平的核心技术，以及产品的定价方法。

稻盛始终强调："定价即经营。"

京瓷没有引进成本计算体系，因此，其产品的价格设定是灵活机动的，定价正是他们的经营战略核心。

有时，京瓷以低于市场价的价格接下订单，再用各种理由进行谈判，提高价格。反之，高附加值的产品，有时候利润会非常惊人，但客户却乐意购买。因为京瓷并没有划定固定的毛利率标准，所以不管赚了多少利润，也从没有"赚得太多"的想法。

"我们的售价是由顾客决定的。"稻盛这句话说的是事实。只要顾客决定了价格，后面要做的就是通过彻底降低成本价，以谋求收益的最大化。

年轻职员的"叛乱"

京瓷的发展看似一帆风顺，但其背后也有着接连不断的危机，其中之一便是取代镁橄榄石陶瓷的预成型烧结玻璃的崛起。

不仅精密陶瓷的技术在进步，铁、玻璃、碳等材料，随着时代的发展、研究的不断进步，性能也日新月异。超越镁橄榄石陶瓷的新材料被研发出来也实属意料之中。

从那之后，稻盛一直战斗在要么拥有最尖端的技术，要么被时代抛弃的世界里。这是一个只有无所畏惧、不断挑战才能生存的残酷世界。

预成型烧结玻璃是一种玻璃绝缘部件。为了防止玻璃棒的某些部分过热时出现裂缝，使用热膨胀系数较小的玻璃，需要留下大量独立气孔（互不相连的微小气泡）后再进行烧结，是一种尖端技术。

虽然预成型烧结玻璃刚被研发出来，很少有企业能够量产，另外，其产品的可靠程度尚是个未知数，但日本电气已经开始用预成型烧结玻璃取代 U 字形绝缘体了。先前使用硬质玻璃的日立、三菱、东芝等企业自不必说，松下电子也迟早会用上预成型烧结玻璃。

如果没有松下电子的 U 字形绝缘体订单，京瓷很快就会陷入破产危机。于是，京瓷从美国拿来样品，开始对预成型烧结玻璃进行研究。经过反复实验，终于在 1961 年 1 月，研发出令松下电子满意的产品。京瓷终于艰难过关。

公司成立的第二个财年（截至 1961 年 3 月），京瓷的销售额与利润都呈现了翻番的态势。然而，就在稻盛自以为公司上下团结一心、颇有建树的时候，意想不到的事发生了。在京瓷这样的小公司，居然也爆发了劳资问题。

说起来，那是 1960 年，即公司成立的第二年，京瓷招聘了 20 名高中毕业的新职员。新鲜血液的加入对京瓷来说是一件大好事，但是他们进公司不久，对公司的不满就蔓延开来："真没想到是这样一家公司！"

这的确是事出有因。招聘的时候，是借用宫木电机公司的气派的事务所面试的，这些年轻人都理所当然地认为招聘会场就是京瓷公司的总部了。可当他们进入京瓷时，发现自己的公司其实设在一间破旧仓库一样的建筑物里。一楼的烧成炉散发的热气直冲二楼，尤其是夏天，员工们在酷暑里只能穿着内衣汗流浃背地工作。

"这简直就是诈骗！"

"太令人失望了。"

不过，当时的年轻人还是比较能吃苦的。即便是这样的工作环境，他们也忍了下来。但是一年后，矛盾终于爆发了。

1961 年 4 月 29 日，前一年入职的高中毕业生中的一个人，将"要求书"拿到了稻盛面前。

内容主要有这么两条：一是敦促公司履行入职满一年后将日薪制改为月薪制的承诺（那之前是日薪制，如有迟到、早退、缺勤则将相应时间段的工资从基本工资中扣除）；二是保证以后每年涨工资和发奖金。

"如果不能满足这两条要求，那么我们就集体辞职！"他们毫不掩饰地逼迫稻盛。

前一年的 5 月，为了反对岸信介内阁强行修改安保条约，游行队伍将国会周围全部占领的情景还历历在目。年轻人的反权威风潮达到了一个高峰。

另外，之前已经提到过，京都处于革新行政管理下，是一个工会运动此起彼伏、异常激烈之地。高中毕业后入职的新员工多是京都西阵纺织工人的子弟，领头的年轻人的父亲是西阵共产党的领导核心，他本人可以说是听着父辈们讨论劳动纠纷的声音长大的。

爆发劳资问题的 1961 年春，正是预成型烧结玻璃开始量产的时候。京瓷正准备将其与镁橄榄石陶瓷一样，打造为企业的拳头产品，所以全公司团结一致，致力于加强生产，工厂自然每天都是满负荷运转。

初中毕业的职员因为晚上要去上高中夜校，所以按时回家。但是，高中毕业生被当作能独当一面的人才，因而很多时间都被上司占用，周六和节假日基本上都要上班。有的时候，周日也得干活，所以他们积了一肚子的不满。

"我拼命地跟他们讲述做人应该怎样，努力想让他们理解我，可是……"想起当年的往事，稻盛的脸上浮现出一丝懊悔。

劳动环境恶化到这个程度，爆发冲突也是理所当然的。工会运动正是为了改善工作环境而存在的，年轻员工们的愤怒是完全可以理解的。

稻盛刚入职松风工业时，也有过被欺骗的感觉。一家刚刚成立的公司想招徕优秀人才，有时会不得不采用一些"特殊"手段。

据说，有些公司为了防止有人中途放弃，年轻员工们还签了血书。大概这是受京瓷创业时大家签血书的启发吧。

但是，他们没有想到，京瓷的创业成员是带着"在公司不顺利的时候，即便是打零工也要让稻盛将研究继续下去"的心愿创办公司的。创业成员和稻盛可以说是一心同体，心态和这些员工有天壤之别。

针对他们提出的两项要求，当时承诺过一年后改日薪制为月薪制，没做到这一点确实是公司方面的失误，稻盛立刻坦诚地承认了错误，予以改正。但是，要保证每年涨工资和发奖金这一条，对于一个刚成立不久的企业来说有些不太现实。如若为了挽留这些员工而勉强答应，也是不诚实的。

公司空间狭小，如果在那里谈这些事，一旦走漏了风声，就会影响整体的士气。于是，稻盛把他们带回家里继续沟通。当时，稻盛住在嵯峨野广泽池附近的二室市营住宅里。他们在那里促膝长谈，通宵达旦，一直谈到第二天早上。这些员工依旧不相信稻盛，他们说："资本家总是花言巧语，欺骗劳动者！"

"把未来的不确定性坦言相告的人，和为了收拾局面而随口许诺的人，哪种人更值得你们信任？我丝毫没有只顾自己得利的想法，我费尽心血经营，一直想把公司发展成人人称赞的企业。我的话到底是真是假，你们既然有勇气辞职，为什么不拿出点儿勇气，就当上当受骗，跟着我好好干下去看看？"

炙热的情感动摇了冰冷的灵魂。稻盛将所有的想法与情感都融入了言语之中。这种时候，没有讨价还价，有的只是一片赤诚。终于，员工们打开了紧闭的心扉，一个接一个地接受了稻盛的劝导。

最后，只剩下刚才提到的那位领头的年轻人还不肯罢休。

"这是男人的坚持！"

稻盛和他一直谈了三天三夜。

"为什么他就是不能理解我的心呢……"

苦恼不已的稻盛，最后说了这样两句话：

"我会用我的生命来守护这家公司。如果我胡乱经营，或只是为了一己私利而工作，你可以杀了我。"

这是灵魂的呼喊，这断然的气势融化了对方内心的冰冷，他终于拉住稻盛的手，流下了眼泪。

京瓷创业时的厂房

烧结炉

使用预成型烧结玻璃的产品

就这样，这群"叛乱"的年轻人再次回到了工作岗位。老员工们也高高兴兴地接纳了他们。他们被稻盛的人格魅力所折服，齐心协力，从此成了京瓷重要的战斗力。

这一事件成为一个转折点，使稻盛从一个单纯的业务领导成长为真正的经营者。

"经营者自身也许根本不知道明天会发生什么。可是，员工们却期盼企业能每年都给他们改善待遇，给他们及他们的家属提供未来生活的保障。我也是从这个事件起，才深刻地感受到'自己真的是无路可退了'。"（稻盛和夫《敬天爱人：从零开始的挑战》）

如果说此前的稻盛还有何不足的话，那就是身为经营者的决心。

吸取了这次的教训，稻盛提出了以下经营理念：

"追求全体员工的物质和精神两方面的幸福。"

就这样，京瓷重生了。

后来，稻盛自己这样回忆：

"我一直相信，正是因为按照这个经营理念，始终将'人心'作为经营的根本，才造就了今天的京瓷。"（稻盛和夫《敬天爱人：从零开始的挑战》）

随着企业规模的扩大，稻盛开始思考企业作为社会的一分子，理应具备崇高的使命。于是在 1967 年 8 月 20 日，稻盛将以往的经营理念修订如下：

"在追求全体员工物质与精神两方面幸福的同时，为人类、社会的发展做出贡献。"

工作既能使人生变得富足，同时也是在为社会做贡献。这一意识，激发了员工的干劲与自豪感。

第三章
走向世界的京瓷

因 IC 的出现而诞生的商机

不断扩大销路，是京瓷的夙愿。

但是，当时的日本还存在着严重的企业关联交易壁垒。三菱在三菱系企业里采购，住友在住友系企业里采购。企业在各自的同派系公司内部采购零部件的封闭式商业习俗是很常见的。

于是，稻盛开始将目光投向海外。

"如果海外的电子行业中有影响力的企业能够采购京瓷的产品，那么即便京瓷没什么名气，也能立刻被日本的大企业选中吧。"（稻盛和夫《敬天爱人：从零开始的挑战》）

1962 年 7 月，升任公司常务董事的稻盛只身赴美，预计停留一个月。

对稻盛来说，关西地区有两个特别值得他学习的企业家前辈，他们是松下电器的松下幸之助和华歌尔的塚本幸一。十分讨厌坐飞机的松下于 1951 年考察欧美，而塚本亦于五年后——1956 年前往考察。结果，松下与飞利浦公司达成了合作，而华歌尔也在国外市场上有了重大突破。

稻盛不甘人后，在塚本幸一去欧美考察的六年后，也开始把目光投向了海外。

当时的外汇汇率采用的是 1 美元兑 360 日元的固定汇率，而且在外汇出境方面有所限制。空运费用比现在高很多。那时，一个小学教师的起步月薪为 12900 日元，赴美旅费大约要花费 100 万日元。因此，稻盛在心中发誓一定要取得巨大的成果。

从羽田机场出发的前一天，稻盛专程去拜访了千叶县的一位朋友。那位朋友住在松户市公共住宅，此处住宅因为全部配置了西式马桶而广受社会关注。稻盛拜访他的目的是请教西式马桶的使用方法。那个时代，很多人去国外前都会写好遗书，所以稻盛感到紧张也是可以理解的。

出发当天，全家人以及公司的所有干部都赶到机场送行。

其中还有人穿着工作服，刚从工厂下班便跳上夜行列车赶了过来。看着挥舞着太阳旗、举着横幅的家人和伙伴，稻盛站在舷梯上用力向他们挥手告别。他坐到座位上后，心情还久久难以平静，眼泪不由自主地流了下来。

抵达美国纽约后，稻盛虽然也惊叹于纽约鳞次栉比的摩天大楼，却抽不出片刻时间去观光旅游。第二天一早，他就赶到了极东贸易公司的美国事务所。因为事先就委托他们公司代为沟通和协调稻盛在美期间的商务活动，所以稻盛早早赶过去催促事务所的负责人永井立升（后来也加入了京瓷公司）赶紧行动。

永井知道稻盛对这次在美国期间的商务活动很重视，期望值很高。但是，永井当时还有很多其他的大型商谈正在忙。对他来说，稻盛只不过是众多想要开拓国外市场的中小企业负责人中的一员而已，也就没投入过多精力。别说是商谈了，就连拜访企业的日程也没有安排，时间就这样一天天过去了。

稻盛心急如焚。因为不会说英语，就连吃饭之类的小事也做不好。无论是身体还是精神上都被逼入了绝境，稻盛常常半夜痛苦地从床上跳起来。

最后，永井总算安排了他和几家电器厂商管理层面谈，也参观了他们的工厂。在其中一家工厂里，德国产的压力机床排成一排，机床在电能的驱动下有节奏地运转着，速度和性能都无可挑剔。当时的京瓷还处在使用手工冲床的阶段，面对巨大的差距，稻盛却显得很冷静。

"这样的机器一台多少钱？"他问道。对方的厂长报出了一个惊人的价格。

稻盛在脑海里计算了一下，一分钟大概能做多少个产品，他想："从投资效率上看，还是我们赢了。"

稻盛与那些因盲目崇拜欧美而去国外考察的人有些不同。

只是，这次的美国之行仅仅参观了几家企业，没有达成任何商务合作的意向，可以说是无功而返。

"我认真地想，'再也不来美国了'。"（稻盛和夫《敬天爱人：从零开始的挑战》）

从这句话里能看出稻盛当时的懊恼。

摩天大楼和现代化的工厂仿佛还在眼前，可是他又不得不面对现实，重新回到破旧的仓库里努力工作。

位于西之京原町的工厂面积狭小，所以员工们午休时不能打棒球，最多只能玩玩接投球的游戏。由于只能在马路边玩，所以还要时刻留意往来的车辆。有时，球没被接住，会飞到马路对面，砸到香烟铺的墙上，掉下来的墙皮、墙灰则会掉进隔壁大妈做的味噌汤里。

每当这时，总是由稻盛出面替大伙儿赔礼道歉。但是，他还是想用适当的运动调节大家的心情。

稻盛对大家承诺："我们一起努力工作，不久的将来，我一定买一个运动场给你们！"

大家心想："又在做梦……"

不过，没过多久，总公司的工厂却因为越来越拥挤，而使稻盛他们不得不开始寻觅新的厂址。

这时，致力于招徕企业到当地投资的滋贺县蒲生町（今东近江市）前来探询他们的投资意向。那里有一块 7800 坪的大块用地。稻盛立刻坐上他的"斯巴鲁 360"赶去考察。

那块地位于丘陵地区，原来是部队练习射击的一块高地。按照规划，两年后在北边将要开通名神高速公路，距离八日市高速公路出入口也很近。在宫木社长的大力推荐下，稻盛决定买下这块地建新厂房。

1962 年 10 月 19 日，稻盛正式签署了滋贺工厂第一份购买土地的合同。第二年的 5 月 24 日完成第一期工程后，顺利迎来了竣工仪式。在新厂区，不仅建有稻盛承诺的运动场，甚至还建了游泳池。据说，以前一到暑假，透过名神高速上行驶的汽车的车窗，就能看到京瓷的员工和家属在游泳池里开心地游来游去的画面。

估计在公司和空巴上还没聊够吧，一些员工还会经常跑到稻盛家里玩。稻盛家已经从市营住宅区搬到了自己购买的房子，勉强能够容纳 10 个人。

他们时常拎着活鲤鱼过来。稻盛一开始还把鲤鱼收拾干净后烹饪出来，大伙儿一块儿吃。可是，他后来看他们带来的鲤鱼，觉得太可怜了，于是把它们放在院中的小池塘里养着。这些事，至今都是令人怀念的美好回忆。

1964 年 2 月，京瓷公司制定了社歌，社报也于同年创刊了。

接下来的 4 月，迎来公司成立五周年。京瓷公司也成功地步入了稳步发展的上升通道。同年的 5 月 28 日，宫木社长退居会长，青山政次就任第二任社长，稻盛升为专务董事。

这家从 28 人起步的小公司，终于发展为拥有 150 名员工的大企业了。为了庆祝公司成立五周年，他们安排了全体员工去和歌山的白浜温泉度假。

也就是从那时开始，京瓷的员工活动越来越多，也越来越丰富了。

从 1963 年 10 月在西京极运动场举办的第一届运动会开始，公司还开展了名目繁多的活动。如：新年会、生日会、成人会、盂兰盆舞大会、公司成立周年庆、圣诞晚会暨忘年会等。此外，还有增强员工体能的徒步旅行、海水浴、绕宝池一周的马拉松比赛等活动。这些活动基本都是全员参加，目的是让员工团结一心，形成合力。

对于 20 年后步入职场的笔者这一代人，看到大多日本企业也都举办类似的活动。京瓷推行的这些活动倒也并非独创。

京瓷的创业期也恰是电子产业蓬勃发展的时期。

首先，真空管被晶体管取代，接着人们将多个晶体管和二极管组装到一起，力图尽可能缩小体积。就这样，IC 诞生了。

前文也讲到，在 IC 投入实际应用的过程中，还需要有保护基板的材料，那就是后来被称作"IC 封装"的产品。精密陶瓷的绝缘性和密封性都非常好。对京瓷来说，巨大的商机已经来临。

在美国西海岸的硅谷，陆续出现了一些与半导体相关的企业。美国在 IC 技术方面遥遥领先，日本企业也紧追其后。

很快，京瓷接到了来自东芝的订单，委托定制用在微模块上的金属基板。这是便携式对讲机里使用的零部件，在当时属于用 IC 封装的先驱性产品。它的大小约 8 毫米见方，厚度约 0.23 毫米。其设计是在每个边上分别设置 3 处共计 12 处刻纹，并在那里安装晶体管等电子元器件。

下了产品订单后，东芝也并非不管不问。项目负责人多次来到京瓷一起探讨，有时甚至通宵达旦，为了追赶美国企业而拼命努力。后来，京瓷在 IC 封装领域占据全球市场份额近七成，起点就是在此时与东芝的合作。

关于 IC 里使用的半导体，除东芝发展较快以外，还有日立、富士通、NEC（日本电气股份有限公司）、冲电气，这五家公司是关东地区的巨头。而关西的三菱电机和松下电子在半导体领域起步较晚。关东的那五家公司可以说是京瓷最重要的主顾了，和他们的交易额成为公司主要的收入来源。京瓷东京营业所业务员的人数也在不断增加。

对自己的技术实力越来越自信的稻盛，在上次赴美无功而返的两年后，想再次挑战国外市场。1964 年 10 月，他经中国香港前往欧美进行巡回商务考察。当时正值东京举办奥运会，日本举国沸腾，但是稻盛无暇关注。他抖擞精神，开始了第二次海外之旅，决心这次无论如何都要取得成果。

这次，稻盛带去了一位强有力的外援。他就是曾在松风工业公司担任贸易部部长的上西阿沙（后来的京瓷副社长）。他是 1963 年进入京瓷的。上西比稻盛年长 11 岁，在加拿大温哥华长大，不但英语流利，而且还精通对外贸易，在很多国家都有人脉。

尽管如此，起初的商谈还是不太顺利，上次赴美的噩梦再次在稻盛心头掠过。

"我对不起大家。"

看到含着眼泪喃喃自语的稻盛，长期在国外生活的上西露出了难以置信的表情。

稻盛对上西说："我想建立一个能共同欢笑、共同流泪的企业！我们只有全心全意，努力到感动上天。必须做到让上天觉得我们太可怜，于心不忍，给我们订单的水平。"

稻盛讲述着胸中热切的愿望，接下来的每一天都拼命开拓客户。

在稻盛不懈的坚持下，最后他们果真成功地从美国权威电子企业得州仪器（TI）接到了阿波罗计划中的用于电阻器的陶瓷棒订单。

1964 年 12 月，京瓷专门成立了贸易部，与丸红饭田签订了在美国的代理合同。不但成功地批量生产用于晶体管的陶瓷珠，而且还吸引了大量国外企业前来洽谈、咨询。两年前的窘境恍若隔世。

从那时开始，京瓷一鼓作气，打开了通往世界各国的销路。1965
年 3 月，京瓷先接到中国香港微电子公司的订单，7 月又拿到了美
国仙童半导体的订单。随后，大量订单蜂拥而至，贸易部忙得不可
开交。

稲盛的确拥有全球视野。

在美国出差时，TI 公司的技术人员拿出一样东西问稲盛："你们
能做出这种产品吗？"那是将两块陶瓷板合在一起，用于保护 IC 的
封装样品。看到那个样品的瞬间，稲盛感觉到陶瓷产品的历史即将掀
开崭新的一页。

这种产品正是陶瓷多层 IC 封装，用于保护台式电子计算机中的
IC。后来，也被广泛使用到被称为电脑心脏的 MPU（微处理器）及
通信半导体等主要零部件的封装上。

回国后，稲盛组织团队全力攻关，终于出色地完成了这项工作。
京瓷公司成功地制作出这种新型陶瓷多层 IC 封装的消息很快传开，
摩托罗拉、英特尔、美国微软等全球超一流的大企业纷纷发来订单。

阿米巴经营

1963 年，京瓷在滋贺工厂开始正式投产之际，把挤出、冲压等量
产的前工序全转移到了滋贺工厂，而像切削、研磨加工这些量产的后
工序以及研发、试制部门仍然留在总公司的工厂。

稲盛每次盖新工厂，都会说"从角落开始用"。如果因为空间
很宽敞就随意使用，养成了这样的习惯，削减费用的意识就会变得
淡薄。

但是，一味强调削减经费，企业不会变大、变强。在员工和部门

的数量都急速增加的这段时间，稻盛开始彻底思考，今后该以什么为目标，才能凝聚员工的心。

干得好就要表扬，干得不好就要批评，这是对领导者的基本要求。如果赏罚含糊，领导者凭一己好恶判断，那么员工就不会心服口服，从而滋生出不满情绪。如果可以的话，尽可能地让员工了解经营者的目标和方向，该目标应该变为明确的、合理的数字。

于是，稻盛开始着手制定全公司共通的经营指标。为了使全体员工统一思想，形成合力，这是必不可少的一个环节。

接着，从 1965 年 1 月起，京瓷正式导入了"单位时间核算制度（单位时间附加价值）"。计算方法非常简单，就是从生产额（销售额）中减去经费开支（除人工费以外的原材料费等支出）后，再除以总的劳动时间（固定工作时间＋加班时间）得出。而使这种"单位时间核算制度"成为现实的，就是著名的"阿米巴经营"。

将公司全体员工按照工序或产品类别划小组织，各个小组织仿佛就是一个小企业，让其自主经营，并按照"单位时间核算制度"独立核算、运营。

这些小组织拥有自主权，同时也承担利润责任。它们不是依照公司的指示开展工作的，而是基于对现场的判断，自主变化形态。每一个小集体根据环境的变化，或诞生，或合并，或分离，或消失。

听到对这种经营体系的解释后，一位银行职员脱口而出："这简直就是阿米巴虫嘛。"于是，"阿米巴"的名称就这样定下来了。

依托现场，下放权责，培养人才，从工作现场出发，调动全公司员工的积极性。现在，阿米巴经营这种公司内部的经营管理体系已经成为京瓷的代名词，行政管理等部门也包含在内。可以说，京瓷里没有一个人不具备成本意识。大家目标一致，每个人都在全力创造价值。

在阿米巴经营体系的构建过程中，京瓷导入了当时还极为少见的计算机，这一举措发挥了巨大的作用。如果完全用人工计算"单位时间附加值"，所费的劳动力将非常巨大。

在这里，要介绍一位叫森田直行的员工。他和稻盛一样，毕业于鹿儿岛大学工学系，学的也是有机化学专业，属于稻盛的嫡系学弟。他的大学教授向他推荐："我们系的毕业生成立了一家很有意思的公司。"于是，森田在 1967 年，也就是公司成立的第八个年头加入了京瓷公司。

森田刚进公司，就被分配到滋贺工厂的生产管理部。那时正好是实施"单位时间核算制度"后的第二年，各方面都还处于摸索阶段。

后来，公司于 1969 年引进了富士通的主机（FACOM230-10），这是当年最畅销的 FACOM230 系列中最小的机型。

但是，生产管理部里的员工都是文科生，不太会用电脑，这等于"抱着金碗挨饿"。

在这种情况下，刚进入公司不满两年的森田接到命令："你这个理科生想想办法。"

这感觉特别像年轻时刚进公司就被要求研究镁橄榄石陶瓷的稻盛。

森田接到命令后，便开始前往富士通事务所学习计算机的使用方法。随后，他花了两年左右的时间，用电脑出色地设计了公司的经营业务管理结构，没有辜负公司的期望。

这样一来，计算"单位时间附加价值"变得轻松、方便了许多。通过使用电脑，可以保持销售、交货、制造等部门之间在财务账上的一致，还可以及时、准确地收集信息，所以单位时间核算的精确度也得到了大幅提高。

阿米巴的负责人被称为"团队领导"。稻盛把志向远大、斗志昂扬、无私率领团队奋斗的带头人称为"领导者"，而不是管理者。对这两者进行区分有重大的意义。

后来，在重建日航时，稻盛也没有对员工进行管理方法方面的培训，而是从一开始就导入了领导人教育，重新塑造干部们作为部门领导人应有的思想觉悟。这一点深具启发意义。

阿米巴领导中既有 20 多岁的年轻人，也有女性。提出优秀建议的员工可以获得与之相应的地位以及在人力、物力方面的资源，因此，其工作更有意义、更有价值。

自始至终，在京瓷内都没有所谓的"越权行为"或"以下犯上"之类的说法。销售人员干采购部门的工作，或是制造部门的人跑业务，这都是很常见的画面。

"不能只完成公司吩咐的工作！要抛弃避难趋易的想法！"

这也是京瓷哲学中的内容。与被授权之前什么都不干的人相比，京瓷会更优先扶持那些即便越权也想把工作做好的人。

在这样的过程中，也可能会出现一个阿米巴兼并其他阿米巴的情况。只要得到上司的批准，阿米巴便可以自由合并或拆分。即便如此，也不会出现敌对和对立。因为大家都秉持着同一种经营理念，并为了公司、为了大义名分而努力工作。

对阿米巴经营而言，每天的工作都从打扫卫生开始，之后是晨会，以工厂或是事务所为单位进行。这一惯例已经成为京瓷的特色。

京瓷人一上班就不分上下级，全员一起打扫，到了晨会时间还会点名，然后齐唱公司的社歌。之后是公布经营业绩和各阿米巴的碰头会。等这些都结束了，全体员工就会立刻回到各自的工作岗位上。笔者在滋贺工厂实地参加了他们的晨会，亲身感受到他们那紧张有序的气氛。

全体员工都很清晰地掌握了所属阿米巴的工作目标，并为完成这一目标而努力。其结果就是个人的能力提高了，工作和生活都更具意义，公司整体的道德风气也得到了提高。

令人意外的是，并不需要稻盛反复唠叨，很快，员工就开始自发地发起各种节约费用的活动了。

京瓷还尽量减少购买新机器设备，而是在现有的设备上下功夫进行创意改良。创业之初用的办公桌椅等也都是二手的。

如果有公共交通工具，就不使用出租车，即使是出差。如果能赶上当天的第一班列车，就不允许前一天晚上住酒店。

行政管理等非直接生产部门的经费也尽量压低，一个人负责好几种工作。在很长一段时间里，这些部门的经费都被严格控制在公司从银行获得的利息的范围内。当然，在当今这样低利率的情况下，这已经不现实了。

快到月底交货期时，京瓷的生产现场就成了战场。连负责工序管理的员工都要去现场增援，有时甚至连事业部部长也要过去支援。在一般的大企业，很难看到部长在车床前加工或是帮忙打包的情景。

月末统计的业绩会在下个月的第一天公布。如果达不到目标，员工们会很沮丧。若数字有很大增长，大家则会买来啤酒，在公司里一起举杯庆祝，三呼万岁。京瓷实在是一家很爱喝酒的公司。

1933 年 5 月，稻盛一直都很尊敬的松下幸之助将松下电器的总公司迁至门真。这时，他将公司内部组织分成三个部分，各自成为一个事业部。事业部采取独立核算制，从研发到制造、销售、宣传等均由事业部负责。

传说中的"事业部制"诞生了。

后来，事业部制成为松下电器的胜利方程式，被固化下来并被不少日本企业采用。环顾世界，倒退 10 年，美国的大型化工企业杜邦公司也采用了同样的管理制度。但是，松下幸之助这位企业创始人，连小学四年级都没念完就中途退学了，在没有人可以请教的情况下，完全凭借自身的智慧和经验，创造出了这一经营管理方法。

阿米巴经营和松下的事业部制有很多相同之处。它们与欧美公司有着截然不同的特点，特别是在业绩和报酬不挂钩这方面。

欧美企业的利润中心型管理模式的基本原则是，通过把利润中心的绩效和负责人的报酬挂钩，激发其工作热情。一旦业绩下滑，负责人的收入就会减少。

然而，无论是松下电器还是京瓷，都没有将事业部或阿米巴的业绩与员工的工资和奖金挂钩。因为采用奖金激励的手法，业绩好的时候自然皆大欢喜，但业绩一旦下滑，员工的道德水平则会出现巨大的下滑。实际上，后者产生的负面作用远远大于前者给企业带来的好处。稻盛和松下都注意到了这一点。

稻盛是这样考虑的。

一个人创造辉煌的业绩是对大家的贡献，是"利他"的表现。对创造了出色业绩的阿米巴来说，得到的是光荣和自豪。为大家做出贡献后的满足感，以及得到相互信任的同事们的感激和称赞，才是对他们最高的回报。

如果不具备这种精神，阿米巴经营不可能真正成立。在这一点上，稻盛绝不含糊，业绩好的时候，他会给全体员工增发奖金，以回报大家。

阿米巴经营没有照搬事业部制，但可以肯定的是，这种独立核算的企业组织架构借鉴了松下的事业部制。

经营者应该消化所能获得的一切信息，只要认为是对自己有帮助的，就应当借鉴。经营理念、公司的组织架构以及工作方式并不存在专利。更何况，松下幸之助是被称为"经营之神"的大人物。稻盛自身也像阿米巴虫那样，吸收着松下的经营手法，并加以实践。

还有一点很重要，稻盛一直以来是这样想的：

"松下幸之助是位百年难遇的经营者。但是，若一味模仿松下幸之助，将永远无法企及其境界。只有加入自己的原创，并努力超越松下幸之助，才有可能达到他的境界。"

松下幸之助有句名言："从西边，从东边，都能登上富士山。"

正如松下幸之助所言，攀登经营顶峰的道路并非只有一条。方式和方法应该根据时代、环境的不同而有所改变。稻盛正是一边紧追前人的足迹，一边另觅"蹊径"，最终登上了顶峰。

相比松下电器事业部制，阿米巴经营能更好地将分权贯彻到基层组织。它不仅容易建立，也很容易解散。随着时代的加速变化，有时候需要迅速下决心放弃某些领域、解散某些阿米巴，这样的决策和执行，正在变得越来越重要。

阿米巴经营是稻盛在经营管理方面的创新。

社会虽然普遍认可阿米巴经营的厉害之处，但实际真正导入阿米巴经营的企业并不多。这是因为阿米巴经营不仅要求构建一个能计算"单位时间附加价值"的机制，也要求企业具有较高的道德水准，以实现全体员工的共同参与，还要求领导人有出色的领导力。要知道，阿米巴经营的导入，将是一场对经营者永不退缩的决心及公司实力的考验。

"随着经营者人格的提高，企业也将不断成长、发展。我将其称为经营取决于领导者的器量，就好比'螃蟹只会比着自己的壳打洞'，企业的大小完全取决于经营者的人格，也就是其器量。"（稻盛和夫《成功与失败的法则》）

人才的录用与培养

重视员工的企业不是只有京瓷，特别是在人力资源不足的当下，很多企业都认为人才是公司最宝贵的财富，而且重视人才的措施也多种多样。

比如大阪的基恩士公司（Keyence），公司会把利润首先返还给企业员工，而非股东。该公司员工的平均年收入位居日本第一，公司离职率也极低。又如京都的华歌尔公司，在激烈的工会运动中，破例决定将工会方提出的要求全部采纳。直到现在，华歌尔公司仍将"基于相互信任的经营"作为口号。

但是，京瓷公司的"员工第一主义"却独树一帜。对他们来说，最大限度地激发员工的工作热情和潜能，给予他们稳定的经济收入和精神成长的环境，就是重视员工的表现。

松下幸之助曾对员工说："当别人问松下电器是做什么的时候，请回答'松下电器是一家育人的企业，同时也生产电器'。"

正如他所说，京瓷从某种意义上来说也是育人的企业。而公司的各种空巴在这方面也起到了很大的作用。

从松风工业时期起就存在的空巴，在京瓷成立后，其重要性得到了进一步提升，形态也实现了进化。在空巴文化中，全员参加是一个基本原则。从决定当天空巴的主题、时间表和座位表开始，空巴就已经开始了。

在京瓷，上司给下属斟酒是很正常的事。不仅如此，上司甚至还会亲力亲为，为下属准备火锅。这也是下属从上司身上学习如何关怀他人的"道场"。在这里，不许自斟自饮，要留意周围同事的酒杯是不是快空了，及时给别人斟酒。这样的话，也就没有必要自己给自己斟酒了。

一般公司的酒会结束就结束了，而京瓷的空巴结束语则是对当天谈话内容的总结。另外，就算在空巴上喝得再晚，"第二天也要分秒不差地照常上班"，这是京瓷不成文的规定。

稻盛在和部下们一起欢聚畅谈时，也不忘锤炼自己的"语言"。这些语言充满了力量，哪怕喝醉时听到，第二天醒来后也会余音缭

第一个叠层 IC 封装产品

刚开始生产的滋贺蒲生工厂

创业时的空巴场景

（1968 年 6 月，于滋贺的怀石料理店招福楼）

绕，令人回味良久。

"语言就是神。"[1]

虽然这是《圣经》里的话，但在企业经营领域，名家的语言也具有独特的力量。他们如果觉得无法用现有的语言准确地表达自己的意思，就会自己造词。实际上，无论是"哲学"（philosophy）、"阿米巴"（amoeba），还是"空巴"（compa），都已超越了词语原本的含义，而成为具有浓郁"稻盛思想"的新词语了。

"如果下属问'我们今后的发展会怎样'，经营者就要毫不犹豫地回答'我们会发展到这个样子'。如果做不到这一点，那么他就没有资格当经营者。"

稻盛始终对未来的发展蓝图非常清晰，不断努力向部下讲述未来的愿景。在象棋和围棋的世界里，专业棋手的前瞻性往往超乎人们的想象。而在商业世界里，专业的经营者也应如此。

"看不见可不行。"

"你还没有看到。"

稻盛经常这样说，因为他自己看得很清楚，希望别人也能看到。

创业初期，京瓷在人才招募方面遇到了很多困难。因为公司刚成立，还看不出未来的发展前景，所以即使去大学的就业科招聘毕业生，也没有人理睬。在招聘这一点上，松风工业时期还相对较轻松。

"京瓷？这个公司是做什么的？"

首先必须从公司的业务开始讲解。如果连就业科的人员都搞不清楚，想让学生了解显然就更加困难。

稻盛认为招聘进来的员工必须足够了解公司的情况才行，否则员工即便是稀里糊涂地被招进公司，也会很快辞职。于是，从 1965 年

1　中文将《圣经》中的这句话译为："道就是神。"这里的"道"，英语中为"word"，意为语言。——译者注

开始，公司采取了和应聘者一边共进晚餐一边饮酒的方式面试，就像是空巴的实习生版。就这样，终于陆陆续续地吸引了一些优秀人才加盟。

但是，京瓷是个严格的公司，也有很多员工无法在空巴中吐露真心，不愿意"统一思想，形成合力"，最后选择离开京瓷。

但是，稻盛从不妥协。

"不能与京瓷的经营哲学产生共鸣，不能和我'心心相印'的人可以辞职。或者说，我希望他辞职，因为这样的员工即便勉强留下来，也不过是留下隐患。"

稻盛的这个想法始终都没有改变。

京瓷当年的离职率很高，但那些留下来的、和稻盛一条心的员工都有着很高的职业道德。

现在，若去拜访位于京都南郊的京瓷总公司，就会看到一楼的电梯大厅里矗立着稻盛的青铜半身像。这不是公司设置的，而是员工为表达感谢之情而赠送给稻盛的。

采访稻盛的时候，当被问到录用新人时最看重什么，他立刻回答："人品。"

若再问及是否会参考应聘者大学时期所学的专业时，稻盛会强调："人品，我们只看这一点。"

录用员工时不重视学历，应该是稻盛和松下幸之助的共同点吧。

稻盛说过这样一段话：

"著名的（思想家）吕新吾[1]所著的《呻吟语》一书中，曾有过'聪明才辩乃第三等资质'的阐述。也就是说，聪敏、有才能、能说会道是作为领导的第三等资质。而第一等资质则是'深沉厚重，公平

---

1 吕新吾：中国明代政治家、思想家。——作者注

无私'。意思是，最出色的人格，就是能有深思熟虑、谨慎稳重的性格，而且还要公平无私。我之所以不怎么录用'才子'，是因为才子往往会忽视眼前的事情。正因为才子能看见很远的地方，所以不知不觉就会厌恶像乌龟一样的步伐，不肯踏踏实实过好今天，总想着像脱兔般走捷径。然而，因为过度急于求成，有时会在意想不到的地方跌倒，这样的事情不在少数。"（稻盛和夫《实践经营问答》）

京瓷在成为知名大企业之后，优秀员工也进来了很多。但是，在选拔高级管理干部时，稻盛总感到什么地方还有些不足。

"挑选大学毕业、能言善辩的员工当董事，公司真的能顺利发展吗，还是应该选择了解商业本质的员工当董事呢？"

正是因为有这个想法，所以稻盛认真考虑过，让那些可能升任董事的候选人，在夜间去摆一段时间的"乌冬面摊"。

"让他们每个人都开一间乌冬面摊，给他们 5 万日元作为本金。不论是白天还是黑夜，必须每天都拉着摊子四处叫卖。试试看几个月后能把这 5 万日元变为多少钱带回来。这期间，他们不用来公司，但公司会按时给他们发工资。"（稻盛和夫《京瓷哲学》）

虽然没能将上述想法付诸实施，但据说稻盛原来最希望他们体会的是"定价即经营"。用什么样的鲣鱼干和海带熬制高汤，材料费一共要多少钱，相对于成本，又该如何定价。

稻盛坚信："经营者的才智是在定价的过程中体现出来的。"

来自 IBM 的订单

在接受大量国外订单的情况下，京瓷不能总是租借宫木电机的厂房作为总公司了。于是 1966 年 3 月，在迎来公司成立七周年之际，稻盛终于决定将总公司的职能从京都迁往滋贺，并果断投资 1 亿日元，增建了滋贺工厂。如果换算成现在的货币价值大约是 4 亿日元，并不是很大的一个数字。

4 月，两栋工厂楼、一栋两层的员工宿舍楼相继竣工。过去只有一栋工厂和木制平房宿舍的滋贺工厂一下子变得充满生机。

接着，在 1966 年 4 月又传来了一个好消息。

IBM（国际商业机器公司）发来了 2500 万个 IC 氧化铝电路基板（厚膜集成电路用基板）的订单。当时，京瓷的年销售额仅有 5 亿日元，而这笔大宗订单的总价却高达 1.5 亿日元。可以想象，当时的京瓷员工有多么兴奋。

当时，稻盛正难得地和家人在福井的海水浴场度假。得知这个消息后，他急急忙忙赶回总公司举行空巴，毫不吝啬地点了很多牛肉火锅庆祝。随后，意犹未尽的员工们又兴奋地跑去八日市的酒吧街继续狂欢。

不管怎样，IBM 开阔的胸襟实在令人钦佩。这个电路基板将会被使用在 IBM 的大型通用计算机"系统 360"上。"系统 360"可以说是 IBM 的代名词。而他们居然最终选择把这个最重要产品的核心部分，委托给一家名不见经传的日本中小企业生产。京瓷战胜的竞争对手是罗森塔尔、德古萨等一批代表德国一流水平的陶瓷企业。IBM 未被这些企业过往的业绩和名气所吸引，公平地评价了投标企业的技术实力。

以此为契机，稻盛也学习了 IBM 的发展历史和企业理念，并把写着 IBM 座右铭"THINK"（思考）的牌子放在了自己的办公桌上。那是他在对 IBM 这一世界第一的计算机公司表达的深深敬意。

为了顺利完成 IBM 的订单，稻盛立刻备齐了 30 台自动冲压机、两座大型电炉以及测量精度的万能投影测量仪等所需的最新设备。并且，从原料调配、产品成形到烧制，几乎所有的制作工序都由稻盛亲自在现场指挥。

实际上，在这个过程中又出现了问题。因为在接受订单阶段，IBM 所要求的产品并没有已经做好的成品存在。所以，京瓷必须根据对方发来的产品规格书进行制作。而且，IBM 对产品质量的要求又异常严格。

试制了很多次，都失败了。接到订单时的兴奋与喜悦恍若一场空，人人都变得面色苍白。

因为舍不得浪费从京都到滋贺上班的时间，稻盛住进了滋贺工厂的员工宿舍里。在那间放了双层床的宿舍里，下铺睡着的是同样家在京都的常务董事杉浦正敏。

日复一日，产品的试制周而复始。

"做出来了！"稻盛高兴得跳了起来，却发现那只是一个梦——这种小说般的场景在现实中并没有出现。

"对了，试试改变一下调和的比例吧。"受到打击的稻盛突然有了新的想法。

睡得迷迷糊糊的他起床去了工厂。尽管已经是深夜了，电炉前还有人影。大家那么晚还在努力地尝试、挑战。

尽管如此，却依然没有出现想要的结果。据说，一位现场的负责人因为想尽了一切办法都找不到解决问题的方案，双肩颤抖，无助地流下眼泪。稻盛问他："你向神祈祷了吗？"

"只要尽力了，不成功也没有什么遗憾。"一般人都是这么想的。但稻盛却告诫员工，那仍然是一种妥协与放弃。稻盛心里"绝不放弃"的门槛比以前又抬高了，达到了另一个境界。

稻盛不仅对下属严格，对自己也十分严格。

"有一次，稻盛先生偶然和部下走在京都的街头，百货商店的墙上挂着'男士西服新春大甩卖'的巨幅广告。稻盛路过时稍微看了一眼。据说，后来他喃喃自语地说：'我真是个笨蛋，看什么大甩卖的广告啊。没把精力集中在工作上，真丢人。'"（大田嘉仁《日航的奇迹》）

他们就是这样全神贯注、严以律己，怀着对神明祈祷的心努力拼搏，终于制作出高品质的产品。努力到这种程度，甚至会让人觉得，这难道不正是稻盛他们的"愿望"不断结晶，最后以产品的形式呈现出来的吗？

京瓷顺利从 IBM 那里取得了样品合格的通知后，开始完善批量生产的体制，并于两年后交付完成了 IBM 的这批订单。

"我们公司得到 IBM 高度评价的消息，很快传遍了国内的电机、电子制造厂家。"

就任社长及京瓷会计学

结束了两次国外考察之后，稻盛却开始感受到强烈的焦躁感。

虽说京瓷公司每年都保持着盈利，但在销售额方面，1965 年 3 月为 2.48 亿日元，1966 年 3 月为 2.98 亿日元，基本处于停滞不前的状态。1967 年 3 月的财年决算虽然达到了 6.44 亿日元，但还是赶不上全球市场的发展速度。

"只要稍一放松，就会被飞速发展的世界所淘汰……"

稻盛终于开始采取行动。他下定决心后，去劝说青山，希望让自己担任社长。

在一般公司，根本不可能发生这种事。按程序来说，继任社长一般由现任社长征询本人意见之后，再经董事会的审批同意，并通过股东大会决议后才能走马上任。况且，青山的任期还剩下一年。

但青山立刻明白了稻盛的意思。迟早要让稻盛出任社长的，这是从京瓷创立伊始，所有创业成员早已达成的共识。

就这样，在 1966 年 5 月 23 日，也就是从 IBM 接到大宗订单的第二个月，稻盛满怀信心地就任了社长。那年他 34 岁，处在创业的第八个年头。顺带说一下，青山还有一位与稻盛同龄的儿子（令道）。他进入京瓷后，作为专务董事一直支持稻盛的工作。

稻盛刚上任就开始变换经营思路，着手重大改革。他首先进行了新的人事调动。高桥基、上西阿沙、西田富三郎（后来的常务董事）三人被任命为公司董事，由北大路担任监事一职，倍增了董事的人数，并且明确了各自承担的职责。其中，将上西晋升为董事的目的，是向国内外展示京瓷今后将致力于拓展国外商务活动的意图。

7 月，增资 1000 万日元，用于完善滋贺工厂的增产体制。同时，为了提高接受订单时的沟通效率，还在滋贺工厂和东京营业所之间导入了电传。又把东京营业所迁到银座三丁目的大楼，强化了销售体系。

第二年 1 月，在公司经营方针发表会上，稻盛提出月产 1 亿日元，每小时附加价值 1500 日元的高目标。这一目标很快于同年 6 月实现。但是，稻盛并不满足于这点儿成绩。8 月 7 日，在举行的月产 1 亿日元达成庆祝仪式上，他又提出了月产 2 亿日元的新目标，并于次年 12 月顺利完成。

稻盛出任社长以来，公司销售额的增长速度十分惊人，并清晰地表现在数字上：京瓷在 1967 年度的销售额是 10.4 亿日元，1968 年度达到 19.2 亿日元，1969 年度为 44.2 亿日元，而 1970 年度更是取得了 70 亿日元的好成绩。业务量之所以能以翻倍的速度增长，是因为稻盛在销售、研发和生产方式等各方面，都在原有的基础上进行了改进。

强大的领导力形成了自上而下的力量，各个阿米巴形成了自下而上的力量，两者之间像巨大的齿轮般形成了咬合，从而让京瓷处处呈现出生机勃勃的景象。

尽管稻盛非常喜欢阐述未来的梦想，但在经营目标上，他一向只制定短期目标。

"要问为什么只制订短期计划，那是因为如果制订中长期计划，并以该计划为基础增加销售额，那么就必须为此增加相应的人力和设备。就有可能出现只有资金先行投入，但结果难测的现象。"（稻盛和夫《提高员工积极性的 7 个关键 稻盛和夫经营问答》）

这和"只买一升"的原则是一个道理。正因为眼前的市场呈现出剧烈变化，短期计划才能有效地发挥作用。这一思维方式在比当年市场变化更为剧烈的现代社会也十分适用。

后来，在稻盛成立第二电电时，他还是坚持不断地制定并达成短期目标的做法。当时，竞争对手 NTT 已经制订出超长期的宏伟计划。所以，分析家批评说："第二电电没有愿景。"他们认为稻盛没有见识，描绘不出企业未来的发展宏图。

然而，10 年后发展得如何？由于无法预料的市场环境的巨变，NTT 也不得不朝着和自己确立的目标完全不同的方向发展。

稻盛是这样说的：

"不断思考，一步一个脚印地认真工作，自然能够看到明天。但是，却还是看不到后天，也没有必要去看。每前进一步就能看到下一步。通过如此一步一步努力积累，就一定能够成就企业的未来。"

稻盛知道自己不可能一个人管理公司内大大小小所有的事务，所以只要将工作委托给他人，他就会完全放手。比方说，从创业时期开始，他从未数过公司保险柜里的钱，也没有在支票上盖过章。但是，如果资金管理不善，就会出现问题。为了杜绝违规行为的发生，京瓷严格推行了"双重确认"的制度。

平时，装有银行印章的印章箱被保存在公司的保险柜里。财务负责人虽然有印章箱的钥匙，却没有保险柜的钥匙。每当财务负责人结算账目的时候，均由其他负责人从保险柜里拿出箱子，待确认财务负责人盖章之后，再把箱子放回保险柜里。在此期间，两个人都要一起行动。同时，为了防止有人单独打开保险柜，保险柜钥匙的持有者和知道保险柜密码的人也是分开的。

京瓷自创办以来，就针对可能发生违规行为的部门实施双重确认的制度。对于物品的采购，采购需求方、采购方和验收方（检查所采购的产品有无问题的人），三者必须由不同的人担任。这么做不是因为不信任员工。稻盛采用了让人没机会犯错的机制，全然出自"不让员工滋生不好的想法"的一片父母之心。

财务上的事，他也绝不委托给他人。

因为在财务会计领域需要具备专业知识，所以按照现在的说法，一般企业都会指定精通这一领域的人来担任 CFO（首席财务官），而社长则作为 CEO（首席执行官）专注于经营。京瓷也于公司成立第 8 年聘用了斋藤明夫这位优秀的财务部部长。

斋藤毕业于旧制神户商大，进公司时已经 50 岁了。他是一位从第二次世界大战前就负责上市企业财务的专家。

稻盛经常对斋藤提出疑问：

"销售额提高了，利润也增长了，你却说没有现金。那么，赚来的钱都去哪儿了？"

"这用一两句话说不清楚。有的购买了设备，有的变成了库存，还有的变成了应收账款等。因为手头没有现金，所以需要向银行贷款。"

"既然不得不向银行贷款，那就不能说公司盈利了吧？"

"不，公司在财务上是盈利的。"

起初，稻盛问的是那些让斋藤感到太过肤浅的基础问题，但稻盛对原理、原则不断地刨根问底，问题逐渐逼近了企业财务的本质。他从而制定了"资金运用表"，明确了资金调配和用途，弄清了手头资金的流动情况。

无论是过去还是现在，因为企业周转资金不足而破产的公司比亏损而破产的公司还多。这就是所谓的"资金周转型破产"（流动性破产）。稻盛尽管是外行，但他已经注意到，对于企业的经营者来说，准确、细致地掌握资金的流动情况非常重要。

最近，美国互联网企业亚马逊公司因高速发展而备受关注。与资产负债表和利润表相比，亚马逊公司更重视资金流动表。亚马逊公司把资金流动表放在结算三表之首，也许是时代终于赶上了稻盛的思维方式。

于是，"外行"的稻盛对长期以来的日本的商业常识提出了异议。

稻盛宣布不再用支票支付，而全部采用现金付款。这样做的一个好处，当然是可以更便宜地买到产品。

"因为我们会交定金，所以请再便宜一点儿吧。"这样的话语，在采购材料时发挥了巨大的威力。

用现金支付，就必须有周转资金，这会导致资金周转型破产的风险增高。但是，正因为稻盛牢牢地掌握了企业资金周转情况，他才能够拥有"现金支付"这一有力的武器。

起初，被这些"幼稚的问题"折腾得头痛不已的财务部部长斋藤也察觉到了稻盛"不拘泥于所谓的'常识'，而用自己的头脑彻底思考"的做事态度，并为自己做事不追究原理，只会照本宣科而感到惭愧。

后来，稻盛的会计思维方式被称为"京瓷会计学"。优秀的经营者往往会开创出自己独特的经营学，稻盛也是如此。

稻盛在技术上不断追求最前沿、最尖端的同时，在处理会计事务及财务方面却坚持稳扎稳打，彻底保持保守的风格。

首先，在处理会计事务方面，他坚持要求将现金流动和发票一一对应。也就是说，绝不用一本糊涂账来处理。

同时，还要不断地努力，该作为损失计入的东西就应该尽早计入。

具体来说，即便是被允许延迟的试验研究费、开发费、新股发行费等，也尽量不要结转，而是作为费用直接扣除。万一出现不良资产，稻盛就规定必须迅速作为损失处理掉。

如果认为京瓷的财务工作既然如此踏实、稳固，那么税务署就一定很满意了，其实不然。他们希望京瓷能够提前缴纳税金，所以希望京瓷能提前计入利润。因此，税务署与以稳健经营为目标的稻盛之间经常发生争论。

京瓷还试图通过严格的资产评估来掌握经营的实际状况，其中最具代表性的就是"陶瓷石块论"。

稻盛说："我们公司的陶瓷都是以高科技为基础，为满足某些特殊用途而制作的。正因为要实现那些特殊用途，才能产生高附加价值。一旦不具备这些用途，就完全没有价值了，如普通石头一样，连扔掉都要费一番力气。"

他指出：原则上来说，多余的产品、长期库存品都不应该计为资产。

就连盘点库存，他也不交给他人，而是自己来做。他和负责人一起在仓库里检查货品。

"这种产品不是从 3 年前就一直没卖出去过吗？快扔了。"

就这样，他一边四处检查，一边做出各种具体指示。

《税法》中规定，机器折旧时间为 10 年，稻盛对此产生了质疑。

"陶瓷的硬度仅次于钻石。用于切割陶瓷的机器，无论如何都会磨损得比较快。所以，我们决定将折旧期从 10 年调整为 3 年。"

倘若折旧期为 10 年，企业利润可以大大增加。尽管如此，稻盛还是选择了 3 年折旧期。

在模具方面，稻盛也存在同样的思考。《税法》规定，10 万日元以上的模具就应计作固定资产，按两年的折旧期处理。但是，因为陶瓷的硬度非常大，模具根本无法用到一年以上。稻盛将制陶模具的这一特点向税务署进行了解释。交涉的结果是，税务署认可京瓷的模具费不论金额大小，在获得模具的同时就可以将其当作经费处理了。

这样一来，财务报表就能准确地反映出企业的实际情况。比起追求一时的利润，稻盛更希望能准确地掌握"自己公司当下的真实状况"。这是非常重要的事情。通常来说，如果不了解"自己公司当下的真实状况"，经营者是不可能做好经营判断的。

"京瓷会计学"中，除了上述几点，还有各种各样的方法。但是，稻盛说，改善财务状况的根本，就是在任何情况下都要尽力做到"销售最大化，费用最小化"。

在费用中，稻盛对于设备投资或人员增加之类的固定费用的增加尤为慎重。在制订下年度事业发展计划时，企业如果打算让销售额增长百分之几，就要做出相应的员工数增加多少、多租借事务所等诸如此类的预算，但稻盛禁止这种做法。

若人员增加，销售额却没有增长，一般人就会找个借口：

"哎呀，大家都已经很努力了，但是现在经济有些不景气，所以销售不太顺利。"

稻盛看透了预算制度的本质，那就是只能确保花出去的费用，而对于进账的计划，人们却总会找各种借口加以搪塞。他要求对需要花费的金额提交书面申请，按此审批，以尽量减少不必要的开支。

之后，在稻盛着手重建日航之时，发现该公司简直就把预算变成一种既得权益了。于是，他禁止大家再使用"预算"一词。而这种想法早在京瓷时代就已经存在了。

京瓷没有销售面向大众的零部件，也不需要在广告费上花钱。据说，1997年的时候，就发生了这样一件事：

曾任副社长的山本正博从中国上海出差回来，看到去往机场的路上广告牌林立，回来就对稻盛说："京瓷在中国的知名度很低，我们是否考虑也做些广告牌？"

稻盛头都没抬，回答道："没这个必要。这种想法就是霸权主义。我在世界各地的机场看到那么多日本企业的大型广告，心里觉得很不舒服。"

"会长，您这样说的话，我们的产品就很难卖出去啊。"山本想继续坚持自己的意见。

但是，遭到了稻盛的断然回绝："如果一定要那么做，我情愿卖不出去。"

"决算报表是经营者意志和执行力的产物，也是对企业经营的考核表。"

"决算表里有故事。"

"看决算表就像读小说一样有意思。"

这些都是稻盛的名言。

如果京瓷有30个部门，就会有30份利润表。稻盛都会一一过目。每当他看到这些报表，各个部门员工的工作状态和领导的身影都会浮现在他眼前。

"上个月开会时，我是那么说的，那家伙还认真地听进去了。哈哈，原来他是这么干的啊，干得不错嘛。"稻盛会这么想。

所以，在业绩报告会上，稻盛绝对不允许高层干部说"我是技术人员，只在理工系里学过物理"之类的话。

据说，稻盛甚至冠以"帝王学"的名号，向高级管理人员讲解看财务报表的方法。

在增加企业内部利润留存的同时，他也注重资本的充实度。在京瓷迎来成立 10 周年纪念之际，稻盛先后进行了 10 次增资。他之所以不断地增资，大概是因为他有不增加贷款的想法，以及对将来上市的一种准备吧。

稻盛完全沿着经营的大道笔直前进。在事业迅速扩大的同时实现稳健经营是一件极其困难的事，然而，稻盛却敢于二兔同追、两全其美。

将自己的才能百分之百地用于公司

据说，日本首家保全公司西科姆（SECOM）的创始人饭田亮平日说起稻盛时，常用"他是位经营天才"来评价。

稻盛对自己的经营才能开始具备自信时，曾对周围的人说："如果不能将自己的才能百分之百地用于公司，我会过意不去的。在一亿几千万的国民当中，只有数人具备与生俱来的经营才能，而我恰好是其中之一。拥有这样才能的我，又怎能不为公司殚精竭虑呢？我总觉稍有疏忽，公司的生命就会消失。因此，企业的领导者必须不断地为企业注入活力。"

但是，如果一直考虑公司，人就会变得过度兴奋。所以，那些著名的企业家会常常抽出一些时间让自己的内心静下来。比如，松下幸之助闲暇时会沉浸于茶道或冥想之中，晚上也会去女性那儿寻求安慰。

京都以花柳界著称，稻盛的老大哥、华歌尔内衣的创始人塚本幸一也常在只园缓解企业经营的压力。不过，他缓解得似乎有些过头，被人称为"只园夜店之王"。

年龄比稻盛正好大一轮的塚本幸一是稻盛的知音，并对稻盛这个晚辈怀有深深的敬意。

塚本和稻盛在与其他经营者一起喝酒时，发生过这样一件事。当时，稻盛又像往常一样，"极度认真"地讲述自己的"经营哲学"。一位年轻的经营者轻率地插嘴说："稻盛先生，我不这么认为。我的人生观和您所说的不同。"一听这话，原本一直笑眯眯地喝着酒的塚本霎时脸色一沉。接着，店里响起了他的怒喝："喂，像你这样的人有资格说这种话吗？！"

塚本的声音原本就很大，那位年轻人像遭了雷劈似的，身体都僵住了。

塚本接着说："连我都对稻盛很是佩服，在经营哲学方面，连我都插不上话，你却大言不惭，说什么'我不这么认为'？你可真敢说啊！"

从这个小插曲可以看出，塚本对稻盛给予了何等高度的评价。

在这里想稍微介绍一下和稻盛结下深厚友谊的塚本幸一。

塚本是英帕尔战役的幸存者，这场战役被称为太平洋战争中最悲惨的作战行动。他所在的 55 人小队中，只有 3 人生还。

稻盛说："塚本先生认为自己要替已故的战友好好活下去，要参与建设战后的日本。他的愿望非常纯粹。"

塚本的公司是靠胸罩及束身衣之类的女性内衣而闻名于世的，而这类商品在第二次世界大战前是没有的。作为男性经营者，多少有些不好意思，如果没有强大的决心，是很难生产和销售这类女性商品的。而且，他还选择在风气极为保守的京都创业。仅凭这一点，就能让人感受到他的气魄。

有人在背后说他的公司是"女人的兜裆布店"，他也毫不在意，还自我解嘲，笑称自己是"色情公司的色情老板"。

第二次世界大战前的日本打出了"奢侈是大敌"的口号，女子就连烫发都不被允许。在对此重新审视的基础上，塚本有一个坚定的信念，那就是第二次世界大战后的日本应该成为"实现女性'美丽'梦想的国家"。

塚本在战争中越过了死亡线，创业后又几度战胜经营危机，终于使华歌尔成长为代表日本的跨国大企业。

在以欧姆龙、任天堂、堀场制作所、村田制作所、罗姆等个性独特的优秀企业辈出而闻名遐迩的京都，不久，华歌尔就成了这些战后的创业型企业的一面旗帜。而塚本作为京都商工会议所的会长，也提出了"文化首都京都"的口号，为搞活关西经济圈尽心尽力。

塚本有着明星般帅气的外表，在只园艺伎中是数一数二的受欢迎人士。这位京都第一花花公子和可以说是京都第一古板、认真的稻盛，却非常投缘。

"小稻，今晚有空吗？"在塚本的盛邀下，稻盛也终于正式在花柳界露面。然而，无论稻盛被塚本带去只园多少次，他都不会像塚本那样放得开。总之，他就是个不懂得享受的人。

稻盛对金融界举办的活动也不积极。但塚本却为稻盛初次进入金融界做了准备。

塚本的人脉不限于京都，十分广泛。他将很多一流的政界、金融界人士介绍给稻盛，让他有机会和这些人交流。可以说，稻盛的人脉几乎全部来自塚本。

例如，索尼的盛田昭夫，牛尾电机的牛尾治郎，西科姆的饭田亮，三得利的佐治敬三，村田机械的村田纯一，养乐多的松园尚巳，等等。

塚本提议创建一个和这些人进行社交的俱乐部。他对稻盛说：

"小稻，你也出点儿钱吧！"然后，他们在只园的花见小路开了家名为"ELEVEN"（十一）的店。

开这家店本身就不是为了盈利，当然，维持运营也还是需要费用的，因此从一开始就一直亏损。决定关闭"ELEVEN"的时候，塚本都已经过世了，而清算后的债务基本都是由稻盛来承担的。

不过，在后面提到的第二电电成立之时，这些俱乐部的成员中有不少人给稻盛提供了帮助。而这些都应当感谢塚本，因为是塚本把他们介绍给了稻盛。

1968 年，传来了一个好消息。京瓷获得第一届中小企业研究中心奖。这是通产省外围公益团体机构中小企业研究中心面向全国中小企业实行的表彰制度。京瓷在首次表彰中就光荣获选，这也是京瓷公司第一次获得官方的奖项。

几年之后，一些获奖企业曾聚在一起，谈论起奖金的用途。

大多数人都说"奖金用作研发经费了"，只有稻盛答道："我为了回馈员工们的辛苦劳动，拿去喝酒了。"引来大家的一阵哄笑。但是，稻盛本人却非常认真。他坚信，那才是奖金的正确使用之道。

技术研发的倾向性反映出厂家的特色。创业时期的索尼以及早川电机（1970 年更名为"夏普"）虽然也经常生产出革命性的商品，但由于太过超前，很多时候还是被松下电器抢占了先机。

"索尼靠的是实验材料，夏普靠的是先进电机。结果，却是善于模仿的松下取胜了。"

那么，京瓷是凭借什么取胜的呢？他们根据客户的订单试制样品，在此基础上再听取现场的反馈加以改进，最后做出令客户满意的产品。索尼和夏普开发新产品，松下电器对这些产品进行改良后畅销市场，而京瓷却将从研发到改良的整个过程都在自己公司内部完成。

因此，京瓷还能节约研发经费。直到 20 世纪七八十年代，京瓷的研发经费仅占营业额的 1%，这在高精尖科技公司里算是极为罕见的。但同时，京瓷却绝不放过任何盈利的机会。

即便研发出来的产品未能满足客户的需求，他们也会很自然地想着："如果用在别的用途上，会不会畅销呢？总之，先试着卖卖看吧。"

对不顾一切、不断努力的他们，神也忍不住露出了微笑。

1969 年春天，京瓷接受了来自仙童半导体公司的用于 LSI[1] 的高密度封装的试制委托。这是从前 TI 公司的技术人员试制并展示的产品无法比拟的、构造更为复杂的多层 IC 封装。

"把两块 25 毫米长、0.6 毫米厚的印刷电子电路的陶瓷板叠在一起，且在这两块电子电路板之间通过 92 个 0.25 毫米的孔接通电流，还要向四周引出 36 条焊脚。这远远超出了当时京瓷的技术能力。"（稻盛和夫《敬天爱人：从零开始的挑战》）

对方说希望三个月之内研发出来。稻盛还是像以前一样，先接下订单再说。

虽然不具备在陶瓷板上打直径 0.3 毫米小孔之类的技术，但京瓷还是凭借惊人的毅力，攻克了一个又一个难题。但是，要通过极细小的 92 个孔来确保电路的连接是非常困难的。烧制陶瓷板时，金属制作的电路就会跟着烧起来。更麻烦的是，无论怎么做，两块陶瓷板都无法紧密地贴合在一起，不管怎样都会翘起来。

"只有在紧迫的情形之下，创造之神才会出手相助。也只有用真挚的态度去面对事物时，神才会打开创造之门。在休闲和安逸中创造产品，只不过是痴人说梦罢了。"（稻盛和夫《敬天爱人：从零开始的挑战》）

1　LSI: Large-Scale Integration，大规模集成电路。

这是稻盛的名言之一。

又一次，神为京瓷打开了创造之门。

经过一番苦战，京瓷终于不负众望，成功试制出了产品。而在研发该产品的过程中掌握的层压技术，被用于提高公司的主打商品 IC 封装的品质。

进军全球

1968 年 2 月，京瓷公司首次派遣驻国外工作人员前往洛杉矶，准备开设办事处。同年 8 月，驻美人员办事处在洛杉矶丸红饭田内开张，并以此为据点，开始了波涛汹涌的海外攻势。

第二年的 7 月 2 日，京瓷在美国加利福尼亚州北部的萨尼贝尔市设立了当地企业京瓷国际，开始构建海外销售体系，将同日竣工的川内工厂生产的 IC 封装产品销往全世界。

之后，1970 年，在盛大的大阪世博会举办之际，京瓷又收购了仙童半导体公司主动出售的圣地亚哥工厂[1]，开始正式进军美国市场。

圣地亚哥工厂是仙童半导体公司投资约 100 万美元、拥有最尖端设备的现代化工厂。然而，在半导体业不景气的情况下，为了实现经营的合理化，仙童半导体公司以向京瓷公司稳定地提供了 IC 封装订单为条件，提出出售圣地亚哥工厂。

起初，稻盛并无意收购，因为这个工厂每个月有高达 10 万～20 万美元的赤字。但随着谈判的深入，收购价格不断下调。稻盛仔细想了想，由于贸易摩擦不断激化，美国将来可能会限制电子零部件的进口。为了防范这一风险，在当地有一个调配据点也很不错。

---

1 被京瓷收购后，京瓷将其改名为"KII 圣地亚哥工厂"。

稻盛和夫 的人生哲学

稻盛对自己的经营方式很有信心，认为绝对能扭亏为盈，于是决定收购。就这样，1971 年 3 月，被收购后的圣地亚哥工厂重新"出发了"。

恰好在这一年，麦当劳在日本的第一家店在银座三越开业。第二次世界大战后经过 26 年，日美两国的隔阂逐渐减少。但遗憾的是，稻盛却依然深切地体会到两国在经营风格上的差异。

那是稻盛去美国视察工作时发生的事。他总是像往常一样提醒员工："那样做有些不太好，请你这样做。"

稻盛在日本国内也经常巡视现场，看到有东西掉到工厂的地上，就会命令工人立刻捡起来。他认为，如果掉的是材料的话，会造成浪费；如果是垃圾的话，又会有混入材料中的危险。而且，职场是一决胜负的地方，也是神圣的场所。稻盛是不允许有人把那儿弄脏的。

"粗枝大叶的人只能做出粗糙的东西。"这是稻盛的信念。文件没有摆放整齐，他也会大发雷霆。

虽然稻盛一直都是这样做的，然而，这次却受到了工厂厂长的指责：

"在现场直接指挥工作不是母公司社长应该做的。您只要指挥我们工厂的厂长及以下的管理干部去做就可以了。在美国如果像您这样，会被现场的人看不起的，他们甚至会失去在这家工厂工作的自豪感。"

工厂的厂长认为有色人种，并且还是来自战败国的日本人，本来就会被美国人看不起。身为企业老板的稻盛如果被人小看，连他这个工厂的厂长都会很难做，因此才对稻盛如此建议。

但是，稻盛无法接受这种观点。他认为也许价值观和习惯上会存在差异，但是应该坚守的原则就必须坚守。

结果，事情还是向工厂厂长担心的方向发展了。

有位曾经驻扎日本冲绳，当过海军军人的员工顶撞稻盛："我凭什么被小日本训斥！"

198

尽管这名员工被立刻辞退了，但在工厂的厂长看来，这应该是闻所未闻的事。

尽管如此，稻盛并不打算改变自己的想法。因为他坚信"用原理、原则思考"这一京瓷理念应该在全世界都通用。

后来，代替稻盛在此奋斗的，是京瓷的派驻人员。

为了重建圣地亚哥工厂，京瓷从日本派出长谷川桂祐（后来的专务董事）等五人，他们不分昼夜地努力工作着。

为了慰问他们，稻盛趁着在当地出差的周日休息时间，在港口租船带大家出海钓鱼。圣地亚哥的海产十分丰富，大家接连钓到梭子鱼，不时发出欢呼声。

然而，工厂一直没有实现盈利，与当地员工的沟通也不顺畅，大家感觉压力大到了极限。在晚上的空巴上，长谷川他们纷纷委屈得落泪。

"既然这么辛苦，干脆带你们回去吧……"

稻盛也这么想过，但长谷川央求稻盛，无论如何让他们继续干下去，稻盛决定暂时让他们再干一段时间看看。

稻盛回国时，面对前来机场送行的长谷川一行，鼓励他们说："不要害怕失败，把投资在 KII（京瓷国际）的 500 万美元当成花在你们身上的学费就了了。你们要把京瓷精神发挥到极致。只要你们的做法是对的，美国人最终一定会跟着你们干的。" 他还和每个人都一一紧紧地握手。

长谷川说："稻盛先生说的这些话，我们至死都不会忘。"（加藤胜美《京瓷：超成长的秘密》）

这种刻骨铭心的感动深深地铭刻在他们的心底，不断支撑、鼓舞着他们。最终，长谷川他们的执着终于迎来了收获的日子。在收购后的第三年，即 1973 年，KII 圣地亚哥工厂终于成功地实现了盈利。从

出发去国外出差的稻盛

KII 圣地亚哥工厂

那之后，经营走上了正轨。

稻盛绝不像美国的一般企业家那样将裁员视作日常的经营手段，因此他的"员工第一"的经营理念得到了员工的理解，双方建立了深深的信赖。做到这一点，至少花了 3 年时间。

"稻盛主义"并非单纯的精神论，实际上有合理的事实依据。圣地亚哥工厂的员工们逐步理解之后，终于不再抵触京瓷式的晨会了。之前的一切不愉快仿佛都成了过眼云烟。当员工们的脸上浮现出为在 KII 工作而自豪的表情时，"KYOCERA"（京瓷）的名字也开始在全美变得家喻户晓。

在美国还发生过一件令稻盛震惊的事。

稻盛很讨厌乱打电话，京瓷成立时就曾明文规定，禁止上班时间打私人电话。有一次，他在圣地亚哥工厂看到一位男员工打了很长时间电话，而且看样子明显打的是私人电话。稻盛用在日本同样的语气批评了那位员工，然后追问了一句："你刚才往哪儿打电话？"

对方回答"新泽西"，稻盛大吃一惊。

东京到大阪的距离约为 400 公里，而那位美国员工是从美国大陆的西部往东部打电话，从距离上看将近 4500 公里，差不多是东京到大阪之间距离的 11 倍。

顺便说一下，1976 年 11 月，东京到大阪之间的通话费是每 4 秒 10 日元，创下了史上最高纪录。（《NTT 社史》）

或许稻盛责备这位员工，也因为想到了昂贵的电话费吧。假设用这个通话费为基础计算，稍微少算一点儿，通话时间为 10 分钟，东京到大阪之间需要花费 1500 日元，那么如果换作圣地亚哥到新泽西之间的距离，就要高达 16500 日元了。这也难怪稻盛会"大吃一惊"了。

然而，这位员工却反问："老板，你知道我刚才花了多少电话费吗？"

一问才知道，美国的电话费只是日本的九分之一。

尽管稻盛还是批评了那位员工，教育他不能在上班时间打私人电话，但他内心却被美国的电话费之便宜震撼了。而这一震撼，后来产生了深远的影响。

回报故乡

为了建立 IC 封装的生产基地，稻盛开始物色新工厂的厂址，最终选定距离京都很远的鹿儿岛县川内市（现在的萨摩川内市）。它位于稻盛的老家小山田再往西北一点儿的地方。

新工厂的产品几乎全部出口到国外，因此工厂没必要选在商业区附近，反而首先需要考虑的是土地价格这个因素。当然，在日本各地政府都在招商，吸引企业前去办厂的情况下，稻盛将厂址选在鹿儿岛，主要还是出于对故乡的报恩之心。

母亲纪美非常高兴。后来接受杂志采访时，她是这样回答的：

"当儿子对我说'妈妈，我想在这里建厂'时，感觉就像是做梦一样。"

而稻盛的父亲畩市还是一如既往的谨慎，他有些担心地说："搞得这么大，不会有问题吧？"（稻盛和夫《稻盛和夫：母亲的教诲改变我的一生》）

在建设工厂前，稻盛曾多次往返鹿儿岛，因为想吃母亲纪美亲手做的菜，他总是住在父母家里。同行的管理人员也和他一起住了过去。大家在有佛龛的八张榻榻米大的房间里并排睡觉。那是稻盛患肺结核时睡过的房间。一般能住四五个人，多的时候也住过十个人。

尽管这么多人到家里吃住，纪美也没有一丝不悦，精心地为他们准备饭菜。

川内工厂开工定在 1969 年 7 月 2 日。不巧的是，那天下起了倾盆大雨，川内河涨水，桥也禁止通行。但是，竣工仪式的主角是不能缺席的。

水已漫到了铁桥上，稻盛不顾危险，扶着桥栏杆慢慢过桥。令人惊讶的是，他身后还跟着一位年轻女性。

"太危险了，快回去吧！"稻盛顾不上自己的安危，赶紧制止她。

但对方说非过去不可，必须过桥。

稻盛问："你到底要去哪儿？"

没想到她回答："去京瓷。"

"只要有这样的员工，川内工厂一定能成为了不起的工厂。"（稻盛和夫《稻盛和夫自传》）

稻盛感动地拉着她的手一起平安地过了桥。

但遗憾的是，川内工厂实现盈利的道路并不平坦。就像往沙漠里泼水一样，川内工厂需要追加投资。即便如此，还因为出现了次品之类的状况，工厂持续亏损。

"上个月亏损了 2000 万日元，这个月亏损了 3000 万日元。"

稻盛一边说着亏损的金额，一边持续向现场施压。

当然，稻盛并非只会对现场员工施压。参加过川内工厂建设的小山倭郎诉说了这样一段回忆。

小山被任命为标示牌产品研发团队的负责人。因为做出来的样品总不符合标准，急得他晚上睡不着觉。有一天，稻盛从京都飞了过来。

他大致听了一下小山的汇报后，突然说："去游泳吧！"

小山压根儿没这心情，说："交货期迫在眉睫，哪里还有心思去游泳。"

"没关系的，走吧！"

稻盛强行拉着小山，和现场管理团队的员工一起去了附近的海边。他们在海边抓蛤仔用篝火烤熟，然后一边喝着罐装啤酒一边品尝。

"无论工作上遇到多大的困难，也不能失去内心的从容。"

稻盛当时在海边一边举办空巴，一边讲述了转换心情的重要性。（北方雅人、久保俊介《空巴》）

1970 年 12 月，川内工厂终于扭亏为盈。虽说仅用了 17 个月的时间，但对于每个月都把盈利视作理所当然的京瓷而言，这已经是一次漫长的等待了。

从那以后，川内工厂的发展可谓势如破竹。1971 年，川内工厂成为月产量 100 万个的世界第一陶瓷 IC 封装工厂。甚至有人评价，如果没有川内工厂，硅谷的发展速度将大大滞后。

由于该工厂开发了大规模集成电路用陶瓷多层封装的量产技术，1972 年，京瓷公司荣获日本制造业的最高荣誉——大河内纪念生产特别奖。

当时，稻盛的恩师内野正夫先生正身患重病。

内野老师当时已经 80 岁了，因前列腺癌住进了东京三井纪念医院。即便如此，据说他还是常常对陪伴在他病床旁的家人讲稻盛的故事，因为他真的很喜欢稻盛。

在获得大河内纪念生产特别奖的第二年，稻盛在美国出差途中得知内野老师的病越来越严重，直接从羽田机场赶往医院。

他一进病房，就看到躺在病床上瘦骨嶙峋、与以前判若两人的内野老师。

然而，大概是因为看到久违的稻盛而感到高兴，据说内野老师努

力睁大眼睛，用完全不似病人般的中气十足的声音反复说："稻盛，没什么的，没什么大不了的。"（加藤胜美《一个少年的梦》）

大河内纪念生产特别奖的名称来自大河内正敏，他是一位非常出色的科学家。和他工作上有过接触的内野老师对他非常熟悉。所以，当内野老师得知稻盛获得这一了不起的大奖时，真是开心极了。

1973 年 8 月 11 日，内野老师离开人世，享年 81 岁。在鹿儿岛大学遇到一个叫稻盛和夫的爱徒，成为他一生的骄傲。

在川内工厂正式投产三年后，京瓷又建了国分工厂。这家工厂也设在鹿儿岛县，不过是位于鹿儿岛湾最深处的一个市。

之所以在国分建工厂，是因为当时鹿儿岛县知事金丸三郎的热心招揽。他是前自治省次官，后又担任总务厅厅长官的一位大人物。他先后在国分市建了四个工业园区，并负责招商引资方面的工作。

正如鹿儿岛民谣里唱的："雾岛的花，国分的烟。"国分是偏僻的乡村，人口的减少又制约了当地经济的发展。可以说，工业园区建设是搞活地方经济的孤注一掷之举。

鹿儿岛机场的选址已经确定，就在工厂附近，这是一个利好消息。当时，通产省正在推进高技术都市的构想，政府也给前来投资的企业各种各样的优惠政策。在这种情况下，稻盛接受了金丸知事的盛情相邀，决定买下一块地。

但是，知事却说："买一块也是买，买四块也是买。不如多买些。"稻盛最终因为知事的强行推销而多买了几块地。这对于一直强调"买一升"原则的稻盛来说，是极为罕见的。这应该也是为了他的故乡鹿儿岛吧。

但是，后来由于土地升值，出现了一些流言蜚语——"京瓷和知事勾结，垄断了工业园区的用地"，真是令人无奈。

原本在京瓷，投机是被禁止的。即使是为了让资金变得更充裕而需要理财，也严令必须在保本的前提下进行，股票投资也被禁止。在经济高度成长期，虽然银行也曾劝说稻盛投资保龄球场、高尔夫球场等，但他始终都没有答应。正因为如此，这些说京瓷从事土地投机的谣言才令稻盛十分不快。

由于京瓷的进驻，国分市发生了激动人心的变化。

国分市最糟糕的时候，企业法人税甚至收不满 1000 万日元。自从京瓷在那儿投资建厂，1980 年法人税收达到 7.4 亿日元，到了 1985 年超过 14 亿日元。从那之后，国分市便开始不断创下新纪录。地方税收增长率日本第一、工业生产出货量日本第一、人口增长率日本第一，国分市在很多方面都跃居日本第一。

该地区的市民收入一度超过鹿儿岛市，跃居鹿儿岛县首位。不用说，国分的市民都特别高兴。这些确实都归功于京瓷做出的种种贡献。

在这些工厂建设发展的背后，稻盛的哥哥利则也发挥了很大的作用。

利则是在川内工厂开始投产的那一年进入京瓷公司的。他将自卫队训练时正确的行为规范彻底贯彻到车间的各个角落。他这种严格又不失人情味的工作作风，很快赢得了部下们的深深信赖。

但是，稻盛的内心仍然后悔让哥哥利则进入了公司。

公私分明且在经营方面不徇私情是京瓷哲学中的绝对原则。不能因为是哥哥就特殊对待。在这件事上，稻盛表现出了痛苦不堪的克己主义。这是多么左右为难的事情啊。

他可是稻盛最敬慕的哥哥。稻盛小时候就羡慕哥哥在河里捕鱼时的矫健身姿，后来哥哥又义无反顾地留在家乡支撑着整个大家庭。稻盛每次有什么事都会在第一时间询问他的意见。在稻盛当年打算从松风工业辞职的时候，也正是因为哥哥的极力反对，才有了后来的稻盛和夫。

在业绩停滞不前的时候，稻盛就必须在全体员工面前斥责他这位可敬又可爱的哥哥。守护京瓷哲学，就要伴随着巨大的"痛苦"。

稻盛还询问过好友川上是否要加入京瓷，但是川上没有同意。

川上考虑到，自己在久保田铁工公司干得也不错。主要的原因还是，如果离开久保田铁工公司加入京瓷，不知道还能否继续和稻盛保持现在一样的友谊。川上的选择是正确的。

利则后来一直负责新建工厂的工作。

1979 年，利则就任京瓷的专务董事。次年，他成了统管所有工厂的负责人。在解决劳资问题等方面，他也发挥出了自己的才干。1989年他担任监事，六年后卸任。

2003 年，利则患脑肿瘤突然病逝。在追悼会上，伊藤谦介会长在悼词中说："他让我们懂得了什么才是真正的勇气。"其中饱含着全体员工对利则的敬意和感谢。

股票上市

松下幸之助留下了"成功的秘诀就是坚持到成功为止"这句话，但稻盛的执着还在松下幸之助之上。

一般的公司就算设定了研发课题，只要其中一两个能成功就觉得可以了。但稻盛不一样，提出的课题如果不能全部取得成功，他就不会罢休。这让人联想到，稻盛就像一位拿着枪，一旦发现猎物的踪迹就日复一日穷追不舍，不杀死猎物绝不罢休的猎人。

从狩猎这一角度来看，或许稻盛属于狩猎型经营，但事实上，他具有日本人所擅长的孜孜不倦、长时间耕耘的农耕型经营特质。这一点很有意思。比如说，生物陶瓷（人工骨骼，人工牙根）的研发花费了六年时间，而"绿色新月"（再结晶宝石）的开发则花费了七年时间。

如果研发时间过长，产品迟迟无法转化为效益，企业资金周转便会成为问题。前文已经介绍过，京瓷公司成立时，西枝曾以自己的房产作为担保向银行贷款。在那之后的一段时间，京瓷也一直为筹措资金而费尽心思。

万般无奈之下，稻盛与中小企业金融合作社的京都支店长直接进行了谈判。他反复向他们解释京瓷的利润率非常高，完全具备贷款的偿还能力之后，得到了支店长的支持。不过，最终还是以京瓷的机械设备等固定资产作为担保，贷款才得以正式批复下来。而且，贷款下来后，银行还将京瓷公司贷款额的一部分作为存款扣了下来。这样一来，京瓷实际上可用的资金就减少了。没有什么比这种"担保存款"更令人恼火的了。

稻盛对银行的不信任感在那之后一直没有消除。后来，当住友银行表示出合作意向时，稻盛提出"希望能与贵行的行长见见面"。虽说稻盛只是想当面听听银行领导的想法，但刚接触就提这种要求，确实是前所未闻。

经过特批后，稻盛被安排在宽敞的会客室里等候。没过多久，银行行长出现了。他是一位业界都认识的金融界实力派人物。

"你就是稻盛先生吧？听说你今天要面试我啊。"

这位行长一开口就说了句带有讽刺意味的话。接着，当话题谈到稻盛十分重视的京瓷经营哲学时，那位行长说了这样的话：

"稻盛先生年纪轻轻的，却说出像松下先生那样老成的理念和想法来，这样好吗？"

听了这话，稻盛无法掩饰自己的失望。

"经营哲学才是京瓷的经营核心。那位自以为是的银行行长不仅对此加以否定，还挪揄了稻盛一直都很尊敬的松下先生。"

实际上，据说在住友银行的总行里专门设有"松下房间"。住友银行作为松下电器主要合作的大银行，一直都非常重视松下幸之助先生。所以，行长的话绝对不是对松下的"挪揄"，但是，却无意间刺激到了年轻而又敏感的稻盛的神经。

稻盛做出了决定。他无视住友银行的权威，最终选择了住友银行的竞争对手——三和银行（现在的三菱 UFJ 银行）作为京瓷的主要合作银行。

不过，京瓷需要依靠银行支持的时间并未持续太久。

从 1970 年前后开始，京瓷作为高收益企业受到广泛关注。销售额持续同比增长 50% 左右，利润率也基本保持在 40% 左右。这样一来，银行反而想着法子来主动找京瓷谈合作。在京瓷，很少会与银行职员在会客室谈话，大多都是坐在大厅的椅子上面谈。

稻盛讨厌负债，所以在企业经营的过程中，他注意尽量不依赖银行。后来，他开始考虑如何直接从市场上筹措资金，比如说通过股票上市或是发行企业债券等。

从市场上筹措资金虽然有优点，但也有不少的缺点。上市会增加社会信用度，但是伴随着企业信息的公开，日常事务的负担会增大。并且，公司债券的发行成本往往比从银行贷款的成本还要高。特别是在业绩恶化的时候，能依靠的不是市场，而是银行。如果能与具备信息收集能力的银行保持友好合作的话，对企业来说会有很多好处，但稻盛还是选择了自由，他不希望让银行参与京瓷的经营管理。

既然决定这样做，就要有坚定不移的信念。比起效率，稻盛更重视思维方式，他的这一特质在这里也发挥了作用。

当时，正赶上企业上市热潮，好几家证券公司过来做京瓷的工作。其中，稻盛与大和证券的很多想法高度契合。于是，稻盛决定由大和证券来负责京瓷的上市工作。稻盛一旦信赖对方，就会很珍惜相互间的情谊。大和证券在随后与京瓷相关的一系列股权融资过程中，一直被京瓷指定为固定合作商。

在准备上市的过程中，稻盛又与一个人结下了很深的缘分。

他是京都银行的支店长介绍的会计师宫村久治，也是后来的中央审计法人名誉所长。稻盛想委托他做京瓷上市前的审计工作。没想到一见面，稻盛就开门见山，宫村便直接表达了自己的态度：

"有的人会说'差不多就行了吧，不要那么不近人情'，我绝不会和这种人合作。"

突然听到这话，稻盛虽然很吃惊，但立刻挺起胸膛回答，这正是自己所期望的：

"如果您能严格地审查，正是我们求之不得的事。请您一定要多多关照。"

在京瓷即将上市前夕，宫村首先进行审查的对象是京瓷总公司平时很难监管的美国萨尼贝尔事务所。那里的会计负责人是技术出身，宫村觉得那里一定会有问题。

可是，调查完之后，宫村发现事务所里的一切工作都处理得井井有条，现金和账簿全部吻合，没有一日元的差错。

宫村不由得赞叹："这太了不起了！"

宫村对稻盛由衷地钦佩，后来还公开表示："京瓷的财务管理完美得令人惊叹。"

1971 年 10 月 1 日，京瓷顺利在大阪证券交易所第二部和京都证券交易所上市。当时的资本金为 5.6 亿日元。这一年是京瓷成立的第13 个年头，也正好是稻盛就任社长的第 5 年。

关于企业和经营者之间的关系，稻盛是这样解释的：

"经营者既是个人，又是法人代表。也就是说，经营者是企业的

代言人，必须侧耳倾听企业的声音。"（稻盛和夫《敬天爱人：从零开始的挑战》）

稻盛倾听企业声音的结果是，在上市时将公司的利益放在首位。身为创业者，稻盛没有出售自己持有的原始股以套现利润，而是完全以新股发行全部的股票。稻盛优先考虑的是如何最大限度地扩大公司的资金筹措额。

从创业之初起就一直给予稻盛很多帮助的那些支持者虽然也都是大股东，但他们相信将来公司的股价一定会上涨并得到回报。大家也一如既往地赞同了稻盛的决定。

良好的业绩再加上创业者的无私姿态，京瓷股票受到了市场的追捧。相对于 400 日元的发行价格，第一天的最终股价达到了 590 日元。

京瓷上市的第二年，稻盛在年初的经营方针会议上大声呼吁：

"让我们一起构筑京瓷的第二次大发展！"

股票上市是京瓷继续飞跃的重要一步。

在 1972 年一年里，京瓷可谓喜事连连，公司因成功研发多层陶瓷 IC 封装产品而获得大河内纪念生产特别奖、继川内工厂之后的国分工厂的新建以及京瓷新总部的建造等。

新总部选址在京都东南部的东海道本线山科站徒步 15 分钟的地方。那是个面向国道一号线，又在东海道新干线沿线的很"吉祥"的地方。

之所以会被认为是吉祥之地，来自华歌尔公司的飞跃式发展。该公司在 1964 年 9 月，比京瓷公司早一步上市。在上市的第二个月，他们注意到新干线开通，于是在 1967 年，华歌尔公司将总部迁到新干线沿线。

从新干线的车窗往外看，华歌尔公司的广告牌格外醒目，具有极好的宣传效果。外加其他种种有利因素，华歌尔品牌实现了飞跃性的大发展。1970 年的大阪万国博览会上还专门设有华歌尔馆。华歌尔公司从此大踏步地向着"世界的华歌尔"迈进。

就像华歌尔公司的社长塚本那样，稻盛也把京瓷新总部二楼能眺望到新干线的地方作为自己的社长室。那儿实际上是公司最喧闹、工作环境很不好的地方，反而成了社长待的地方。

总公司五楼有个很大的和室房间，正好可以用来举办空巴。

但是，并不是每天晚上都在那儿举行空巴。周二和周五晚上 9 点 30 分左右，京瓷的员工们就会出现在车站附近的中餐馆"珉珉"里，有时稻盛也会过来参加。拉面、饺子配上烧酒是大家必点的几样。

稻盛很喜欢喝烧酒，但并不拘泥于品牌。

稻盛虽然距离美食家相差甚远，但只在一个方面，他非常讲究，那就是"食物必须加热"。

"坐新干线回京都的时候，我不吃车站里卖的便当。冰凉的食物给人一种寒冷的感觉，我很不喜欢。"

他吃天妇罗荞麦面[1]，却不愿意吃冷的荞麦面。对于吃热食这一点，稻盛一直很坚持。

关于稻盛喜欢吃牛肉盖饭的事，在前文中已经有所涉及。此外，他还非常喜欢吃拉面。

"东京的拉面不好吃。要说拉面，还是京都的最好吃。"从稻盛的话里，总能感受到他对京都的爱。

稻盛绝对不是装腔作势、故作姿态。因为日式酒馆和高级餐厅的环境让他感觉不太舒服，所以，他不怎么愿意去那些地方。只有只园除外，因为那儿有他熟悉的老板娘。除了这些酒馆之外，其他的他绝不驻足。

1981 年 1 月，当时京瓷东京营业所还在东京八重洲 KI 兴产东京

1　一般是热的。——译者注

大厦的三楼至七楼。同一栋大厦里有家叫"丰"的很有名的牛排店，他们还专门为京瓷的员工提供特价牛肉咖喱。

稻盛偶尔也会过去品尝。有一次，他问店员："有没有调味汁啊？"

只有在关西地区，人们才会在咖喱里浇上伍斯特调味汁，而东京从没有这样的饮食习惯。既然稻盛问了，店家也只好花了大约 10 分钟的时间专门为他特制了"调味汁"。

然而，刚刚才问过伍斯特调味汁的稻盛却露出不满的表情，坚持说："我没说过要调味汁啊。"

果然，他和知名餐厅之间还是有着无法填补的鸿沟啊。

走出恩人之死的阴霾

前文中曾多次提到过京瓷的空巴，每当空巴赶上年底的忘年会时，就更加热闹了。公司最初的忘年会是在 1959 年举办的，当时的京瓷还只有四十几名员工。从那以后，京瓷每年都会举行忘年会。

公司发展壮大之后，各个部门和工厂都要举行忘年会。到了川内工厂投产的 1969 年、1970 年的时候，全公司共举行了 20 ~ 25 场忘年会，而且都集中在 12 月。也就是说，基本上每天都有忘年会。稻盛参加了所有的忘年会，即便感冒发烧，也没有缺席过任何一场。

1969 年的忘年会结束后，稻盛难得在家里放松了几天。没想到在 1970 年 1 月 2 日突然传来了噩耗，欢度新年的好心情顷刻间烟消云散。

公司一位系长因交通事故去世了。

"有孩子吗？"稻盛担心的是员工家属将来的生活。

考虑到今后可能还会有类似的事情发生，那一年，稻盛发起了京瓷遗孤抚恤金制度。即便是现在，对因意外事故或疾病去世的员工家属，也没见过其他公司有这种优厚的政策。

稲盛为员工着想的心情，和员工们为公司着想的心情，开始完美地融为一体。

对公司员工家属的事情考虑得如此细致、周到，但一换作自己的家人，稲盛反而就完全不合格了。

1960 年 7 月 4 日，长女阿忍，1962 年 9 月 17 日，次女千晴，1964 年 10 月 29 日，三女瑞穗相继出世，稲盛没能为自己的孩子们做足够多的事情。

据说，稲盛曾对他的三个女儿表示过歉疚：

"作为父亲应该做的事，一件都没能为你们做，说起来我真是个很差劲的父亲。不过，我还有好几百个孩子，你们能理解我吗？"

稲盛一次都没去过三个女儿的小学入学式，也没有参加过学校的公开课。

在家里吃饭的时候，他总会说："我能这样和你们一起坐在家里吃饭，是因为公司全体员工努力工作的结果。"之后双手合十，说，"我们吃了。"

有些企业的经营者不会将工作带回家里，但稲盛不一样。对他来说，家庭就是职场的延长线。

他还会给家人看新型陶瓷的 IC 封装等产品，骄傲地说："我们现在就在做这种产品。"

有时，他谈兴正浓，会不知不觉聊到深夜。有时还导致第二天女儿上学迟到。稲盛就是这样，无论是在公司还是在家里，都极度认真。

关于家庭旅行，稲盛会尽可能参加。三女儿瑞穗是青山给取的名字，她上小学时，全家人曾一起出游，从旧金山一路玩到了洛杉矶。

那是最难忘的一段回忆。

"即便没有父母，孩子也会长大"这种话听起来可能有些过分，但稻盛的三个女儿确实成长得非常出色。

长女阿忍在同志社大学经济学部就读，后来取得了应用经济学的硕士学位。学生时代还参加了登山和滑雪社团。研究生毕业后，在设计事务所工作了半年，之后进入稻盛财团。她还是两个孩子的母亲。

二女儿千晴考入了帝塚山大学，最小的女儿瑞穗则进入了大阪艺术大学。

稻盛始终没有忘记让员工拥有梦想和目标。

1972 年，也就是京瓷公司总部迁往山科的那一年，稻盛大声向员工们宣布：

"单月销售额达到 10 亿日元，就去夏威夷旅游！"

上一年度的月销售额只有五六亿日元。从 1 亿提高到 2 亿还比较容易，但把 5 亿变为 10 亿就很困难了。这个目标太难了，于是，有员工问："没有二等奖吗？"

"那好，达到 9 亿日元，就去中国香港。但是，如果只有 8 亿日元，大家就只能在京都的禅寺里坐禅了。"事情就这么定了。当然，坐禅只是一句玩笑话。

"喝着托利斯，前往夏威夷！"曾经流行一时的寿屋（现在的三得利）的这句广告语已经过去了 10 年，但海外旅行对普通老百姓来说，仍然是遥不可及的事。不用说，稻盛提出达成目标就出国旅游，让公司内部员工的工作热情迅速高涨起来。

由于出口形势大好，京瓷月销售额增长到 9.8 亿日元，距离稻盛定的目标仅一步之遥。

按照约定，稻盛将去中国香港旅行作为员工获得二等奖的奖品。次年 1 月，1300 名京瓷员工分别从大阪和鹿儿岛机场包机飞往中国香港。

公司全体员工的这次香港之旅，让稻盛感慨颇深。

但是这一年，发生了一件极为悲伤的事情。

1973 年 3 月 15 日凌晨 1 点 30 分左右，稻盛上厕所时突然留意到了家里的佛龛，那是父亲畩市送给他的结婚礼物。

虽然有很多家庭一到傍晚就会关上佛龛，但稻盛家通常会将佛龛的门一直开着。但是，唯独那天，佛龛的门是关上的。

稻盛很是在意地打开佛龛的门，然后点燃佛灯和线香，双手合十祈祷至凌晨两点多。那天一早，京瓷创业的大恩人西枝一江的儿子打来电话，说他的父亲去世了。据说，西枝正好就是凌晨 1 点 30 分左右停止呼吸的。

创业时，西枝用自己的房产做抵押向银行贷款的恩情，稻盛永生难忘。之后的京瓷，年年都盈利，还顺利实现了上市。对于京瓷未来的发展，西枝终于可以放心了，他如同松了一口气似的离开了这个世界。

稻盛每次烦恼或痛苦时，西枝都一定会邀他一起去喝两杯。

他会带着稻盛去往他的新潟同乡——原艺伎姐妹经营的只园小料理店，给他鼓劲儿，很像是为稻盛开的空巴。

西枝是京瓷创业的恩人，同时也是宫木电机的前社长，所以他的葬礼是由京瓷与宫木电机联合举行的社葬。

在西枝灵前，稻盛满怀感谢地说道：

"西枝先生是我们京瓷得以问世的恩人，也是京瓷创业精神的源泉……"

为西枝守夜的时候，稻盛遇见了一位很早以前就经常听西枝提起的僧侣。他就是临济宗妙心寺派专用道场——达摩堂圆福寺的西片担雪老师。担任守夜导师的正是西片老师。"老师"是对临济宗寺院住持的尊称。

关于两个人（西片与稻盛）的相遇，西枝一江的养子西枝攻（律师，后就任京瓷公司监事）是这样回忆的：

"那是在工作完成之后，西片老师回头看大家，然后把斋饭（佛事上给参加者提供的餐食）端出来时发生的事。稻盛突然叫住我问道：'那位就是西片担雪老师吗？'我回答说：'是的，您不认识吗？'他急忙说：'我没有见过，能否替我引荐一下？'这就是两个人的第一次见面。"

西枝的葬礼之后没过多久，稻盛就去了位于京都南郊的圆福寺。这里是西枝做施主代表的寺院。西枝夫人对稻盛说："以后就拜托你了。"

因为有了西枝夫人的这句话，稻盛主动提出要代替已故的西枝继任施主代表。

从那以后，稻盛与西片老师之间便开始了更深层次的交流。

西片担雪老师出生于新潟县枥尾（长冈市）。本名为西片安次，1937年前后，靠同乡西枝的帮助来到京都，并以工读学生的身份住进了西枝家里。

当时，希望成为工程师的西片以京都的旧制三高为目标，但两次考试都没通过。后来，他虽然考入了立命馆大学理工系，但因为罹患结核病而开始意识到了死亡。这些经历似乎在哪里听到过吧？

"反正已经快死了，干脆就成为一名僧人，进行精神修行。"

有这种想法的西片决定战后就从大学退学，皈依佛门。

当时，恰逢战中，粮食不足，周围的人劝他："这些想法太荒唐了，你真的会死的。"

但是，他心意已决，谁也无法阻止。随后，他开始跟随与西枝很亲近的圆福寺泥龙老师修行。虽然一侧的肺已经被切除，但不可思议的是，西片一进入这座寺庙，病情就得到了控制。

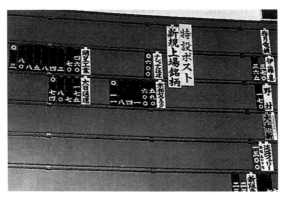

股票上市

刚开始生产的鹿儿岛川内工厂

鹿儿岛大学工学系稻盛奖学金捐赠

因为西片非常优秀，1955 年前后，他被派往熊本参与寺院的经营与重建。1965 年前后，圆福寺发生土地问题时，他又赶回来处理。

在乡下出生、致力于学习理科、考试失败、有过面临死亡的经验、醉心于宗教、从事经营工作等，稻盛和西片虽然生活在不同的世界，却有着惊人的共同点，自然也就有了很多共同的话题。

西枝在离开人世之际，给稻盛留下了代替自己的心灵支柱。

然而，在西枝去世的同一年，创立京瓷的另一位恩人交川以及稻盛大学时期的恩师内野老师也都相继离世了。对于稻盛而言，那是悲伤、寂寥的一年。

第一次石油危机

企业要成长、发展，必定要跨越种种障碍。

1973 年，发生了震动经济界的大事，就是第一次石油危机。

受到 10 月爆发的第四次中东战争的影响，波斯湾沿岸地区的产油国开始减少石油产量，国际石油价格暴涨。日本国内也出现了被称为"疯狂涨价"的物价急升现象，从而引发了国民对物资不足的担忧，各地居然都出现了囤积卫生纸的怪现象。

消费者的消费欲当然也随之萎缩。各家企业纷纷减少设备投资，创下了第二次世界大战后首次出现负增长的纪录。这次危机为日本经济的高速成长画上了句号。

对京瓷来说，这是很大的冲击。就在半年前，他们才刚刚制定了一个前所未有的发展目标。

那是 1973 年 4 月 1 日，在京瓷成立纪念日的那天，稻盛提出了一个目标："如果能实现月销售额 20 亿日元，就一定让大家去夏威夷！"

在当月的董事会上，决定将京瓷从东证和大证二部升级到一部上市。而一部上市的前提条件是资本金必须达到 10 亿日元以上，但当时京瓷只有 7.7 亿日元，所以急需增资。

实现月销售额 20 亿日元也好，换到证交所一部上市也罢，都是极其困难的挑战。然而，这些又都是迎接次年京瓷创业 15 周年再合适不过的目标。

员工们都以夏威夷旅行为目标，铆足了干劲，全力投入销售，生产线全速运转起来。结果，终于在 7 月提前完成了预定目标。公司决定于第二年（1974 年）初，带员工去向往已久的夏威夷旅行。消息一出，公司内一片欢腾。而与此同时，董事们则以把公司升级一部上市为目标，绞尽脑汁，推行了公众募集和无偿交付，将资本金积累到了 10.44 亿日元，从而满足了在一部上市的条件。

就在此时，石油危机从天而降。京瓷有的月份订单甚至减少到了原来的十分之一。面对石油危机引发的一系列异常情况，公司内部被一片紧张的乌云所笼罩。

虽然很遗憾，但这绝不是去夏威夷旅行的时候。稻盛决定暂停国外旅行，创业 15 周年的活动也一切从简。

唯有好不容易准备好的升级到东证、大证一部的上市工作，在新年伊始的 1974 年 2 月 1 日如期完成。

京瓷在大证二部和京都证券交易所上市仅仅用了两年半时间，在东证二部上市也只用了一年半时间。快速成长的京瓷还未来得及品尝喜悦，就面临企业发展的危急关头。

事态发展比预想的还要严重。仅日立、东芝、富士电机和三菱电机这四家公司就共计裁员 7 万人，京瓷的董事会也多次将裁员提上议事日程。

但是，京瓷是主张"员工第一"的企业，稻盛誓死坚守公司的经营理念，做出以下宣言：

"我们公司自创立以来，始终全体上下一心，甘苦与共。既然是命运共同体，就一定会誓死守护大家的工作机会！"

他是一个言出必行的男人，马上想出了解决的办法。他新设了总务部管辖的开发部，将因订单减少而富余的人员都调到了那里。人员过剩，士气就会下降，工作效率也会下滑。因此，生产现场还是如往常一样保留少数精锐部队。国外的工厂也采用了同样的方法。

开发部承担了原先一直外包给其他公司的工作。比如，机械工负责涂装，修理工负责打扫卫生。1975 年，京瓷率先导入双休制，这也是出于对员工过剩的考虑。

近年来，社会上出现了"拍拍肩膀式"辞退员工[1]的问题，通常开发部的人员是这类辞退对象的首选。但稻盛从未有过丝毫类似的念头。

为了尽早把公司的员工安排到能创造价值的地方，京瓷正式启动了以前就有一些基础的新兴事业。也就是说，公司想在内部为员工创造新的工作机会。

于是，京瓷开始进军太阳能发电、再结晶宝石、人工牙根等新领域。稻盛面对第一次石油危机时，咬紧牙关，绝不裁员。而这种坚持，又成为这些新事业的起点。

其中，太阳能发电是一个划时代的事业。

不管怎么说，造成人员富余这一问题的罪魁祸首还是石油危机。稻盛认为，要从石油价格暴涨带来的破坏中吸取教训，就要让社会摆脱对石油的依赖。

于是，1975 年，京瓷出资 51%，联合夏普、松下电器、美国美孚石油等五家公司，以共同出资的形式成立了日本太阳能株式会社

1　指突然在某天拍拍员工的肩膀，强制辞职。——译者注

（JSEC）。

当时的太阳能发电每瓦要花费 2 万 ~3 万日元，发电成本非常高昂，仅用于宇宙探索或孤岛灯塔等特殊用途上。要想普及太阳能，至少要把成本控制在 1% 以下。这听起来几乎没有可能。

但是，稻盛一如既往地做长远思考。他坚信太阳能发电是时代的呼唤，这给了他力量。于是，他在京瓷总部开始研究，后来觉得空间太小，就在伏见的东土川设立专用的办公楼，在那儿专心研发。

只是，当第一次石油危机的影响消失，石油供给再次稳定的时候，人们对太阳能发电的热情也就迅速消减了。京瓷之外的四家公司相继退出了太阳能发电项目，而稻盛收购了其他几家公司的全部股票，选择在太阳能发电领域孤军奋战。

1980 年，京瓷在滋贺蒲生工厂附近又设立了八日市工厂，正式开始太阳能发电的相关设备以及利用太阳能的各种设备的研发、制造，并于 1993 年在业界率先发售用于住宅的太阳能发电系统。

如今，时代终于追上了稻盛的步伐，而这些与太阳能相关的项目也由现在的京瓷太阳能公司继续向前推进。

京瓷在东证一部上市时正赶上第一次石油危机的峰顶，但京瓷克服困难、勇往直前，在 1975 年 9 月 23 日，股价涨到 2990 日元（票面为 50 日元），超过长期占据日本第一宝座的索尼，跃居首位。

京瓷与稻盛和夫这个名字在优良企业和知名企业家的排行榜上成为常客的时代已经到来。

然而，稻盛本人却异常冷静。即便在报纸和杂志上看到京瓷股价超过索尼的报道时，他也只是觉得"啊，是这样啊"，从没有在晨会上向员工们提起过此事。

创业时，稻盛曾号召员工将京瓷发展成为京都第一、日本第一。

但是，就总资产和销售额而言，日本新日铁公司、丰田汽车、电电公社、电力公司、煤气公司等，世界上还存在不少规模远超京瓷的大企业。站得越高，看得越远，稻盛并不因为这点儿成绩就满足了。

京瓷的下一个目标是发行美国存托证券[1]。

最近，也有日本企业在纽约证券交易所上市（京瓷公司后来也成为其中之一）。不过，在当年，ADR（美国存托凭证）可以说是能让美国以外的国家的股票在美国证券市场流通的唯一方法。1961 年，索尼率先发行 ADR 以来，松下电器、本田、东京海上火灾等公司也相继发行 ADR，一跃进入全球化企业的"龙门"。

如果京瓷实现了这个目标，就能在美国推广京瓷，员工们的工作积极性也能提高。虽然上市的相关审查很严格，但在 1976 年 1 月，京瓷终于成功发行了 ADR。

继京瓷发行 ADR 之后的第二年，华歌尔也发行了 ADR，成为日本在美国上市的第八家企业。虽然华歌尔公司上市的时间比京瓷略早，但在发行 ADR 这件事上，京瓷却走在了前面。塚本和稻盛之间始终保持着良性竞争。

而这两位一直都十分敬仰的前辈，不是别人，正是松下幸之助。

与松下幸之助的对话

1979 年 4 月 7 日，在 *Voice*（PHP 研究所[2]刊物）的策划下，稻盛与松下幸之助（当时松下电器的顾问，PHP 研究所社长）进行了会谈。稻盛在前往位于大阪府门真市松下电器总部时，显得比任何时候

---

1 美国存托证券：ADR，American Depositary Receipt 的缩写。
2 PHP 研究所：日本民间智库、出版社，由松下幸之助创办。

都紧张。他即将与一直仰慕的企业家直接对话，紧张是正常的。

笔者看了刊登这次对话的 *Voice* 1979 年 6 月刊，一开始，稻盛便向松下提出如下问题：

"日本经济在石油危机以后一直萧条、混乱，再加上日元升值等压力，我们这些经营者总有些不知何去何从的感觉。这是不是因为没有抓住企业经营的本质，而只是按照千篇一律的所谓'经营常识'来经营企业所造成的呢？"

后来，在 PHP 研究所的热情协助下，笔者有幸拜读了当时录音的文字稿。松下幸之助是这样对稻盛说的：

"您的做法总是比别人领先一步。您是自己开辟道路。但是一般情况下，企业都是跟随时代的浪潮发展的，总落后一步。贵企业从事的是自行发展的事业。而我们从事的只是平凡的经营，这就是我们之间的差异。"

第一次听到"贵企业"这样的表达。松下幸之助独特的措辞尽管有些不好理解，但总的来说，松下当时突然十分低姿态地对稻盛说："贵公司是具备前瞻性的经营，而松下电器只是在从事一般的经营。"

或许听了松下的评价，稻盛感觉很惭愧吧。他大吃一惊，连说"岂敢岂敢"，然后如开了闸的河水，滔滔不绝地讲述了自己是如何在松下的影响下一步步走过来的：

"不，不是这样的。我之所以能有现在的眼界，是因为我在京都听过您的讲话。大概是在十七八年前吧，我记得是在京都银行或是什么地方，听过先生讲的'水库式经营'。当时，我感觉如同醍醐灌顶。

"比如说，您告诉我们，从经营资金紧张的中小企业时期开始，就要心怀强烈的愿望：'我希望游刃有余地经营。我非常非常想这样经营。'平日一步一步地往前努力，数年之后就会变成自己希望的样子。抱着'我也想做却办不到。能告诉我什么简单的方法吗'这种态度的人是不可能做到的。不是能不能的问题，经营者首先得这么想，真正抱有'我想成为那样，我想这样经营'的强烈愿望，企业自然就会朝着这个方向发展。

"但是，大家对这种精神上的东西并不太'感冒'，都希望别人能告诉他们一些美国式经营诀窍之类的东西，梦想着只要使用那些诀窍，就能立刻游刃有余地经营。结果，自然大失所望。其实，您已经教给我们极好的真理，但是大家并没有意识到。我觉得，怀有强烈的愿望，一心把自己的企业变成心目中理想的企业，可以的话，不断提升心性，直到极度纯粹的境界，就一定能成功。其实，正是因为当年听了您的一席话，我才会用这样的方式经营。因此，不是因为环境是这样，就要这样做……"

"那是在仓敷的时候吧。"

"不，是在京都的时候。"

"大概是 15 年前的事吧？"

"是的。您第一次说那些话，在报纸、杂志上刊登的那段时间。"

稻盛太过兴奋，滔滔不绝地说着。这从松下中途插了一句话"那是在仓敷的时候吧"可以看出来。其实，松下当时也一定很高兴，因为他找到了理解自己思想的知音。

其实，15 年前，松下在京都关于"水库式经营"的讲话记录没有保留下来。如果时间没记错的话，就像松下所说的那样，在"生产效率本部关西金融界第三次仓敷研讨会"上的讲话（松下幸之助讲话集有两处记载）在内容上最为接近，其中也有关于水库式经营的问答。但是，刚刚创业两三年的稻盛是否真的能到仓敷参加生产效率本部关西金融界的研讨会，还是一个疑问。

当时，85 岁的松下幸之助与 47 岁的稻盛和夫，哪位的记忆是正确的，还是挺让人好奇的，但是这一点很难证明，所以我们还是不要下结论了。

稻盛还感慨地说，当年因为被松下的讲话感动，公司全体员工

开始订阅 *Voice* 的事。松下边听边温和地点头，始终没有摆出老师的面孔。

"我是一个没有学问的人，请一定要多多指教。"

虽然松下被尊称为"经营之神"，但他还想向稻盛学习。似乎能感到松下这种谦虚的态度，稻盛被深深的感动所包围，两个人的对话内容也变得更为丰富。

稻盛正是松下所说的"苦思冥想，彻底思考，努力到尿血地步"的经营者。对这一点，松下稍微和他交流几句便完全明白了。松下大概在稻盛的身上找到了自己"正统继承人"的身影。

1989 年 4 月 27 日，松下幸之助 94 年的伟大人生落下了帷幕。

就在那之前不久，稻盛正打算出版他的第一本书《提高心性，拓展经营》。出版之际，出版商 PHP 研究所联系了稻盛，说松下先生可以为这本书写推荐序。不用说，稻盛自然十分高兴。

然而，当推荐文章顺利送达，图书就要摆上书架之前，稻盛接到了松下的讣告。

如今，再次看到《提高心性，拓展经营》（日文版）这本书的腰封，那里有松下写的一段话：

"稻盛先生是我平日十分尊敬的优秀企业家之一，他在各种人生经历中悟出的人生观和经营观都被整理成一本书。全书旨在主张'相信人类所拥有的无限能力，充分发挥自己的能力，品味充实人生'。这份热情和信念让我深受感动。这是一本特别希望年轻人好好读一读的书。"

这篇推荐序，意味着松下把"经营之神"的接力棒交给了稻盛。

时光飞逝，1998 年 5 月 5 日，稻盛被指名为"松下电器产业创业 80 周年纪念演讲"做发言。他在松下电器管理干部面前站上了讲台。

他开始了如下讲话：

今天，我站在这里讲话。其实从两三天前起，我在家一闭上眼睛，就会想起幸之助先生说的话。下面给大家列举几句。

"素直之心。"

"每天反省。"

"自由构想。"

"独立思考。"

"保持光明正大。"

"感谢之心。"

"为了世人，为了社会。"

我以幸之助先生所说的、所教导的东西为基础，加入我自身的一些体验心得，总结出了"京瓷哲学"。

那时，我每天都会骑着踏板车去高槻的松下电子工业公司交货，或进行技术讨论。所以，往往一大早，在诸位上班之前，我就进了松下电子工业。在前台等候时，我经常会听到诸位员工在晨会上诵读"松下七精神"。另外，进入会客室后，还看到墙上挂着写有"松下七精神"的卷轴。在打算以幸之助先生的话为基础归纳"京瓷哲学"的时候，我忽然注意到，"松下七精神"已经把这些内容全涵盖了……

我刚开始工作时，认为自己还是具有社会正义感的。那时候，报纸、杂志上出现了"企业的目的不就是逐利吗"之类的论调。我当技术员的时候没怎么想过这些，但当我成为企业经营者后，就开始非常在意。虽然我觉得自己并不是为了那些卑鄙的目的而经营企业的，但在社会上总有人这样解读我们，我无论如何也无法接受。

正当我为此烦恼时，不记得是幸之助先生的演讲还是书籍，当我看到他高呼"企业利润是为社会做贡献的结果"时，突然觉得豁然开朗。

也就是说，"所谓'企业'，就是供应物美价廉的商品，令社会富裕。而我们所得的利润，是为社会做出贡献的结果"。松下幸之助先生高调主张企业获得利润是正当的，这让我有了一种被拯救了的感觉。

欧美国家有很多企业家成功之后，就会做做慈善，为社会机构捐款。松下幸之助先生也一样。的确，无论是幸之助先生，还是欧美的众多成功人士，都做了大量回馈社会的善举。

我们这些企业人努力工作，追求效益，然后雇用众多员工，守护他们的家人。同时，还把一半以上的利润作为税金缴纳给国家，为国家的发展做出了一份贡献。所以，希望大家要有把事业做得更好的觉悟。

如果所有人一直都这么做的话，应该不会出现今天泡沫经济崩溃的场景了吧。另外，最近在经济界的丑闻大概也就不会发生了吧。对这些丑闻，我深感遗憾。

很遗憾，由于篇幅有限，在这里只能介绍该演讲的一部分，但这场演讲饱含稻盛对松下先生的感谢之情，成了著名的演讲。

说些题外话，10 年后，《同行二人　与松下幸之助漫步之旅》一书的作者邀请笔者为松下电器成立 90 周年做纪念演讲，而笔者现在又在为稻盛和夫撰写传记。不得不说，"缘分"这种东西真是太不可思议了。

长期在松下幸之助身边工作的原 PHP 研究所社长（后来的参议院

议员）江口克彦是这样评价稻盛的：

"媒体以各种形式报道稻盛先生，说他是'平成时代的松下幸之助'。杂志等也经常出现这些文字：'稻盛和夫都是模仿松下幸之助的。''稻盛和夫以松下幸之助的著作为基础，归纳出稻盛哲学。''稻盛偷师自松下幸之助，也就是松下经营学的弟子。'我却不这样认为。

"当稻盛先生与松下幸之助接触时，想必也有某种感悟吧。但是，我可以断言，稻盛先生并没有模仿松下幸之助，也没有通过读松下先生的书籍，将其中的内容融入自己的思想体系之中。

"稻盛先生的哲学和思维方式，是他通过自身的努力和思考领悟到的东西。因此，'平成时代的松下幸之助'或是'松下幸之助思想的弟子'之类的说法，我认为是对稻盛先生的不尊重。我认为，稻盛先生是在自我拼搏中创造出属于自己的哲学，只不过他恰好与松下幸之助找到了同样的结论。"

稻盛吸收了松下幸之助的经营手法和思维方式，使之成为企业发展的营养，然后按照自己的方式整理并使其发挥作用。现在，我们都欲将稻盛思想视作营养。时代就是这样一代代不断发展的。

绿色新月和生物陶瓷

对稻盛来说，员工就是家人。

京都陶瓷从成立时的 28 个人开始，到现在（2018 年 3 月 31 日）成为拥有 265 家下属企业的集团公司，员工数达到 75940 名，稻盛的这一想法始终没有改变。

京瓷成为大企业后，有时也会发生一些舞弊事件。

"当事人被免职，以示惩戒"之类的报告一旦报上来，便是板上钉钉的事，但稻盛总会不合时宜地说："真遗憾啊，就没有其他办法了吗？"

"是的，已经没有办法了。按照公司的规定是不可能特殊对待的。"

"退休金也拿不到吗？"

"因为是免职，自然没有退休金。"

稻盛听了，脸上露出落寞的表情。

即使是位素未谋面的员工，稻盛也因为他无法秉持"正确的思维方式"和自己一起努力而感到难过。

稻盛于 1979 年举办了京瓷成立 20 周年的纪念活动，活动之一就是在圆福寺建造"京瓷员工墓园"。

很早以前，稻盛就有这个想法。最初，他打算将墓园建造在名刹三井寺或仁和寺里。后来，当时还在世的西枝劝他："建在圆福寺里不好吗？"

于是，就这样决定了。

"难得公司建墓园，要不要用陶瓷建造？"

虽然也有人提出这样的意见，但最后稻盛还是决定使用花岗岩。

京都府八幡市的圆福寺院内面积有三万坪，非常大。进入山门，沿着左边郁郁葱葱的竹林往上走，就能看到"京瓷员工墓园"。这座寺庙是修行的场所，一般游客不来，所以总是保持着静谧。

铭刻在墓碑上的《建立志》的结束语是这样的：

"祝愿大家的灵魂能够成佛，即便身处彼岸，也要幸福。希望时常也能像在现世一样相聚在一起，谈笑风生、把酒言欢。"

在彼岸居然也开空巴，读到这些，虽然觉得有些不够严肃，但还是快笑出来了。这些估计都是稻盛真心希望的。

在第一次石油危机中一直咬牙不裁员的稻盛已经开始着手新的项目了，以解决富余人员的工作问题。其中之一就是再结晶宝石的项目。

稻盛除了工作以外就是读书，并没有打高尔夫之类的爱好，也从未收藏过什么。然而，他那一代人共同的感受就是对宝石情有独钟，尤其容易被绿宝石的深绿色所吸引。加上宝石和陶瓷同样都是矿物结晶，所以稻盛对此产生了浓厚的兴趣。

京瓷这家公司的特点是依靠低价材料制作高价产品，从而产生高附加值，依靠这种方式将公司发展壮大。如果使用和陶瓷同样的材料制成宝石，其利润会非常大，可以说有巨大的附加价值。将这个作为京瓷的新项目，是非常有诱惑力的。

天然宝石一年比一年难见，宝石的品质也在下降。因此，即使有裂痕或杂质的宝石也能卖出高价。

"为什么那种有瑕疵的宝石仍被大家珍爱？我们可以做出完美无瑕的宝石。"

萌生出这个念头是在 1970 年。经过将近四年的研发，京瓷于 1973 年将提炼的氧化铝放入 2000℃以上的高温中使其结晶，就能诞生出与天然宝石具有相同化学成分和结晶构造的再结晶祖母绿了。

稻盛想委托人去做市场调研，看看这种人造宝石是否能畅销。这时，他眼前立刻浮现出一个人，就是华歌尔公司的塚本。稻盛把刚做好的两颗祖母绿用纱布包起来偷偷地藏在口袋里，然后拿到塚本面前给他看。

塚本惊讶地睁大了眼睛：

"小稻，这可太厉害了！这种东西，你是怎么做出来的？你们公司别做电子零部件了，改行做这些宝石一定能赚大钱！"这是对稻盛衷心的祝福。

"但是，还是需要广泛地征询一下其他人的意见。您可以帮我去问问熟人吗？替我做做市场调查。"

"没问题，交给我吧！"

塚本的熟人，当然就是指只园的那些艺伎了。她们对宝石很了解，从潜在顾客的角度看，她们是非常合适的市场调查对象。

几天后，稻盛接到了塚本打来的电话，说要见他。稻盛猜一定是关于市场调研的结果。然而，在只园茶馆里等待他的塚本，却给了他一个出人意料的答案。

塚本将祖母绿还给了稻盛，摇着头说："这个不行啊……"

"天然宝石本该花高价才能买到，现在这么漂亮的祖母绿却以这么便宜的价格问世，真让人无法接受！"

"绝对不能让天然宝石的替代品来拉低祖母绿的价值。"被调查者纷纷皱着眉头异口同声地说，塚本也无语了。

"小稻，做这个绝对不会顺利的。卖这种人造宝石，会惹女人怨恨的。"

塚本的评价发生了180度大转变。稻盛也试着问过其他人，但反响都不好。

于是，稻盛不服输的性格又"抬头"了。

"没有瑕疵又纯净、美丽的东西不可能卖不出去！"

他没有放弃，反而不断改良。两年后，也就是1975年春天，他终于制成了产品。在火彩、颜色搭配等所有方面都达到了最高品质。报纸也报道说："这是日本的一大壮举。"

他还想了个很棒的品牌名称——CRESCENT VERT。这名字出自法语，意为"绿色新月"，是个非常浪漫的名字。

问题是在哪里销售呢？宝石界对此反应非常冷淡。

"既然如此，那就自己销售吧。"

稻盛决定在东京银座和京都四条开设"绿色新月"直营店。

在开业酒会上，塚本作为来宾致辞：

"门外汉经营宝石生意应该说没有成功的先例。反正迟早都会失败，还是损失少一点儿比较好。所以，我祝愿你们尽可能在起步阶段就遭遇惨败。"

对于这份致辞，稻盛只能苦笑。但是，他还是强势推动着"绿色新月"的发展。1980 年，他在美国的超高级住宅街比弗利山开了第一家"稻盛珠宝"海外直销店。开幕式上，他还身着白色晚礼服登场。

遗憾的是再结晶宝石未能引起预期的大热潮，但作为京瓷产品的高品质象征，这个事业至今依然在持续盈利。

进军新事业确实困难重重。后来，华歌尔第二代社长塚本能交踏出女式内衣的领域，进军男式服装和跑车等领域时，稻盛告诫他多元化经营的巨大风险。

实际上，华歌尔后来从所有新业务中全面撤退。在那以后，才得以快速发展，靠着积极拓展国外市场和研发功能型内衣，从而引领了行业，取得了今日的骄人成绩。

但是，稻盛本人并不否定多元化经营。他反而认为在适当的时机应该勇于承担风险，事业一旦开启就要坚持到成功为止。这一态度是十分必要的。但是，东施效颦般照搬他人的理念会适得其反，能把握其中的微妙之处，才是掌握了经营的真髓。

与绿色新月一样，京瓷通过精密陶瓷的应用，进入了医疗领域，进行人工牙根的研发。

人工牙根是将假牙埋入下颌的骨头上固定。现在，"种植牙"这个词已经广为人知，十分普遍，但在当时，还是一种很特殊的医疗技术。

"能用陶瓷做人工牙根吗？"

1972 年，大阪牙科大学的教授前来拜访稻盛，提出这样的建议。这就是京瓷研发陶瓷人工牙根的契机。

之前，人们一直使用的是金属材质，如果用陶瓷来做的话，对所接触的齿龈部分的负担会比较小，所以稻盛决定着手研发。通过适用在绿色新月研发中的再结晶宝石技术，加上大阪大学、国立大阪南医院等医疗机构的加入，京瓷最终实现了陶瓷人工牙根商品化。

从 1978 年开始，京瓷将バイオロジー（生物学）的バイオ和陶瓷（セラミック）组合成"バイオセラム"（BIOCERAM），用这个词作为商品名称进行商标注册，并开始销售。初期还使用了高纯度氧化铝，后来又使用氧化锆技术，将应用对象从人工齿根扩展到膝盖、胳膊肘、肩膀、腿等部位的人工关节和人工骨骼。

京瓷公司的系列生物陶瓷产品因为品质优良而广受好评。但是，正当他们开始进行国外销售推广的时候，悲剧发生了。1980 年 11 月 8 日，在一次面向国外牙科医生的普及活动中，一位名叫池田雄吉的年轻职员在美国遭遇持枪抢劫，中弹身亡。

怀着对池田的追思，京瓷的员工倾尽全力拓展生物陶瓷（BIOCERAM）的销售。然而，一个意想不到的陷阱在那儿等着他们，关于这件事后面会提及。

并购沙巴耐特工业、雅西卡和 AVX

随着稲盛声名鹊起，很多陷入经营困境的公司向他发出了经营重组的委托。1979 年，沙巴耐特工业的友纳春树社长向稲盛提出了支援请求。

该公司是以 CB 无线电对讲机作为主打产品的无线电一流企业，曾经兴盛一时。但是，后来本想借着美国无线电对讲机的热潮扩大设备投入生产，没想到由于无线电对讲机热潮退却，公司一下子被逼到濒临破产的境地。

公司原本在生产电子产品方面的能力很强，但劳资关系却是一片混乱。这也难怪，为了扩大企业规模而扩充人员，不到一年又要进行

京瓷员工的墓地

裁撤。

为了建设新的公司总部而买来的土地也一直闲置着，公司的墙上被人用红色油漆写着："赶走友纳!"透过附近国铁南武线上行驶的列车车窗，能看到工厂里凄凉的景象。这家公司就这样苟延残喘，延续了 3 年。

最终，京瓷决定收购沙巴耐特工业。虽然稻盛从京瓷派出了一支40 人组成的支援团队，但工作的难度比他们想象的还要大。

"由于人际关系实在太差，大家都感觉'在这种地方无法呼吸'，认为只要回到京瓷，怎么着都开心。"

从这句稍微有些夸张的话中，可以真实地感受到那段残酷的日子。

沙巴耐特工业 1500 名员工中，由 30 人组成的少数工会的行为非常偏激。他们抗拒公司重组，摆出了一副对抗到底的姿态，甚至还去京瓷总公司和稻盛家附近，在周围的墙上和电线杆上贴出"缺德经营者"的宣传单。但是，采用京瓷式的经营方法后，公司的业绩明显提高了。不久，那些强烈反对的员工也举旗投降。

除了原有的 CB 无线电对讲机外，京瓷还将集团内部的各种技术有机结合，衍生出新技术和新产品。他们将复印机、影碟机等多种电子产品纳入了京瓷公司的生产阵容。

1982 年，京瓷合并了沙巴耐特工业、绿色新月等四家公司，将公司名称由京都陶瓷株式会社改为已经被广泛使用的"京瓷株式会社"。那一年，稻盛正好 50 岁。

1983 年 2 月，总部设在长野县冈谷市的照相机制造厂家雅西卡（YASHICA）公司也向稻盛发出了援助请求。

即便不知道京瓷，也知道雅西卡（YASHICA）这一公司名和康泰克斯的品牌是家喻户晓的名字。该公司是在 20 世纪五六十年代快速成长起来的一家知名企业，一时间席卷了大众照相机市场。他们还与西德的卡尔蔡司进行技术合作，进军高级单反相机市场，当时一直被认为发展得顺风顺水。

但是，雅西卡公司的创始人吸食毒品及桃色丑闻被媒体曝光。而且，经营者将公司当作私有物。所以，企业和业绩低迷，陷入了亏损的境地。

负面的连锁反应持续不断，工会相继发动罢工。正当主要合作银行第一银行、日商岩井、通产省联合起来，准备往雅西卡派遣重建队伍之际，1970 年，公司财务部部长随意挪用公款、操纵商品行情，造成了 5 亿日元亏空的严重贪污事件。在 1974 年 5 月股东大会之前，他做假账的事也被发现，事态终于演变为创业者被赶下会长的位置。

因沙巴耐特工业而苦恼的稻盛曾一度拒绝雅西卡公司的援助请求。但是，在对方的反复请求之下，为了慎重起见，稻盛决定考察一下他们东京总公司和长野县的冈谷工厂。结果，意外地发现研究室的技术人员和生产线的员工都很出色，职业道德水平也非常高。

也就是说，该公司的问题都集中在经营者及管理层上。

"现场的工作人员是无辜的，无论如何也要救救这些人。"

视察后的稻盛突然改变了主意，积极地接受了雅西卡公司的请求。

雅西卡的远藤良三社长（后来的京瓷公司副社长）当然取得了最大股东日商岩井、取代第一银行成为主要合作银行的太阳神户银行的同意，京瓷于 1983 年 10 月 1 日发布了兼并雅西卡的消息。

就这样，雅西卡正式成为京瓷公司的第一事业本部。

"在被京瓷兼并的雅西卡中，只有远藤良三社长一人作为董事被留在京瓷公司。听说其他董事都被降级，原先的那些部长、科长的处境也就可想而知。原以为 800 名雅西卡员工会怀念过去的荣光而悲伤不已，没想到四处却响起了'太好了，太好了'的大合唱。"

"就算不会变得更好，至少也不会变得更差了。"这是雅西卡员工的共同心声。

京瓷公司的电子电路技术和雅西卡的精密机械技术的协作配合比想象的还要密切。以这些协作为基础，京瓷顺利进军 OA 领域和工业机器人产业。他们还通过统一广告宣传，降低了成本。另外，包括原先雅西卡在国外的约 100 家店铺在内，京瓷也能利用雅西卡的 2000 家以上的代理经销网络，这也是利好之一。

果然，雅西卡事业本部仅用半年时间，就取得了 6 亿日元的经常利润[1]，"合并半年便迅速扭亏为盈，用减量化经营创造奇迹"这样的标题也跃然纸上。

雅西卡公司背负的约 60 亿日元的欠款很快被还清，经营也开始向盈利方向转变。稻盛给大家展示了以救助为目的的并购的典范案例。

无论是在沙巴耐特还是雅西卡，稻盛都会带头参加他们的空巴，从没把他们当成外人，而是发自内心地把他们当作京瓷人一样对待。

1984 年（昭和 59 年）4 月，京瓷在庆祝公司成立 25 周年之际，增加了一个表彰连续工龄的奖项。京瓷公司的历史只有 25 年，当时却出现了 30 年连续工龄奖的获得者。

那是雅西卡事业本部的员工。不用说，大家都衷心地为他祝福。这是京瓷全体员工在物质和精神两方面的幸福。

在 1972 年前后，稻盛已经确信了应用陶瓷叠层技术的大容量陶瓷电容有着远大的前景。

于是，他从该领域的领先企业美国 Aerobox 公司引进技术。根据

---

1 经常利润：反映一定时期企业经营成果的重要指标，能真实地体现出企业通过经营获得的净利润。

当时的授权合同，允许京瓷在日本制造的叠层陶瓷电容器在日本国内独家销售。

然而，两年后，该公司被一分为二，其中经营叠层陶瓷电容器的公司被称为"AVX 公司"。有一天，该公司的负责人马歇尔·巴特勒寄来一封书信。上面是这么写的：

"我们在日本市场不能销售的条款是不公平的，能不能删除？"

即使公司一分为二，但合同一直持续有效，所以根本不存在什么不公平。一般来说，遇到这种几乎可以说是毫无道理的要求，正常的反应是，理所当然地予以拒绝。

但是，稻盛很理解他。虽然在签约时大家都说好了，但"垄断"原本就不是稻盛最喜欢的形态。

这反而让巴特勒感到意外，他表达着自己的惊讶："我被京瓷公平的态度感动了。"

结果，京瓷与 AVX 公司之间构建了无形的信赖关系。这是 15 年后提出合并时，两家公司能够在友好的气氛中对话的基础所在。

AVX 公司在钽电容器方面位居世界第一。作为唯一的氧化硫电容器厂家，它发展为拥有稳固地位的电子零部件制造商，在世界上 8 个国家拥有 18 个生产基地，是纽约证券交易所的上市企业。

AVX 对于稻盛来说，是一家充满吸引力的企业。如果收购了AVX，让他们加入京瓷集团，京瓷作为国际综合电子零部件生产企业，地位将会进一步得到强化。

于是，稻盛找 AVX 公司的巴特勒洽谈意向。结果，1990 年 1 月，京瓷顺利收购了 AVX 公司。这是一次罕见的、由稻盛自己主动提出的收购案。

当时在 AVX 公司工作，后来担任该公司总裁的本尼迪克特·罗森回顾当时的情景时，这样对稻盛说道：

"你没有把与 AVX 的关系当成 acquisition（收购），而是说 merger（合并）。这两个单词，对于美国人来说意义完全不同。acquisition 是指一方买下另一方，然后将对方吞噬，消灭在自己的组织中。而 merger 是指两个组织合并成一个。也就是说，merger 有把对方当作伙伴搭档的含义。acquisition 则有一种对收购方不得不卑躬屈膝的感觉。实际上，京瓷的收购明明是 acquisition，您却用了 merger 这个词来表达，这对 AVX 来说，意义非凡。您对 AVX 的股东和员工都很宽容，也很尊重我们的尊严。所以，股东和员工都快乐。这个 M&A（企业合并与收购）进行得很顺利。"

这样一来，京瓷在日本国内生产的电子零部件就可以利用 AVX 公司的销售通路在全球销售。AVX 公司的产品在日本国内的销售也获得了成功，这确实是双赢的理想并购（M&A）案例。

第四章

第二电电的挑战

电气通信事业自由化

成功的企业都有一个共同点，就是都有过地狱般的经历。

既有像松下集团的松下幸之助那样，由于国家战败而面临解除公职、财阀解体等无法预料的问题，陷入穷途末路的状态；又有像三得利的佐治敬三那样，在威士忌销售非常火爆的时候杀入啤酒行业，自绝后路，参与竞争，由此变得更为强大。稻盛明显属于后者。

京瓷虽然也曾遇到过各种各样的困难，但总体来说成长和发展还是比较顺利的。特别是创业之后的 20 年间，销售额年均增长率高达49%，非同一般。1984 年，京瓷还在日经优良企业排行榜上，位居国内上市公司第一位，光芒四射。

但是，稻盛并没有满足于现状，即便要经历地狱般的痛苦，也要在克服这种痛苦的过程中不断努力，持续提升。用围棋术语来说，就是他希望通过下出"飞子"[1]，不断挑战新事业，让京瓷脱胎换骨，成为与当时规模完全不同的企业集团，也就是"大京瓷"。

而成为其契机的，就是创建第二电电。

前面提到过，稻盛在圣地亚哥工厂视察时，曾因担心电话费，而对长时间打电话的员工发火，但当得知美国的电话费居然只有日本的九分之一时，他大吃一惊。

当时，日本的电气通信事业由日本政府全额出资的 NTT 垄断经营。因为垄断，所以使用费居高不下，对国民经济造成了很大的负担。

1　飞：围棋术语，也叫"小飞"，是指在棋子呈"日"字形的对角交叉点处行棋。

而美国的 AT&T（美国电话电报公司）虽然一开始就是民营企业，但还是好几次成为《反垄断法》的诉讼对象。而且，还在 1984 年被拆分，与占原公司三分之二资产的市话通信子公司分离，成为一家专注于长距离通信事业的公司。

受到海外形势变化的刺激，日本国内关于国营事业的民营化和自由化以及拆分等的舆论高涨。接着，在第二次临时行政调查会（第二临调）时，与国铁（现 JR）、专卖公社（现 JT）一样，电电公社的民营化也被确定了下来。

于是在 1985 年，电电公社变身为民营企业 NTT。与此同时，电气通信事业的自由化也开始了，其他企业也开始被允许参与这一事业。

民营化和自由化的主要推动者正是电电公社当时的总裁真藤恒。对于稻盛而言，他有时候像救苦救难的释迦牟尼，有时候又像不共戴天的仇敌。第二电电的设立及其后艰苦奋斗的历程与他有很深的关联，所以在这里要对他稍做介绍。

话要从 1980 年谈起，在这一年的秋天，电电公社近畿电气通信局发生了"空头津贴"和"伪造出差"等财务丑闻。

当时，担任第二临调会长的土光敏夫一直以来都认为电电公社的体制有问题。他和中曾根康弘首相商议后，于 1981 年，将自己一直培养的部下——时任石川岛播磨重工顾问的真藤送入了电电公社担任总裁。这不是一个简单的决定，自民党邮政派系的老大是田中角荣前首相，他推荐过精明干练的北原安定副总裁，但被中曾根一口回绝了。因为中曾根的执念，即使无法分割电电公社，也至少要将其民营化。

真藤是将石川岛播磨重工推向行业第一的关键人物。

他通过标准件的大型化实现了建造费用的减半，并且导入了标准设计和标准成本，使建造费用的计算变得简单。诸如此类，显示出了高超的手段，他被称为"合理化先生"。土光将真藤提拔为常务董事兼船舶事业部部长后，真藤不断亲自访问客户，在空前的造船热潮的背景下，大大增加了公司的造船订单。

某大型海运公司的高管是这样讲述"真藤神话"的："不管怎样高难度的规格，都能当场迅速计算出建造费用，而且与完工后的实际费用几乎完全一致。大家都说真藤先生的脑袋里装着计算机。"（青木贞伸《巨大企业 NTT 王国》）

但是，造船热潮过后，低潮就来了。被迫进行人员削减的真藤决定卸任社长，但此后他并没有担任会长，而是担任了顾问[1]，自己承担了责任。在知所进退这一点上，他可以说是无懈可击。对于这样的真藤，土光由衷地信任。

真藤刚就任总裁就语出惊人：

"来到电电公社，我大吃一惊，这里不是日本而是外国。不，甚至是外星球的电电国。在这里，大家讲着日本人完全听不懂的电电语，日本人完全无法理解的电电思想在这里大行其道。"

作为首任来自民企的总裁，他着手内部改革，力图使这家企业在民营化之前尽可能向普通企业靠拢。但这受到了电电公社内部的激烈抵制，而且企业外部也有很多势力不想放弃既得利益。

但是，真藤先发制人。

"仅仅就任总裁四个月的真藤，秘密地开始了'电电公社民营化作战'。就像间谍小说里一样，他在深夜 11 点送出了'密使'，目的地是刚刚成立两个月的第二临调的事务局。"（町田彻《巨大垄断　NTT 的原罪》）

真藤调动了第二临调的力量，从内部和外部进行两面作战，引领电电公社这艘巨轮转舵驶向民营化的方向。

只是，让人难以理解的是，对于民营化之后拆分 NTT 的相关事

1　日本企业社长退任后一般会担任会长。——译者注

宜，他却裹足不前。

想当初，他也曾是拆分的积极支持者。

他曾向周围的人这样讲："临调所说的 8 家或 11 家还是太保守了，应该按照全国都道府县的数量，拆分成 47 家公司。"但最终还是不了了之。

町田彻所著的《巨大垄断　NTT 的原罪》一书中有"巨大垄断使真藤恒改变想法"这一章，记载了真藤态度剧变的过程。

确实，电电公社的工会全电通为阻止拆分而施加了压力，因为作为公劳协[1]中最大的工会，一旦企业被拆分，他们的势力就会被削弱。

打着"赞成民营化，反对拆分"旗号的全电通委员长山岸恫吓真藤说，"如果真的提出拆分的话，工会可能会举行违法的罢工"，敦促他慎重行事。

邮政派系的议员也对真藤施加了压力。于是从那时起，真藤关于拆分的论调开始明显减少。电电公社就是"伏魔殿"，除了这些干扰之外，他还受到了很多不为人知的其他压力。

真藤后来被卷入了后面将会提到的某一大事件，很快就从幕前消失了。所以，NTT 分拆论销声匿迹的真相迄今为止还是模糊不清。

结果，在第二临调的回复中，对于国铁明确地记入了"拆分"，但对于电电公社则止于"在五年内'重组'为本地服务公司和干线运营公司，暂时将其转入由政府控股的特殊公司"的内容。

即使实现了民营化，电电公社仍然是巨型企业。

电电公社民营化之后，资本金为 1 兆日元，高达新日铁（现新日铁住金）的大约三倍。年销售额超过 4.5 兆日元，与丰田相当。员工32.6 万人，居日本第一。虽然通信自由化的方针已经确定，但由于电

1　公劳协：公共企业体等劳动工会。——译者注

电公社自邮信省[1]成立以来不断构筑遍布全国的基础设施，实力过于强大，所以没有公司敢于出头挑战也实属正常。

但是这时，被认为是"鲁莽"的挑战者出现了，这个人是谁呢？

就是稻盛和夫。

在他的人生中，侠义精神和抵抗精神贯穿始终。对于没有正当理由的权威、常识、垄断，他都会燃起旺盛的"斗魂"。

民营化后更名为 NTT 的这家巨大企业，仍然保持着垄断状态。对此，稻盛动了侠义之心。

即便如此，挑战的对手还是过于强大了。京瓷虽然正处于年销售额 2200 亿日元，员工 11000 人的高速成长期，但 NTT 的规模是其 20 倍以上，这就如同蚂蚁和大象。

而且，稻盛深知多元化的风险，一直以来都以"不出飞子"为信条。挑战通信事业与挑战太阳能发电、人工再结晶宝石和生物陶瓷不同，无法看到与陶瓷行业的协同效应。也不像雅西卡那样，是受人之托而接手重建。不管稻盛如何强调"外行"的优势，这一次都实在是过于外行了。

然而，如果想要进入今后可能呈爆发式增长的通信行业，这次电气通信事业的自由化，是千年一遇的良机。相对于那些仅仅依靠历史遗产、自身的国际竞争力不断下降，却又傲慢、自大的产业，京瓷作为一家新兴企业，市值已经超过了它们。京瓷有可能成为日本经济新的领导者，引领国家前进的方向。

蕴含着这种可能性的大革命，现在正要在眼前发生，稻盛燃起了创业者的斗魂。当然，他也有舍我其谁的自负。

但是，他并没有马上动手，而是在头脑里不断思考新事业所需的人、财、物，通信行业的今后，以及其他各种各样的利害得失。他反

1　通信省：相当于邮政部，设立于明治时代（1868—1912 年）。——译者注

复在脑海中进行模拟，因为要思考的要素非常多。

但那时的他已经深刻地体会到，事业成功的关键在于是否能以"纯粹之心"倾听市场的声音，以了无私心的态度做正确的事。在思考完所有事业计划类的内容之后，最后剩下的就是自己的动机了。也就是说，要追问这个动机是否是"善"的，其中有没有包含自己的利己心。

稻盛将这个问题像念咒语般在心中不断自问自答，反复咀嚼。日后回顾时，他讲到，这个自问自答的过程才是这个事业的起点。

经过半年左右的反复思考，稻盛做出了决断：

"一定要干！一定要干成！"

1983 年 7 月，京瓷召开了临时董事会，挑战第二电电被作为议题提了出来。

"京瓷创业以来积累了 1500 亿日元的内部资金留存，我希望能动用其中的 1000 亿。"

稻盛一锤定音，决定进入电气通信行业。

他经常将"乐观地构思，悲观地计划，乐观地实行"挂在嘴边，而创办第二电电的计划正是这种思维方式的现实写照。

稻盛是一个天才经营者，在某些问题上不太集思广益。但也正因为如此，他必须依靠自身高精度的决断维持领导力，部下就像追随常胜将军一样追随他。稻盛依靠敏锐的"嗅觉"在商场上不断取胜，这也是他向心力的来源。

邂逅千本

在稻盛决定挑战第二电电这一事业后，很快就在命运的指引下遇到了一个人，他就是原电电公社近畿电气通信局技术调查部部长千本俦生。第二电电的成功离不开这个人。这简直就是上苍在稻盛需要的时候，让他遇到了正确的人。

千本从京都大学毕业后，进入了电电公社，之后获得了富布赖特奖学金在佛罗里达大学取得了电子工学的博士学位。他比稻盛小 10岁，是一个非常自信的人，有强烈的自我表现欲。他甚至在公司宿舍的门牌上写上了"千本博士"，一时成为话题人物。

1983 年 8 月，大阪商工会议所会长佐治将千本介绍给了他的密友——京都商工会议所会长塚本。塚本聘请千本作为讲师，筹划了题为"超 LSI 的发展与高度信息化社会的实现"的演讲会。

"稻盛，这次的讲师是搞技术的。不懂技术的人和他对不上话，所以你一定要来。"受到塚本的邀请，稻盛不好推辞，结果，还顺便担任了演讲的主持人。

当时，京都正在推进京阪奈学园都市构想，对于高科技和信息化课题非常关心。所以，村田制作所的村田社长、立石电机制作所的立石社长等知名经营者都出现在演讲会的现场。

千本在那里热情地阐述了超 LSI 的发展最终会使高度信息通信系统的构筑成为现实，而这将完全改变社会的面貌。

但千本话锋一转，讲到日本与美国相比还非常落后。他的这种焦躁感使他虽然置身于电电公社，但仍然直言不讳地指出，落后的原因就在于电电公社安于现状的体制，认为现在正是应该推进自由化的时候。

稻盛在主持席上一边看着千本，一边想着："真是个有趣的人……"一提到电电公社，人们就会联想到那个组织里的人都充满了官僚思想。但千本身上没有丝毫官僚气息，而是堂堂正正地阐述自己的想法，充满了自信，个子虽小却让人感觉充满了能量。

演讲在盛况中结束，在随后的恳亲会上，稻盛跟他聊上了。

"我对您的讲话很感兴趣，就像您说的那样，要实现高度信息化社会的发展就必须推动电气通信行业的自由化。但您恐怕也知道，到现在都没有一家企业愿意参与这个新的挑战。"

"我觉得这是一个很大的商业机会，京瓷这种高科技企业应该也有机会。"

这时，稻盛说："是啊，我正想着，如果没人愿意出头的话，我们自己就打算举手参加了。"

听到这话的一瞬间，千本大吃一惊，差点儿拿不住手里的杯子。他虽然说京瓷应该也有机会，但这只是客套话，根本没想到京瓷真的打算向电电公社发起挑战。

日后，稻盛曾被人在背后揶揄为"挑战风车的堂·吉诃德"，而在当时那个瞬间，千本也是这么认为的。

稻盛对大吃一惊的千本说："虽然有点儿失礼，但今天听了您的讲话，感觉到您在电电公社似乎有点儿不得志。要不您来我们这里吧，我们一起成立一家能和电电公社对抗的公司。请您一定联系我。"说着，就把家里的电话号码写到名片上，递了过去。

此后，两个人开始频繁见面。

大阪皇家酒店（现丽嘉皇家酒店）大门里的左手边有一个露天咖啡厅，他们经常在那里见面。很久以前，也是在那个地方，第一物产的吉田顾问曾对稻盛说："哎呀！你真了不起！这么年轻却拥有了philosophy。"对稻盛来说，那里也是一个能引起回忆的地方。

千本是一个热情的人，但稻盛的热情远在其之上。每次见面，千本都被稻盛所吸引。他开始琢磨："这个人说不定能帮我实现自己的抱负。"

终于，他下定了决心，开口对稻盛说："我想从电电公社辞职，和您一起参与新事业！"

"我现在都记得，当时稻盛凝视着我的眼睛，目光锐利。我在心里暗暗惊叹，'这是经营者捕获猎物时的目光啊'。"（千本倖生《走向

宽带革命的道路》）

　　不是千本选择了稻盛，而是他已经落入了稻盛的掌心。

　　一直以来，都有很多人对千本所讲的话题感兴趣，佐治是这样，塚本也是这样。在演讲会上，他是很受追捧的，这是因为大家都从他所描绘的电气通信事业的未来中看到了巨大的可能性。

　　但是，在见过很多财经界人士后，千本选择稻盛作为实现自己抱负的伙伴。仅从这一点来看，就能感受到稻盛异乎寻常的人格魅力。

　　千本拿起一旁酒店的便笺，写上了"东京""大阪"，用一条粗线把它们连了起来，说："在这里建设自己的通信网络。"他一边用图示进行简单易懂的说明，一边在几张便笺纸上写下了事业计划。

　　"'事业所需的资金情况是这样的，在东京到大阪之间铺设专线只需要 300 亿日元左右就应该可以了。包含这些在内，最初的两三年总共应该需要 1000 亿日元。我可以来负责构建整个体系，但我既没有资金，也没有指挥民营企业的经营能力。稻盛先生，这两项需要您来。'

　　"我说完后，稻盛轻轻地叹了一口气说，'给我一点儿时间'。"（千本倖生《走向宽带革命的道路》）

　　差不多过了一个月，"果然这次还是不行啊"，正在千本打算放弃的时候，家里的电话响了。

　　电话的另一头，稻盛用毅然决然的声音说："我决定了，一定要干！"

　　当时，稻盛曾向关系密切的财经界人士这样说："真的是让人热血沸腾的事业啊。"

　　于是，坊间开始流传，"京瓷好像又要收购企业了"，但实际上，稻盛正在思考更大的事业。

　　稻盛在当时之所以能破例"下出飞子"，是因为前面提到的，他深谋远虑地在企业内部预留了二次创业所需的充足的自有资金。

在开创新事业时，经常会使用银行融资和股权融资等方式从外部筹集资金，这实属正常。如果确信事业有前途，与其使用自有资金，不如使用外部借款以提高杠杆效应，这也是企业财务的基本理论。后来与稻盛和千本建立深厚关系的软银创始人孙正义，就是采用这种经营手法的典型。

但稻盛却选择了等待自有资金的慢慢积累。仔细看他，就能明白"等待时机"也是成功者重要的资质之一。用股票市场的语言来比喻，"空仓"往往是普通人做不到的。

千本在书中写道："以当时京瓷的企业规模来看，那是非常冒险的、破天荒的决断。对于这种卓越的挑战精神，我至今都由衷地赞叹。"（千本倖生《走向宽带革命的道路》）但从电电公社辞职去往京瓷，千本的行动也同样是"破天荒的决断"，充满了"卓越的挑战精神"。

辞职前去真藤总裁那里告别时，真藤说："原来你是去稻盛那里啊。如果跟稻盛一起干的话，说不定能成。"没人知道这是不是他的真心话。

就此，千本于1983年12月23日从电电公社离职，在第二年的1月1日加入京瓷，职务是常务董事兼信息企划本部部长，当时年仅41岁。

当他告知周围人自己辞职的消息后，大家的反应几乎都一样："再干一年就能拿到年金了……""难得能在超一流的企业工作……"

实际上，千本上任后，来到当时位于八重洲的京瓷东京营业所时，着实吃了一惊。电电公社的部长办公室接近65平方米，但他在京瓷的办公室是用接待室改造的，在10平方米左右的房间里放了两张桌子，仅此而已。

千本多多少少有了一些不安："这次跳槽到底对不对呢……"

"下出飞子"这样的事业多元化的难度首先在于，如何解决"人"的问题。不管多么优秀，京瓷的员工在电气通信行业都无法马上具备战斗力。所以，千本最初的工作是从旧主处不断招揽人才。

他邀请有潜质的年轻人每周末去京瓷疗养所——位于京都东山鹿之谷的"和轮庵",参加集中学习会。"和轮庵"是位于南禅寺周边的高级别墅之一,从琵琶湖引来的湖水蓄积在水池中,庭园经过精心设计,很是雅致。在这里召开的学习会是招揽人才的重要布局。

因为千本想成立一个由少数精英构成的团队,所以他只邀请了一部分有意向的员工前往,介绍他们与稻盛相识。这是因为想让他们亲耳听到从稻盛嘴里说出的对于事业的想法。接下来就是稻盛的独角戏了,大家一下子就成了"稻盛迷"。

但是,不管怎么喜欢稻盛,要大家放弃自己迄今为止的事业,一起成立一家新的公司,那就是另外一回事了。受邀对象中最后只有一半人参与其中。

这毕竟是从名门企业离职,就高达一半人被说服的百分比而言,已经是一个惊人的数字了。后来成为 KDDI 社长和副社长的小野寺正和种野晴夫等人,就是那个时候被招揽的创业成员。从电电公社的角度来看,第二电电带来的最大实际破坏,恐怕就是这样的人才招募吧。

对于稻盛而言,最为感谢的应该就是千本在一开始的人才选拔上就发挥了创业者精神。后来,千本是这样说的:

"小野寺先生当时的专业是无线通信,而我的专业是有线通信。在电电公社内部,有线部门和无线部门是竞争关系。我们两个人并没有很深的交情,但为什么努力尝试去说服小野寺先生呢?第一理由当然是因为他在无线部门是一个引人注目的人才,另一个理由是因为不想在技术上有漏洞。"(千本倖生《你的人生怎么走》)

人才的多样化非常重要。千本一开始就不以招揽朋友,而以招揽事业团队为目的。实际上,他当时考虑的是铺设电缆建立线路,但最终却不得不改为无线。那时,招募小野寺的价值就显现出来了。

他们一到周末就聚集到"和轮庵",探讨如何才能对抗电电公社。

每次都谈到深夜，还一起喝酒。实际上，那就是空巴，他们在不知不觉中就已经被稻盛影响了。

这个"和轮庵"位于鹿之谷，如果把电电公社想成尽享荣华富贵的平家的话，倒是很贴切。

但是，当时由于打倒平家的计划泄露，很多相关人员都被判死罪，俊宽被流放到鬼界岛，最终死在那里。所以，大家在这里聚集，谋划新事业，心中充满了悲壮的情感。

牛尾、饭田、盛田等人的加盟

第二电电如果仅仅依靠京瓷的招牌，确实会让人心里没底。

稻盛在东京某次财经界人士的会议上，对自己的好友、牛尾电机的牛尾治郎讲述了自己的愿望和想法："现在，日本的电气通信事业正逢百年一遇的大变局。为了国民，无论如何也要想办法降低日本的通信费用。我打算赌上自己的性命，也要让这个事业成功。"

牛尾电机创业于兵库县的姬路市，是制造汽车前灯等所需要的卤素灯的顶级企业。牛尾本人不仅受到松下幸之助的喜爱，后来还成了经济同友会的代表干事，是财经界的重要人物，大家都认为他很有见识。

默默地聆听完的牛尾笑着说："我们也正想着要做些什么，如果能支持到你，我们会很高兴。"一旁西科姆公司的饭田亮也表示了赞同。

这时候，索尼的盛田昭夫也凑过来问："什么事情？什么事情？"所以，稻盛也对他做了说明。结果，盛田笑着说："索尼也会支持，但所有责任由你负。"

当时宴会上几个人站着聊天的内容，后来被逐步具体落实了。

根据牛尾的提议，让拥有政治力量的三菱商事也参与进来。一开始，三菱商事想单独参加电信事业，但在稻盛的劝说下最终决定共同参与。

为了避免"艄公多了撑翻船"的局面，盛田将新公司的经营者委任于稻盛一个人，这很值得感谢。但是，他又提出了另一个要求：新公司的名字与其用英文缩写，不如用"第二电电"，怎么样？

一直以来，大家确实都以"新电电""第二电电"等称呼来谈论打算成立的新企业，却没有将其直接作为公司名称的想法，倒是想用类似于索尼（SONY）这样既有流行感又蕴含着先进性的英文缩写。但是，盛田对此不屑一顾。

牛尾比稻盛大 1 岁，饭田比稻盛小 1 岁，三个人年龄相仿，但盛田比稻盛大 11 岁，是财经界的大前辈，又创立了"世界的索尼"，所以大家都注重他的意见。

即便如此，千本还是大胆地尝试反对：

"现在，大家都意气风发，以成为日本第一的通信公司为目标。在这个时候，一开始就用带'第二'的名字，合适吗？"

盛田对他的话不以为意，说道：

"确实用英文缩写会更好看，却要一一说明到底是什么公司。如果用'第二电电'的话，谁都可以一目了然地知道这是日本的第二家电话公司。"

实际上，盛田就是在 1958 年将公司的名称由东京通信工业改为索尼的那个人。

当时，更名遭到了公司内部的猛烈反对："弄个谁都看不懂的名字，太让人尴尬了。"

那个时候，讲到公司名称，一般都会在人名或地名后加上表示产品或业态的词，组成名称。大家反对也实属正常。

对于"要改名的话，至少也要改为索尼电子工业"这样的话，盛田充耳不闻，他取得了共同创业者井深大的支持，井深大坚决贯彻盛田的想法，结果成就了"世界的索尼"。

但这次恰恰相反，他主张取一个"谁都看得懂的名字"。知道"索尼"这个名字诞生的前因后果的各位都面面相觑，但他们还是相信盛田的感觉，听从了他的建议。

在被盛田他们要求"负责经营"之前，稻盛也并非没有思考过由自己担任第二电电的社长，但他当时已经有了中意的人选，就是原资源能源厅厅长官森山信吾。

森山是稻盛的同乡，他在担任通产省科长时期，就在出席鹿儿岛同乡会时遇到了稻盛。他的性格很像鹿儿岛人，非常开朗，善于开玩笑，没有自以为是的精英意识。

每次见到他，稻盛都被他吸引。所以，稻盛邀请他："你离开通产省之后，到我们公司来吧。"

稻盛嘴上虽然这么说，但心里其实没抱什么希望。因为资源能源厅厅长官离职后，除了就任石油公团总裁或 JTRO 理事长以外，国有企业中，职位也任他们挑。

但到了离任时，森山却主动询问稻盛："你以前说的话还算数吗？"稻盛虽然以为他是在开玩笑，但还是马上回答："当然算数。"于是在 1983 年，森山成为京瓷的副社长。

稻盛认为这个第二电电正是让森山出马的时候。

"由原官员担任新公司的社长合适吗？"

千本曾激烈反对。他可能认为，稻盛当社长，自己当副社长，而且在不远的未来，自己还可以成为社长的候补。但是，稻盛虽然对千本的能力评价很高，却并没有打算让他当领导人。他认为千本过于以自我为中心，无法忠实地体现稻盛的哲学。稻盛不喜欢才子，这是只有他才会做的选择。

而森山在某天突然提出一个惊人的提案："我们干脆从邮政省（现总务省）的离职官员中选择新公司的董事吧。"

虽然森山等人是例外，但稻盛一贯讨厌官员，所以他一开始并不同意。可是，在森山的劝说下，他慢慢理解了。

从事通信事业需要各种各样的许可证。如果是邮政省的离职官员，就非常清楚省内的权力分布和推进方式。而且，如果前辈成了董事，以前的部下们也一定会给予关照。森山对这些情况非常清楚。

稻盛也认为，这是在别人的地盘上办事，咬咬牙决定听从这个意见。

于是，森山一方面马上着手选人，另一方面为了搞好关系拜访了所有的出资方。这样的努力带来了超出期待的成果，他的领导力，加上在财政界广泛的人脉，给新公司带来了数不清的好处。选择森山作为社长是完全正确的。千本也在一段时间后，对森山完全心服口服了。

虽然秘密地推进计划，但动静这么大，迟早是要暴露的。

果然，1984 年 3 月 10 日，秘密被彻底地揭开了。《日本经济新闻》在晨报的第一版用大字登载了以"京瓷和索尼等正在筹划成立'第二电电'"为标题的新闻。

其中对于出资人的信息和关于业务重点在三大都市圈的描述，与事实几乎完全一致。有传闻称，这是因为迟迟没有企业举手参与，所以邮政省等得不耐烦了，有意泄露了信息。但事到如今，这些都无所谓了。

但是，相关人员却感到焦虑，这是因为最为重要的问题还没有定论。这就是专用线路的铺设方式。

最初思考的是和电电公社一样，采用沿着国道 1 号线埋设光缆的办法。但经过计算发现，埋设一公里要花将近 1 亿日元的成本，所以不得不放弃。

接下来思考的是，在新干线的侧沟里埋设光缆的方法。这样的话，成本很低，但被当事方国铁拒绝了。

国铁拥有自己的铁道通信线路，"绿色窗口"售票系统还是日本数据通信的先驱，新干线上也实现了高水准的移动通信。当初，国铁被认为是第二电电极好的合作伙伴，完全没想到他们会成为竞争对手。国铁在 1987 年 4 月被拆分并实施民营化，他们希望把新电电事业打造成为民营化后产生利润的支柱事业。

后来，千本他们又考虑沿着高速公路的中央隔离带铺设光缆。于是，他们和道路公团交涉，结果也被拒绝了。千本的计划到此突然遇到了巨大的障碍。

在他的头脑里，浮现的是美国通信行业的做法。在美国，铁路和公路运营方将设施租给通信公司，由此获得收益的商业模式是成立的。他理所当然地认为日本也是如此，但日本和美国是不同的，这个不同点就在于，京瓷作为通信行业的外行，居然敢有勇无谋地表示将涉足通信领域。

所以，国铁和道路公团都认为："连没有任何设施和经验的京瓷都敢举手参与，我们自己做一定也能成功。"他们充满自信地行动了起来。

绝对言中的预言者的预言一定不中——这是一个悖论。千本曾预言，京瓷这样的企业也能参与电气通信事业的时代将会到来。正是因为他的这个先见性，其自身的预言变得难以实现。

在到处碰壁的过程中，竞争对手的动作越来越"清晰"了。

在筹备设立第二电电的报道过后一个月（1984 年 4 月），出现了题为"利用高速公路进行光通信 官民共同建设第二电电——建设省方针"的报道。以建设省为后盾，其外围机构日本道路公团报名参与，这就是后来的日本高速通信公司（通称"道路通信"）。

让稻盛他们吃惊的是，有报道称，丰田会加入日本高速通信公司。因为丰田预测到，移动电话、汽车和信息通信领域之间，未来会产生协同效应。

接下来的 5 月 25 日，有报道称国铁也会参与竞争，这就是后来的日本电信。

请求这些机构为第二电电铺设光缆的千本，事实上是给自己寻找了竞争对手。国铁的谈判对象马渡真一副总裁甚至成了日本电信的首任社长。

日本电信发布了计划，投资约 200 亿日元沿着东海道新干线的铁路沿线铺设光纤网络。首先在东京到大阪之间开始面向企业的通信服务，日后会将同样的做法推广到山阳新干线和东北新干线。

日本高速通信和日本电信都是慎重地等待时机，准备好了人、财、物，制定好了完整的战略之后，后发制人地参与竞争。从结果来看，最先表明参与的第二电电反而成了最落后的。

第二电电刚刚创业就陷入了生存危机。虽然最初也有人将其视为自由化的旗手，为其加油、鼓劲儿，但随着各路"豪强"的加入，第二电电似乎就变得可有可无了。

在京瓷刚刚创业时，只能拿到那些连能否做出来都不确定的高难度订单，一旦接单就没有退路，只有拼命想办法做出来。现在被逼到了与京瓷创业时同样的背水一战的局面，稻盛的斗志反而被点燃了。

DDI 成立

东京电力虽然也举手表达了想要参与的意思，但邮政省以"供需调整条例"这一限制参与通信事业的规定为由，没有予以认可。也就是说，相对于市场规模而言，竞争者已经过多了。

结果，新电电事业花落三家，但有很多人甚至认为，三家也太多了。竞争者太多，会导致企业在经营不顺时采用价格战的方式提高业绩，而竞相压价的恶性竞争又时常导致两败俱伤的结果。邮政派系的议员对第二电电施加压力说，"新电电事业还是由一家企业来做比较好吧"，但第二电电没有拱手让人的打算。

1984 年 6 月，第二电电企划（后来的第二电电）按计划成立。与先前规划的一样，稻盛就任会长，森山信吾就任社长，员工人数为 20 人。

公司简称确定为 DDI，源于英文名称 Daini Denden Inc. 的首字母。此前两个月，京瓷东京中央研究所开业，DDI 的总部就设置于此。

除了京瓷以外，索尼、牛尾电机、西科姆、三菱商事四家公司共同成为发起人，盛田等人成为独立董事。但那时，通过设立独立董事来强化企业管理这一概念还没有被普遍接受。

此外，三井物产、伊藤忠商事、三菱银行、三和银行、野村证券、三得利、华歌尔等 25 家企业成为股东。此后，想要出资的申请也络绎不绝，所以又追加了 200 家，共计 225 家，再往后的出资申请就被拒绝了。申请出资的企业多，并不意味着大家都觉得第二电电一定前途光明，而是因为当时的日本企业财务条件比较好，可以多头下注。实际上，几乎所有的出资者都是对新电电事业的三家企业同时出资的。

之所以在第二电电后面加上"企划"这个名字，是因为企业的成立先于《电电改革三法案》的通过，所以在正式场合，是以调查公司的名义成立，准备在法案通过后立刻就将"企划"二字去掉。

京瓷东京中央研究所的地下一层有一个很大的日式房间，大家在那里围着稻盛坐成一圈，吃着生鱼片和天妇罗，喝着烧酒，畅谈理想。空巴在这里也被切实运用，大家在一起凝聚力量，为未来积蓄能量。

5 月 31 日召开了庆祝第二电电企划成立的纪念酒会，电电公社的真藤总裁在百忙之中赶了过来，酒会的气氛极其热烈。

稻盛因为责任重大，在牛尾、饭田、盛田三个人的要求下，承诺戒烟。这是因为要承担经营新公司的责任，健康上不能出问题。

稻盛曾经因烟瘾大而闻名，在此之前每天要抽六七十支烟。所以，他对这个禁烟命令无法拒绝，只好承诺"当前"戒烟。

第二电电企划成立的那一年，稻盛年仅 52 岁，正值盛年。

在这一年的 4 月，稻盛投入私人财产，设立了稻盛财团。同月，他又因成功开发了用于大规模集成电路的陶瓷多层封装技术而获得了紫绶勋章。可以说，他的人生比普通的成功者快了 20 年。

新公司虽然成立了，但如果无法铺设通信线路，则意味着"企划"失败。

于是，稻盛亲自拜访了国铁的总裁仁杉产严，再次向他请求为 DDI 铺设一根与他们相同的光纤，但结果还是被拒绝了。

稻盛质疑说："国铁的用地明明是国家的土地，却只让日本电信这一家民营企业垄断性地使用，这不公平。而且，这应该跟《反垄断法》有抵触吧？"

这句话虽然说得仁杉张口结舌，但结果并没有改变。

几天后，建设大臣水野清来做第二电电和道路公团的中介。他提出只要向道路公团主导的日本高速通信出资，作为股东就应该能得到特殊待遇。第二电电就像抓住一根救命稻草一样，投资了相当于资本金 2% 的金额，但还是没能像大臣说的那样产生想要的结果。

考虑到工期和费用，剩下的选项就只有一个了，那就是采用建造基站发射电波的微波方式。但其通信速度和容量都不如光纤，是迫不得已时的最后手段。

但是，即使是这个选项，也可能不行，因为日本上空的电波带中能使用的无限频率是有限的。自卫队要发射无线电波，美军也要发射无线电波，如果新的无线电波和既有的无线电波发生干扰的话，会产生巨大的问题。

正当大家觉得万事休矣的时候，电电公社的真藤总裁伸出了援

第二电电的成立宴会
（前排右起为索尼的盛田昭夫、电电公社的真藤恒、稻盛、西科姆的饭田
亮、牛尾电机的牛尾治郎、DDI 的森山信吾、千本倖生）

于 1980 年开设
于京都市左京区
鹿之谷的迎宾
馆——"和轮庵"

手。京瓷总部接到了真藤总裁本人打来的电话。很不巧，稻盛正好不在，但总裁留言说："不用回电话了，告诉他关注一下明天的报纸就行。"

稻盛第二天按照真藤的留言打开早报一看，映入眼帘的标题是——"电电公社总裁访谈 东京—大阪间的微波无线'还有一条空线路'"。

对电电公社内情极为了解的千本早就知道他们还有微波通信的空线路，而且早已进行了交涉，却被告知："空着的线路是为将来准备的，无法提供给你们。"

但是，现在真藤居然说，"看一下明天的早报"，将这件事变成了新闻报道。稻盛明白了他的用心，真藤通过对外公开这个事实，越过电电公社，直接为第二电电使用线路开了绿灯。

一直以来，在酒会等场合相遇的时候，真藤都会说："稻盛先生，请您一定加油，我会支持你的。"原来这并非客套话。

稻盛立刻拜访了真藤总裁，再次确认了已获得电电公社的线路使用许可，他真的是欣喜若狂。稻盛深深地向真藤鞠躬，对于在电电公社这个"伏魔殿"中孤军奋战的真藤，从内心升起了敬意。

就这样，东京和大阪之间的无线线路得以确保，稻盛马上就着手安排建设公司建造网络。

规划是这样的：在东京、名古屋和大阪设置网络中心，每隔50千米设置一个中继基地，共计8处，之间用天线相互发送信号。

三菱商事介绍了邻近多摩新城的、由住宅公团所拥有的一片广大土地，所以稻盛他们决定将作为起点的东京网络中心设置于此。同时，他们立刻着手寻找设置其他中继基地的土地。

新录用的160名员工迅速形成了战斗力，投入了工作，让大家心里更有底了。

凡是容易建设的地点，电电公社都已经建设了基地，所以第二电电不得不将第一中继基地设置在位于神奈川县大矶的湖木高尔夫球场附近的山顶，将第二中继基地设置于静冈县藤枝近郊的山顶，这些都是极其偏远的地方。

即便有了目标用地，还必须得到周边居民的理解。

千本亲自深入木曾山，拎着一瓶清酒，耐心、细致地挨家挨户打招呼，召开对话集会。

即便如此，要得到全体居民的赞同还是很困难。在位于多摩的东京网络中心的动工仪式上，部分居民投掷泥巴和石块，击中了森山社长。他的西装沾上了血迹和污渍，但他还是纹丝不乱，冷静地推进仪式。

在此期间，日本电信和日本高速通信也在稳步铺设光纤网络。而第二电电的员工们以决不服输的心情拼命努力的结果，是原计划至少需要三年时间完成的网络建设，仅用两年四个月就完成了。

此外，就像森山提出的那样，从两名副社长到专务董事，都由原官员担任。

从邮政省四国邮政监察局物色来的中山一副社长专门负责应对邮政省的认证。另一位副社长金田秀夫是原邮政省电波研究所的次长，他负责选择微波线路。这个行业需要的许可认证之多，到了不得不搬迁公司总部以缩短距离的程度，所以公司总部搬到了霞关[1]附近的虎之门的一栋 34 层大楼里。小野寺负责应对政府部门，但其难度远远超出他在电电公社时期，每天都是在持续不断的紧张交涉中度过。

千本也同样背负巨大的压力。一开始没有销售额，只有人工和设备投资等费用不断支出。这虽然与当初预测的一致，但当实际看到巨大成本不断出现时，人会产生强烈的焦虑感。

1　霞关：日本政府部门聚集地。——译者注

然而，稻盛却泰然自若。创业者了不起的地方就在于经过"修罗场"的不断历练之后，对于面临的各种困局，心中都怀有坚定的决心。

他是这样鼓励千本的：

"千本，你现在一定感觉很辛苦。但是，挑战新事业时，一旦开始就无法轻易结束。如果你真的相信这个事业的大义名分，那无论怎样艰难都要干到底。不管竞争对手怎样，我们都要想尽办法坚持下去，绝不能放弃。一旦放弃，就是失败。"

这个教诲成了千本日后贯彻一生的人生指针。（千本倖生《你的人生怎么走》）

枪打出头鸟

《电电改革三法案》（《电气通信事业法》《日本电信电话株式会社法》《关联整备法》）的审议陷入困局，稻盛他们饱受煎熬。但到了 1984 年末，法案终于通过了，并于翌年（1985 年）4 月 1 日正式实施。

日本电信电话公社由此变身成了日本最大的民营企业——NTT。真藤恒继续担任第一任社长。

同年 6 月 21 日，第二电电企划成功登记为第一种电气通信事业者，名正言顺地更名为"第二电电"。

就这样，朝着正式营业的目标，第二电电开始了与日本电信和日本高速通信的"三人赛跑"。首先，第二电电当然是为了在新电电事业的竞争中获胜，而真正的目标是与 NTT 平等竞争。但是，道路仍然漫长而艰险。

第二电电决定于 1987 年秋季开始，提供企业内部通信用的专用线路服务（即所谓"内线电话"），一年之后开始提供长途电话服务。

舆论对此也大为关注。

1985 年 4 月 7 日，《日本经济新闻》的第一次"周日对谈"栏目，选择了 NTT 的首任社长真藤恒和代表三家新电电企业的稻盛作为嘉宾。两个人的照片并列横跨整版，一时成为话题。

稻盛照片的下方用大字写着"大变革的时期，灵魂舞动"，真藤的照片下方同样用大字写着"刺激和协调，正如我愿"。

稻盛谦逊地说："这是百年难遇的良机，是一个戏剧性的旋转舞台 1。我也希望成为转动这个舞台的人之一，贡献自己的力量。"与此相对，真藤的发言胸有成竹："我认为，为了日本的电气通信事业今后的发展，必须排除垄断，所以一定要引入其他竞争者。……与其用小乘佛教的思想明哲保身，不如让拥有巨大潜力的企业尽快进入这个行业。"

这正是大赛之前，两者之间的相互声援。

稻盛果敢挑战 NTT 的姿态赢得了广泛的支持，1985 年的《东洋经济》新年特刊中，连续第二年将稻盛选为"十大最活跃经营者"的第一位。

但是，枪打出头鸟，后面正有未曾预料到的考验在等着他。

这一年的国会中，社会党的井上一成众议院议员开始追究："京瓷的 IC 封装被用于美国的'战斧'巡航导弹，这和武器出口三原则难道不是抵触的吗？"

井上在外交问题上再三让国会审议处于中止状态，是有名的"阻拦王"。

通产省立刻就着手调查，后来发现，这是由于 KII 在美国向通用

---

1 日本传统戏剧演出时使用的舞台。——译者注

动力公司销售的 IC 封装被转用于军事用途。产品本身是标准品，对于采购方将其用于什么地方，生产方是不知道的。再加上京瓷国际归根结底是一家美国公司，如果在这里运用日本的武器出口三原则的话，就会构成对美国的主权侵害。所以，从这个意义上来说，京瓷并没有被指责的理由。

稻盛对此感到不快，所以在接受 NHK 采访时脱口而出："流言是个麻烦。"结果如同火上浇油。

于是，在 1985 年 4 月 11 日的众议院决算委员会上，井上开始追究京瓷制造的人工膝关节的无认证销售问题。在这年 1 月，厚生省已经收到关于此事的匿名举报，开始和警察厅一起着手调查。井上应该是从某处得到了这个信息。

无认证销售是事实，但也事出有因。

生物陶瓷的销售人员需要思考如何将医生的需求反映到产品上。当时，有医生提出定制需求："我这里的癌症病人很痛苦，因为癌症切除了膝关节，所以希望你们提供人工膝关节。"

按照《药事法》，即便使用同样的材料制作的人工骨、人工关节，在制作新的形状和尺寸时，也必须个别进行临床试验。在确认安全性的基础上接受认证，认证时间需要一年左右。

但是，患者等不了一年，于是经常在个别认证完成之前就交货。虽然确有为患者考虑的一面，但违反了《药事法》却是一个事实。即便技术上做了充分的确认，但法律方面的确认是不充分的，所以京瓷一接到提醒就马上停止了相关产品的制造和销售。

而提出上述要求的医院方却在问题公开之后将自己的责任推得一干二净，说："那都是京瓷自己干的。"

稻盛对生物陶瓷部门的干部们说："由我承担所有的责任，希望你们在应对时不要动摇，实事求是地面对调查。"

在厚生省的听证会上，稻盛表达了歉意："事实经过都已经汇报了，我们给医院的相关人士增添了麻烦，深感自身社会责任感的缺乏。没有遵守法律是因为公司管理制度上有了漏洞，所以要改革管理制度。对这件事情本身，我没有什么好辩解的。不管接受什么样的处罚，我们都不会提出异议。"

处罚结果是一个月的停业整顿。稻盛指示全公司"要理解，这是上天给我们的考验"，要求全公司借此端正态度。

但是，井上的攻击并没有结束。他不仅在 4 月的众议院决算委员会上，而且在 5 月和 6 月的决算委员会上都固执地持续攻击。

快速成长企业的悲剧在于，只要被攻击就很容易让人发现漏洞。京瓷销售的无绳电话，由于设计的输出功率超过了规定值，被认为违反了《电波法》，所以必须回收。加上之前的生物陶瓷事件，公司损失高达 43 亿日元。

京瓷自身确实有漏洞，但不管怎么想这件事情都不正常。国会中有一些丑闻事件确实会在几个月内被反复提及，但几乎都是在野党攻击执政党，而对普通的企业不会如此纠缠不休。

事实上，这是有原因的。

井上所属的社会党的支持基础来自全电通和联合等工会，他们态度强硬地反对拆分 NTT。联合工会的缔造者是全电通委员长山岸章，他也是联合工会的首任委员长。对于他们来说，不自量力举手挑战新电电事业，大声疾呼要拆分 NTT 的稻盛是一个极其可憎的人。

所以很容易想象，他们竭尽全力想要打垮京瓷。顺便说一下，在这一系列针对京瓷的攻击中，站在最前方的井上一成，在社会党委员长的首次当选首相的村山富市改造内阁中，就任了邮政大臣。

正所谓"痛打落水狗"，仿佛以前对于京瓷的高度评价就像谎言一样，各家媒体都开始集中火力攻击京瓷。创业 25 年以来，受到如此苛刻的责难，还是第一次。

《周刊文春》在其特辑《员工陆续辞职"京瓷" 稻盛主义的陷阱》（1985年5月2日号）中用小标题写道："上厕所就是给公司添麻烦。"称京瓷员工们上厕所的时间都被限制，劳动环境非常恶劣。

他们甚至埋伏在稻盛家门口拍了他的照片，但这张用于报道的照片中的人，却是偶然去稻盛家拜访的其他人的照片。这是一个乌龙事件。从中可以看出，他们根本没有核实事实，只是草率地进行报道。

稻盛最初并没有对这些报道一一反驳，但攻击完全没有停止的迹象。1984年秋，股票拆分时一度达到8550日元（10月17日）的京瓷股价，到了1985年春，在一连串问题被曝光后不断下跌，到了9月27日，最终暴跌至1452日元。

即便是稻盛，到这个时候也忍不住了，他开始一句句反驳。

对于附着照片的"稻盛和夫在股东大会上也不行礼"的指责，稻盛反驳说："是这样的，我坐在议长席上，面前有麦克风，所以鞠躬时头没法低下去很多。坐在第一排的董事们，只要站起来，鞠躬就能很深。我是最早鞠躬的，我抬头的时候，大家都还没来得及抬头。那只是拍了一个瞬间，根本不能说明全貌，却说我没有行礼，真的非常遗憾。"

由于指责的内容实在是太过愚蠢，即便反驳也没有太大的意义，所以稻盛在采访的最后这样说道：

"因这次事件被如此指责，我内心有好几次都动摇了。妻子和三个女儿可能也都感到脸上无光，心里应该也很难受，但她们对我没有一句埋怨，是她们在支持我。这是我最幸运的地方，她们拯救了我。"

稻盛对家人只有感谢。

生物陶瓷也好，无绳电话也好，都有各种规定和认证的问题。稻盛始终对这些限制自由商业的东西抱有问题意识。当时的新兴企业与今天的创业企业完全不同，是在极其受限的环境中奋斗的。

这些规定和认证到底是否真的应该存在，这个"应不应该"暂且不论，既然有法律就应该遵守，这次京瓷在被指责的这些问题点上肯定是有问题的。

所以，面对这种挑衅性的叫骂，却无法正面应战，只能不断地低头认错，没有比这个更窝囊的了。有火没处发，有苦难言，稻盛的眼中布满了血丝，皮肤干燥、开裂，脸上失去了笑容。

精神上的压力逐渐侵蚀了肉体，稻盛的健康开始明显出现问题了，患上了三叉神经痛。三叉神经是脑神经中最大的神经，三个分叉分别连接眼睛、上颚和下颚，因此而得名。

每个病人的症状都不一样，稻盛的症状是左脸明显疼痛，甚至疼得满地打滚，这是他人生中首次经历这种痛苦。病症一旦发作就会持续三个月左右，其中最为疼痛的时期为一个月，不知道什么时候在哪里会发作。

1988 年发作时，稻盛正在飞机上。他从纽约搭乘了日航的直飞航班，喝了一点儿威士忌正打算入睡的时候，发作了。

因为在空中，不可能去医院，甚至根本连动都动不了。向空乘人员要来热毛巾，拼命、努力地压住，到日本的时候，稻盛的气都快喘不过来了。

这个病症一直折磨着稻盛，直到后来中国的名医在他脚趾上进行了温灸治疗，才基本好转。

稻盛为了让自己的内心平静下来而到圆福寺拜访西片长老，就是这个时候的事情。长老微笑着聆听他的讲述，听完后对他说：

"稻盛先生，遇到灾难是活着的证明。而且，因为这场灾难，你过去积下的业消掉了，所以这是要烧红豆糯米饭庆祝的。"

西片用简单易懂的语言说明了《金刚经》中所讲的"消业"的概念。如果普通人这么说，稻盛可能不会接受，但这出自长期修行的长老之口，稻盛深以为然。

"这是为大义而战，绝对不能认输！"

稻盛就此重振精神，再次获得勇气，投入"硝烟弥漫的"、名为
"商业"的战场。

转换器和孙正义

使用新电电的长途电话服务时，在电话号码前要加上 4 位数
的事业者识别号码（预拨号码），能选择的有三个号码，分别是
"0088""0070"和"0077"。[1]

正当大家向上天祈祷"抽到 0077"时，果然如大家所愿，第二电
电抽中了"0077"。一瞬间，员工们都忍不住大叫"好"。结果，出现了
被邮政省的职员批评"安静一点儿"的场面。（涩泽和树《挑战者》）

虽然如愿抽到了"0077"，但与不需要预拨号码的 NTT 相比肯
定是不利的。虽然在电视广告里以"0077"为广告词，用低价吸引客
户，但本来打长途电话就需要拨区号，现在还要再加拨 4 位数，比较
麻烦，所以这成了一个必须解决的课题。

通过在美国市场的调查发现，使用斯普林特和 MCI[2] 等新电电公
司的服务时，也要先拨预拨号码。但在美国，已经普及了"智能盒
子"和"自动拨号器"等能够自动探知最低价线路，以及自动拨号的
转换器。

正当稻盛打算在日本也要开发同样的产品时，有一个早就做好准
备的人上门来推销了，这个人就是孙正义（后来的软银社长）。

1　有两个幸运数字"7"的"0077"最容易被记住。
2　MCI：美国第二大长途电话运营商，2005 年被收购。

孙正义向往成为坂本龙马一样的人，高中退学后单身赴美。从世界顶级精英云集的加州大学伯克利分校毕业返回日本后，没有找工作，而是直接开始创业，是一个与众不同的经营者。

他于 1981 年成立软银，当时的主要业务是销售电脑用的软件，但他抓住了通信自由化的机会，尽早委托夏普开发了转换器。随后，他与电子设备专业商社新日本工贩（现在的 Forval 公司[1]）社长大久保秀夫合作，来第二电电上门推销。那还是在抽中"0077"这个号码之前的事情。

稻盛首次见到孙是在位于山科的京瓷总部，时间是 1986 年的圣诞夜。稻盛被这个刚刚大学毕业就创业的创业者激发了兴趣。孙正义当时 29 岁，跟稻盛相差 25 岁，几乎就是父子般的年龄差距，但稻盛却因他的敏锐目光和极强的行动力感到心动。

据说，当时孙还没有将这个产品推销给第二电电以外的客户。

先和第二电电交涉一下试试，如果顺利的话，就用这个实绩吸引其他公司。即使暂时失败，也只要修正好问题点再去与其他公司交涉就行。销售经验老到的稻盛对孙正义的这个打算洞若观火，但首先要看看他的本事。

孙在寒暄之后就开始对转换器的性能进行说明。原以为他是一个充满野心和自信的、俗不可耐的年轻人，但完全不是这样。他温文尔雅、头脑清晰，不说一句多余的话，反而让人对他产生了好感。

产品性能没有问题，提案发表在一片和气的氛围中进行，但当谈到交易条件时，氛围开始紧张起来。

这是因为孙不主张直接销售设备，而是提出缔结收取使用费（专利费）合同的想法。这样的话，使用转换器期间，他可以持续不断地收到使用费。如果采用购买设备的做法，第二电电有可能中途自行开发，不再从孙那里购买。对他来说，这是生死问题。

1　Forval 公司：日本电信服务和网络服务运营商。

稻盛在默默聆听孙的主张后，这样回答：

"我们购买 50 万套，这个金额应该已经超过你们公司的年营业额了。但与此相应的条件是，必须让我们独家购买。"

这次轮到孙吃惊了。转化器一套要 4000 日元，买 50 万套就意味着 20 亿日元。对于这个大胆的提议，他们惊讶得说不出话来。因为制造成本大致可以推算出来，所以这个合同会一次性给他们带来将近 10 亿日元的利润。

但是，孙还是想同时销售给其他公司，所以执着于收取使用费的模式。

签署使用费合同还是独家购买合同，大家相持不下，时间到了晚上 9 点，距会谈开始已经过了将近 10 个小时。

对于强烈主张自身权利的孙正义他们，稻盛开始以严肃的口吻说话了："你们是了不起的销售人员，但你们是不是搞错了什么？"不难想象，听到这样的话，年轻的孙正义他们开始退缩。（儿玉博《幻想曲 孙正义和软银的过去·现在·未来》）

接着，稻盛发出了最后通牒："如果不能独家购买的话，就不和你们签合同了。这是最后的机会，你们仔细考虑一下吧。"

孙在思考之后，暂时接受了稻盛的提议，在规定了详细内容的合同上签上了名字。这对他来说是一次惨败。

"回到京都市内的酒店后，孙用挤牙膏般的声音对大久保嘟囔，'这次太惨了，而且还是在圣诞节'。孙被称为大叔杀手，每到谈判的关键时刻，总能找出关键人物，并说服对方。但这一次，他败得体无完肤。"（儿玉博《幻想曲 孙正义和软银的过去·现在·未来》）

两个人因感受到屈辱而度过了一个无法入眠的夜晚。思来想去，他们下了决心，于是前去稻盛家中拜访。稻盛当时正好在吃早饭。

不知缘由的稻盛请他们进门，孙犹犹豫豫地开口说道："我们考虑了一个晚上，还是觉得无论如何都想同时卖给其他公司。能否请您将昨天签字的合同还给我们？"

对于这种极其脱离常识的请求，稻盛理所当然地显示出了不快，问道："你们要撤回昨天的决定吗？"

两个人拼命低头认错，但意外的是，稻盛说："知道了，那就还给你们吧。"答应了他们。

虽然如此，但两个人还是有了不好的预感。果然，第二电电很快就自主开发出了和孙同样的转换器。不仅如此，很快又和京瓷共同开发出了带有自动选择功能的半导体芯片，甚至使出了绝技，将其装入电话机里，连电话机一起在市面上销售。

此时，孙他们也成功地和日本电信缔结了提供转换器的定牌生产合作（OEM）合同，孙和大久保每年因此能收到数亿日元的专利费。不论结果好坏，稻盛和夫这位经营者所拥有的强大力量，给孙留下了很深的印象。

"我要把这个人所有的一切都学到手。"孙甚至在一段时间内显示出以稻盛为师的姿态，加入了盛和塾。

但是，这种景象没能持续多久，随着在短时间内获得成功，自信心不断增强的他开始与稻盛保持距离。

后来，在 2004 年，孙将日本电信收入旗下，软银正式进入电气通信行业，开始了与 KDDI 互有胜负的竞争。

率先降低电话费的是稻盛，但在其后引领互联网宽带费用下降的过程中，孙带领的雅虎宽带（YAHOO! BB）也做了很大的贡献。在此过程中，孙正义的奇招（即免费提供 ADSL[1] 的调制解调器），也是模仿稻盛当年免费提供适配器的策略。这一点在后面会提到。

在稻盛率先进入的太阳能发电领域，孙也联合了苦于核电站问题的菅直人首相，用令人惊讶的大手笔，导入了可再生能源固定价格收

1　ADSL：非对称数字用户线路。

购制度。美国的特朗普政权一上台，孙马上就访美并面见总统，给出了高达 500 亿美元（约 5.7 兆日元）的投资承诺。

孙正义作为一个代表日本的经营者，逐渐构筑起了自己牢固的地位。

但稻盛对于孙的经营手法是抱有疑问的：

"孙正义社长率领的软银接连进行大型收购，吸引了世人的目光。但创业型企业的元老旗手、京瓷的稻盛和夫会长（京都商工会议所会长）却很担心：'从企业规模来看，每次 1000 亿日元甚至 2000 亿日元的收购额实在太大了，是否应该更慎重一些？'"

这样的报道出现过很多次。

松下幸之助从内心认同稻盛和夫这个经营者，而且从未对他的经营手法流露出不安。在这一点上，稻盛对孙的态度是完全不同的。

从孙向美国特朗普总统承诺的投资金额中也能看出，他今天的规模与当初新闻报道时期相比又增加了一位数。此外，他还积极对中国企业进行投资。与其说他经营的是实业企业，不如说更像是投资基金的事业形态。

孙的企业经营之道与稻盛不同，他也肯定会在自己的道路上不断追求极致。稻盛的担心最后是否杞人忧天，最终要看孙的经营手段。

成功很难，持续地获得成功更难。进一步说，对于获得成功的企业家而言，如何回馈社会，则是更为困难的事情。孙正义这位天才，从稻盛身上学到了什么，会给下一代的经营者留下怎样的经验教训，我们拭目以待。

参与移动电话事业的屈辱经历

这里要回到原来的话题。

前面说过，根据《反垄断法》，美国的 AT&T 公司中负责本地通信业务的子公司被拆分出来，成了两家企业。结果，这两家企业都开始按照自身独立的判断来采购物资。其中，他们从日本厂家采购的车载电话终端的事例引人注目。

但日本由于《电波法》的制约，像车载电话这样的移动通信（移动电话）还是继续由电电公社一家垄断。美国对此感到不满，开始给日本施压，希望日本尽快开放移动通信市场。

于是，在 1985 年 4 月，以 NTT 成立为契机，美国商务部副部长奥尔马访问日本。他与邮政省进行了协商。小山森也邮政事务次官会后说："这个问题近期内会向电气通信技术审议会进行咨询。"这意味着日本承诺开放这个市场。

稻盛的动作很快，他很早就确信，移动电话的时代一定会到来。所以，在 5 月的经营会议上，他早早就提出了参与移动电话事业的提案。这个时候，DDI 的正式名称还是"第二电电企划"，"企划"这两个字要到下个月才会被删除。

在经营会议上，森山社长及其部下，包括千本在内，提出了强烈的反对意见：

"长途电话服务要等到两年后才能正式开始，其所需的初期投资造成的现金只出不进。在这一业务还未走上正轨时又进入移动电话领域，实属不智之举。"

当时的移动通信领域，即便是作为其代表性商品的车载电话，在日本国内也仅有六万左右的使用者。不仅电话终端很笨重，通信费用还很高。

熟知海外情况的千本说："NTT 的车载电话部门是赤字经营，就连美国都还是赤字事业。"试图给这个讨论画上句号。

但稻盛则不认同，这个时候，他已经超越了千本这个通信行业的专家，拥有了"预见未来"的能力和自己独到的见解。

"当时，我们正在向全世界提供 LSI 的封装，非常清楚 LSI 的集成度在呈几何级数上升。所以我们认为，虽然当时的车载电话体积很大，需要装在汽车的后备厢里，但最后一定会变成能够简单手持的东西，这只是时间问题。"

稻盛后来曾经讲到，当时初遇千本，他的演讲内容正是关于 LSI 的发展会给社会带来巨大变革这一主题。明明如此，但后来千本却反对稻盛的提案，让稻盛无法理解。

此外，稻盛还有一个无论如何都要参与此项事业的理由。当时，市内电话仍需依赖 NTT 的网络，稻盛期待移动电话的出现可以解除这种依赖。

这里稍稍说明一下。三家新电电企业构筑的是长距离通信的线路网络，市内电话的线路网络仍然掌握在 NTT 一家手里。如果不接通市话，长途电话就打不通。

1985 年实施的《电气通信事业法》规定，新电电企业如需要使用市内的电话线路，就需要得到 NTT 的许可。在制定法律时，NTT 曾经承诺，如果新电电企业的通话费仅比 NTT 低两三成的话，NTT 就不会向它们收取附加费用（使用费）。但如果 NTT 反悔，新电电企业就会束手无策。后来，这个担心被不幸言中了。

因此，稻盛在当时就强烈主张："我们公司现在没有连接市内线路的手段，如果不解决这个问题，我们永远也不能构筑完全贯通的通信网络。但如果是移动电话的话，就可能弥补现在第二电电所欠缺的'到各个家庭最后一公里的空白'。我希望能赌上一把。"

即便他这么说，大家还是一脸困惑，没人表示赞同。

稻盛心想："为什么就没人理解呢？"

后来，好不容易其中有一个董事赞同了。抑制不住兴奋的稻盛对他说："如果没有其他人，我们就两个人干！"

这个言论实在是有点儿过分了，对于企业来说，管理（企业管理）还是很重要的，必须警惕经营者个人的单独行动。所以，稻盛的提案在一周后又被放到桌面重新讨论。

但这次经营会议召开时，董事们的反应有了明显的变化。因为他们再次仔细回味了稻盛所讲的话，在此基础上又重新收集了信息，展开探讨。

会议上有人汇报了 AT&T 集团的贝尔实验室正在开发的蜂窝式移动通信技术。在多个被称为"蜂巢"巢室的营运区域建立基地台，这被称为"蜂巢式移动电话"。相比车载电话，其终端更为便携，所以很快就开始普及。

精通无线的小野寺说："如果将重点放在将来的移动电话上，而不是车载电话上的话，就很有可能顺利拓展事业。"

就这样，董事们改变了原先的想法，全员通过了稻盛的提案。（涩泽和树《挑战者》）

我们现在知道，这个决定是非常正确的。移动电话现在已经从"携带方便的电话"变成了"携带方便的计算机"兼"携带方便的照相机"，戏剧性地改变了人们的生活方式，又兼具了钱包和月票的功能，成了生活必需品。

即便当时稻盛的提案没有被通过，发展这个事业可能也只是时间问题。但是，由于许可认证问题的存在，先行者在确保用户数量上有决定性优势。

此后，DDI 变成了 KDDI（移动电话品牌名"au"），与 NTT Docomo[1] 展开了你追我赶的竞争。那也是稻盛"预见未来的能力"的产物。

在开放移动通信市场这一点上，由于有了外部压力，所以在此后很短的时间内，各种政策都被放宽了。

---

1 NTT Docomo：日本电信公司，日本最大的移动通信公司之一。

1986 年 8 月，《电波法》被修改，车载电话等移动通信的自由化开始了。在 DDI 参与移动电话事业之后，日本高速通信也表明将会参与。

丰田的丰田章一郎社长一直以来都对普及车载电话抱有异乎寻常的热情。这也是其参与通信事业的大背景，所以日本高速通信举手参与移动电话事业也是自然而然的事情。

千本在其著作《你的人生怎么走》中，将 DDI 与日本高速通信的竞争解读为"就是京瓷和丰田的竞争"。

丰田是和 NTT 比肩的大企业，在财政界有很广的人脉。8 年后，丰田章一郎还就任了代表日本财经界的经团联会长。他们瞧不上京瓷也实属正常。

但是，他们不仅内心这么想，而且还明显地表现了出来。这时，出现了移动电话事业的许可证问题。

邮政省认为，当时日本移动电话的市场需求还没达到需要三家公司参与的程度，所以打算让 NTT 和另外一家公司参与运营。于是，邮政省给出了由其他两家公司成立合资企业，一体化参与事业的提案。

稻盛当然觉得不可行，但首先激烈反对的却是丰田（日本高速通信）。他们用了"企业文化不同"这个理由，实际上想表达的是"企业规模不同"。

此后，丰田又提出，如果由他们控制 70% 的资本的话，也可以考虑。稻盛不假思索地一口回绝了，双方的主张无法达成统一，即使双方的社长亲自谈判也没能达成一致。

在这期间，之前表明参加传呼机事业的五个企业集团以日本电信为中心集结了起来，于 1986 年 12 月公布成立合资公司——东京电信。虽然稻盛认为传呼机事业不是电气通信事业的主流，没有显示出兴趣，但东京电信成功地实现了一体化，所以移动电话领域的局面开始发生变化。

1987 年 1 月 17 日，邮政省放弃了移动电话企业一体化的想法，公布了认可各企业单独参与的方针。但又对它们提出了要求，要求它们分开各自的运营区域。

假设分为东日本和西日本两大片区，问题是首都圈归谁。NTT 的车载电话的六成需求都集中在东京。日本高速通信和 DDI 当然也想在首都圈这棵摇钱树下运营。

稻盛对小野寺说"提案可以用抽签的方式解决"，将其派去交涉，但被邮政省的科长训斥："国家项目用抽签的方式就太不像话了。"所以，稻盛铩羽而归。

但是，邮政省也想不出更好的办法。而且，抽签这种方式并非没有先例，也找不到比其更公平的方法。

2 月 4 日，DDI 以稻盛为首，日本高速通信以会长花井正八（原丰田汽车会长）、社长菊池三男（原首都高速公路公团理事长）为首，出席会议进行交涉。

稻盛在参加此次会议之前已经暗暗下定了决心，从移动电话事业自由化开始以来，已经过了六个月。如果交涉继续拖延，受损失的是日本国民。

会议一开始，他就做好了精神准备，做出了如下发言：

"如果日本高速通信和我们都执着于首都圈的运营而固执己见的话，谈判到什么时候都不会有结果。所以，我们考虑在这一点上做出让步。"

一瞬间，邮政省负责的官员两眼放光，但这只是一瞬间，因为很快稻盛就被再次要求让步。日本高速通信一方居然提出，除了首都圈以外，他们还要丰田的根据地，也就是中部地区。

这下连稻盛都愕然了，说："这也实在太不公平了吧？从目前的车载电话合同数来看，二者市占率之比就会变成七比三。"

这时，连邮政省的官员都点头对稻盛的意见表示赞同。

但日本高速通信一方仍然态度强硬：

"东京和名古屋是不能让的，但如果你们同意让出这两个地方，我们可以把其他所有地方都交给你们。"

说得倒好，其他地区不仅需求很小，而且范围又广，所以投资效率很低。这些情况谁都一清二楚。

但这时，稻盛的大脑高速运转。

对于他而言，最不利的结果就是会议无法达成一致，邮政省再次回到要求成立合资公司、一体化参与的立场。如果是这样，最好的局面也是和对方对半出资，搞不好还会变成日本高速通信之前主张的七比三的出资比例。

稻盛下了决心："如果日本高速通信无论如何都执着于东京和名古屋，一定主张'我们自己吃包子馅，你们吃包子皮'的话，那也没办法了。我们可以考虑在剩余的地区进行运营。"

稻盛虽然讽刺了对方，在嘴上扳回了一局，但心里还是愤愤不平的，满脑子都是"走着瞧"的想法。

回去汇报结果时，公司里的人全部瞠目结舌。

盛田和牛尾都惊愕不已，说："你可真的是把好吃的馅都给了对方，只把皮带了回来。"盛田甚至责问他："为什么不先来跟我们谈？"

"这件事被拿到董事会上激烈讨论。盛田对这个分区域运营的方案强烈反对，主张'再挑战一次，一定要把首都圈拿下来，绝不能接受这种没道理的方案，绝对不能妥协'。当时，盛田被视为经团联的下一任领导人，他心中可能也有'绝不能输给丰田'的倔强。董事会花了好几周时间讨论分区域运营这件事，而且在董事会之外的其他场合也进行了讨论。"（千本倖生《你的人生怎么走》）

但是，日本高速通信却很快就在会议两周后的 2 月 18 日宣布，成立以车载电话业务为中心的移动通信事业公司，即日本移动通信（IDO）。

稻盛向公司内部发出了号召：

"即便是包子皮，只要有吃的就不会饿死。有句话叫'转败为胜'。我们虽然不得不在不利的情况下开始，但我们一定要成为比IDO更为优秀的企业，做出来让他们看看。"

稻盛并没有放弃比赛，而是希望从关西发起革命，以让出首都圈和中部圈的姿态参与竞争。他的这种大丈夫气概，最终感动了越来越多的关西经济界人士。

"我们支持稻盛，即便首都圈和中部圈联合起来，我们也要让他们看到，关西可以战胜他们。"

关西电力的森井清二社长、大阪煤气的大西正文社长、三得利的佐治敬三社长、华歌尔的塚本幸一会长等大名鼎鼎的财经界人物纷纷表态支持。

1987年6月，DDI的子公司关西移动成立了，社长是关西财经界的代表人物、关西电力的所有者青户元也。公司的目标是在两年后的1989年开始提供服务。

在成立关西移动的过程中，稻盛思考了攻克关西以外地区的方法和策略，就是和关西移动一样，团结电力公司。电力公司的领导人都是地方上的知名人物，电力公司也因为分区域运营，相互之间没有摩擦。他们拥有的铁塔，是安装移动电话所需的收发信号装置的绝佳地点。

社长可以由电力公司选派，出资比例控制在20%左右，表决权还是要掌握在DDI手里。稻盛决定就用这种方法。他认为，经营的主导权必须掌握在己方手里，这是绝对条件。如果不是这样，就不是事业经营而是投资了。而在这个事业上，他没打算仅仅止步于投资，他对于事业的思维方式一贯如此。

就这样，稻盛就像回到了京瓷的创业期那样，再度开始尝试"垂直攀登"。

社长交替和 DDI 开业

关于长距离通信事业，后来的情况是这样的。

通信线路的建设顺利推进，1986 年（昭和 61 年）10 月，DDI 迎来了开业的那一天。最先开始提供的，是企业内部通信用的专线服务。

但 DDI 在这个领域陷入苦战。因为与拥有众多关联公司和合作方的 JR 集团（这一年的 4 月由国铁拆分民营化而来），以及日本道路公团·丰田集团相比，DDI 的法人业务处于压倒性的不利地位。

结果，在新电电的三家企业中，DDI 获得的合同数量是最少的。

千本从电电公社带来的人都大为灰心、气馁，他们本来就是自断退路来到第二电电的，而另外两家企业中的很多人都是由出资企业派来的。千本也因此感受到自己责任重大。

但是，"战斗"才刚刚开始。

稻盛鼓励大家："包括个人服务在内的长途电话服务才是真正的战场，规模超过专用线路服务的 10 倍。离服务开始还有一年的时间，让我们疯狂努力吧。"

在 DDI 的工作逐步启动时，稻盛开始考虑卸任京瓷社长。

当时，他已就任社长将近 20 年，而且百分之八十的精力又不得不用在 DDI 的经营上，再加上京瓷当时的业绩也顺利提高。

1986 年 4 月 13 日，在《日本经济新闻》发表的第一次世界优良企业排行榜（金融类除外）上，第 1 位是 IBM。前 100 位中，美国企业有 75 家，日本企业有 7 家：丰田汽车（第 6 位）、发那科（第 18 位）、松下电器（第 21 位），接下来就是杀到第 24 位的京瓷。

京瓷之前因受"敲打"而导致股价大幅下跌的影响虽然还在，但财务状况坚若磐石。稻盛觉得要趁着经营环境良好的时候交接棒。

1986 年 10 月 1 日，在 DDI 开业的同时，稻盛卸任社长，由安城钦寿副社长晋升社长，接替稻盛。此前，上西副社长负责海外，安城副社长负责国内的体制已经持续了一段时间。从去年（1985 年）上西成为顾问、伊藤谦介晋升为副社长开始，安城接任下一任社长就已成为既定方针。从这个意义上说，人事更替非常平稳。

安城不是创业成员，而是在京瓷创业不久后进入公司的。

他来自新潟，从东京经济大学毕业后加入了京瓷，坚韧的性格很符合他雪国[1]的出身。他曾经坚持每天拜访一家声称"不可能从你们家买东西"的客户，花了将近一年的时间，拿下了这个客户。

"虽然与我的性格不同，但他应该能以传统的京瓷哲学为基础，展开稳健的经营。"稻盛对他完全信任。

虽然不再担任社长，但稻盛对京瓷来说仍然不可或缺，京瓷仍然是"稻盛的京瓷"。而且，当时他还只有 54 岁，正值盛年。

就像稻盛在社长更替的记者招待会上说的："尽管作为创业者和所有者，我的存在可能会让新任社长不易开展工作，但如果我一走了之，就对员工和股东交代不过去……"京瓷公司还是"稻盛的京瓷"，这一点没有改变。

稻盛一开始就没有让京瓷成为家族企业的想法，他一贯公私分明，厌恶在经营中夹杂私情。作为京瓷集团实质上的 CEO，他在监督经营的同时，决定亲手培养或从外部物色京瓷和 DDI 的社长。

1　新潟的冬季经常下大雪。——译者注

对于挑选领导人，稻盛很苛刻。

稻盛对于地位越高的人，越重视其缺点而非优点。因为他亲眼看到过好几个领导人，由于某些小缺点越来越大，变得不可收拾，而使其所有优点都无法发挥。

一旦认为某人不适合担任领导人，稻盛会毫不犹豫地挥泪斩马谡。因此，坊间传闻稻盛冷酷无情。

为了实现"大京瓷"的梦想，首先要确保能够引领第二电电走向成功。卸任京瓷的社长一职后，稻盛甚至比原来更有干劲了。

在和森山交往的过程中，稻盛慢慢学到了将优秀的原官员变成经营人才的诀窍。

对电电公社民营化发挥重要作用的大藏省主计局特命事项担当企划官中岛义雄（后来成为大藏省主计局次长）、原邮政省通信政策局局长奥山雄才（后来成为邮政事务次官）等，与他们之间广泛而深厚的人脉关系，就是在这个时期逐步建立的。

后来，中岛加入京瓷，在背后支持了三田工业的重建。奥山后来成为 DDI 的社长。中岛当年已经确定成为事务次官，但由于接待贪污事件而不得不从大藏省离职，但仅仅两年后就被认可加入京瓷。舆论曾一片哗然。

1987 年 2 月 9 日，NTT 上市了。NTT 不可能像京瓷那样先在二部市场上市，而是很有派头地直接在东京、大阪、名古屋各证券交易所的一部上市了。

NTT 的股票受到热烈追捧，上市当日甚至没有确定交易价格，第二天到了快要收市时还是没能确定价格。政府不得不释出 10 万股以平抑过高的股价，勉强将其的初始价格确定在每股 160 万日元。在上市两个月之后的 4 月 22 日，其股票达到了每股 318 万日元的最高值。

上市后，股票升值两三倍，对于小企业来说并不鲜见，但 NTT 的市值惊人。当时，连平时对股票没兴趣的人也被卷了进来。这成为一种社会现象，甚至有人借钱买股票，形成了很大的泡沫。一时间，个人股东的数量甚至惊人地超过了 160 万人。能大规模引发这种社会现象的企业，NTT 是空前绝后了。

但是，这件事后来却成了悲剧。上市后仅仅八个月（10 月 19 日），就遇到了黑色星期一，股价暴跌。再加上泡沫经济的崩溃，股价一路下跌。NTT 股票的热潮给众多投资者带来了损失，高股价也成了明日黄花。

稻盛无视 NTT 股票的疯狂，任命千本为销售部部长，还动员了京瓷的部分员工，朝着 1987 年秋季——长途电话服务开始的日子，稳步完善销售体制。

但眼看就要开业时，第二电电公司内部却受到了冲击。

前面提到过，市内电话网络全部掌握在 NTT 手里。如果无法接入这个网络，新电电的服务就无法使用。NTT 曾经承诺，只要新电电公司的价格只比 NTT 便宜两三成的话，NTT 就不会向其收取附加费用。但到了 1986 年末，NTT 突然反悔，提出必须支付附加费用。

不仅如此，如果不从 NTT 那里获得认证信息，知道是谁使用了线路的话，新电电企业就无法向客户请款。但 NTT 提出，要获得这个信息，就必须按一条线路每月最高 300 日元，或每通电话十九日元向其缴费。

NTT 在赤字区域铺设电话线路只收取统一的费用，就是提供所谓的"统一服务"，而现在它要求新电电企业也要负担维持这个服务的成本。

虽然这个说法有一定的道理，但新电电企业成立之初就早已明确说明无法承担这个费用。如果硬要承担，一开业就会是很大的赤字，立刻就会破产。NTT 等到新电电企业已经没有退路的时候，提出收取高额费用，这种阴险的做法让千本对自己的老东家哑然无言。

这时候，再次伸出援手的又是 NTT 的真藤社长。

他在 1987 年 5 月 13 日的记者见面会上说:"新电电企业的电话费如果只比 NTT 低两成,定价合理的话,我们暂时不想向他们收取附加费用。处理 NTT 在各地的赤字主要还是要依靠价格体系的调整。"

这才确保了事业能继续推进,简直就是走钢丝一般的开始。

服务开始前一日的 1987 年 9 月 3 日,新电电三家企业于东京的酒店举办了记者见面会。在此之前,三家都对各自获得的用户数量进行了保密,将要在这次会见时公布。

最先发布的是日本高速通信的社长菊池三男(原建设省技监):"获得用户 15 万家。"

稻盛他们的心里都禁不住欣喜。

接下来是日本电信的社长马渡真一拿起了话筒:"27 万家……"

稻盛几乎要欢呼雀跃了,最后是森山笑容满面地宣布:"45 万家。"

压倒性的第一位。

虽然在面向企业的专线业务上陷入苦战,但在紧要的长途电话业务上成功地挽回了局面。

这天深夜,稻盛和森山、千本等人聚集在已经搬迁到东京半藏门的 DDI 总部的会议室里,等待服务开始的那一刻。此外,还有 60 名员工在岗位上待机,准备应对顾客申请加入和咨询的电话。

终于,开业的时间到了。9 月 4 日 0 点,稻盛确认了一下时钟的指针,缓缓地按下了"0077"。第一个电话当然是打向京都的,在电话那头等着的,是华歌尔的塚本社长。

电话接通了,稻盛耳边响起了塚本响亮的声音:"恭喜你了,稻盛。"

瞬间,房间里的所有人都发出了欢呼声,甚至有人感动得落泪了。

但是，正在大家觉得此后就要大发展的时候，问题又来了。

微波无线的容量是有限的，因为获得的合同超过了当初的预想，所以线路过载了。拨了"0077"，电话也打不通，投诉蜂拥而至。销售部全员出动应对客户投诉，同时低头向 NTT 请求增设无线线路，但还是花了三个月左右才解决问题。这期间，大家都如坐针毡。

森山的离去

稻盛当初预想的是和拆分后的 NTT 长途通信部门竞争，但此后 NTT 的拆分迟迟不见进展，于是稻盛决定诉诸舆论。

一直以来，稻盛几乎都不在媒体上出现，但这时候他就像换了一个人一样，频繁出现在报纸和周刊上。在因生物陶瓷未认证的问题受到批判期间，稻盛保持了沉默，但这次他是用正当理由团结国民，向阻止 NTT 拆分的势力发起了挑战。

在此期间，发生了震动财政界的利库路特贿赂案。

1988 年 6 月，利库路特公司的江副浩正会长将其不动产子公司利库路特科斯摩斯的未上市股票赠送给财政界人士。此股票确定会升值，此事后来被曝光了。

真藤也因轻易地收了这个股票而极其被动，不得不于这一年的 12 月 12 日辞去了 NTT 会长的职务。第二年 3 月，他因涉嫌受贿与自己的原秘书一同被捕，收押于东京拘留所。

被真藤视作师父的土光于这一年的 8 月过世。据说，真藤曾喃喃自语："真是没脸去见师父啊。"

真藤对电气通信制度的改革做出了巨大贡献，但结果还是晚节不保。他固然对拆分 NTT 持消极态度，但民营化和通信自由化确实是他的功劳。如果没有真藤的帮助，DDI 的运营也未必能准时开始。毫无疑问，他是稻盛的恩人。

真藤离去后的 NTT 经营层，再度被电电公社的人马占据，未来一片暗淡。

当然，也并非只有坏事。开业三个月后，终于有让人高兴的消息了。

1987 年 12 月，第二电电在此年度新语·流行语大奖中被评为新语部门铜奖。顺便说一下，两年前同样获得新语部门铜奖的，是股票刚刚上市引领风潮的 NTT。在流行语大奖中，这两家企业不分伯仲。

大为高兴的倒是森山社长，他说："因为我的名字叫信吾[1]，所以得到'新语'大奖理所当然。"

他一而再，再而三地把这个笑话讲给稻盛听，稻盛到后来也只好苦笑了。但是，高兴的时间非常短暂，因为病魔袭击了森山。

在帝国饭店举办的晚会上，森山以"第二电电的奋斗"为题进行了演讲，意气风发地描绘着将来的愿景。但演讲刚刚结束，他就因身体不适被送入了虎之门医院。

他周末刚刚打过高尔夫，几天前还出席过日本新语·流行语大奖颁奖晚会。在晚会的讲话中，他还是讲那个拿手的老笑话"信吾获得新语大奖理所当然"，引起了哄堂大笑。谁都没有想到会发生这样的事情。

当时，稻盛正好在欧洲出差，在位于杜塞尔多夫的京瓷欧洲总部与当地经营层开会，视察销售据点，和代理商碰头，又是极为紧密的行程安排。但一听说森山倒下了，稻盛立刻改变了行程，马上赶回了国内。他从成田机场回到 DDI 总部，接受了情况汇报后就赶去医院。

森山躺在病床上，戴着氧气面罩，一动不动，已经没有意识了，处于无法交流的状态。结果，森山没能醒来，于一周后的 1987 年 12

---

1 信吾：在日语中，发音同"新语"。——译者注

长途电话服务开始

月9日逝世，享年61岁。

12月22日，在青山殡仪馆举行了公司葬礼。稻盛的心情还未平复，就担任治丧委员长，致了悼词。

从政界来到严酷的实业界，一定会产生相当大的负担。在人前明快开朗、长袖善舞的森山，在不知不觉间耗费了心神，健康受到了损害。在这个意义上，可以说他是"战死"在了商业战场上。

虽然说DDI在新电电企业中获得了最多的客户，但仍然是亏损的企业，正处于关键时期。为了防止员工们人心动摇，稻盛宣布由自己兼任社长。

公司成立以来的辛劳，再加上兼任社长的重任，致使稻盛的三叉神经痛再次发作了。医生对他说："这肯定是压力所致的。"

稻盛心想："这个我当然知道！"但每次想到这一点，头似乎都更痛了。他就像字面意思所表达的那样，一边头痛不已，一边还持续战斗在第一线。

"为了森山社长而战"，员工们自然而然地团结起来，首先在销售方面发起了攻势。在森山过世的第二年（1988年），稻盛在新年后的销售会议上提出了大胆的作战方案：

"将转换器免费提供给客户吧！"

也就是说，将一直以来需要月租金300日元、法人购买单价是10000日元、一般家庭购买单价是13000日元的设备，一下子变为免费提供。

"定价即经营。"

这是稻盛平日里费尽口舌跟大家讲的道理。绝不轻易降价的稻盛，这次孤注一掷了。

稻盛说："无偿提供转换器所需的费用，通过通话费的增长加以吸收。"然而，即便是千本，也对这个想法大吃一惊。

结果，稻盛赌赢了。合同的数量实现了飞跃性增长，一年后超过了 130 万线，在三家企业中遥遥领先。而这个"免费提供"的模式，到现在都经常被当作企业经营战略上的武器，屡试不爽。

接着，在 1988 年 10 月，山阳地区的微波网络构建完成。在冈山、广岛、山口、福冈、佐贺、香川者六个县同时开始了长途电话服务，这是里程碑式的事件。

在能源、通信、运输等公共服务领域，随着政策的放宽，新晋的事业参与者一定会将服务重点首先集中在收益性高的领域。这种"只挑好的"的行为，被称为"刮脂战略"。

实际上，在新电电企业中，就有利用东名和名神高速铺设线路，将事业区域集中于东京、名古屋、大阪的日本高速通信。但 DDI 尽管在公司实力上不如其他竞争对手，却反其道而行之，不采取"刮脂战略"，而采用了服务区域扩大的方式。

其结果是抽中了上签。将经营资源集中于东、名、阪的日本高速通信，其用户数量很快就到达了顶点，而在全国展开业务的 DDI 和日本电信则在不断提高业绩。最后，三家新电电企业形成了"两强一弱"的局面。这也使加入日本高速通信阵营的丰田脸上无光。

DDI 在 1989 年 3 月期[1]的销售额达到了 406 亿日元（前年度为 88 亿日元），实现了单年度盈利的凤愿。从服务开始仅用了两年时间就扭亏为盈，到了下一年还消除了累计亏损，在新电电企业中又是遥遥领先。

稻盛在创业第一年就让京瓷盈利，对他而言，不管是多么残酷的市场，亏损都是不能接受的，所以 DDI 的盈利让他格外欣喜。

但是，应该一起庆祝的那个人却不在了。

1989 年 9 月，在圆福寺员工墓地举行的凭吊仪式上，稻盛无比欣慰地向森山报告了 DDI 已经盈利的消息。

1　日本企业的财务年度通常为 4 月 1 日到次年 3 月底。——译者注

移动电话的快速进攻和 DDI 的上市

此后，移动电话事业发展是这样的：以关西移动的设立为起点，在北海道、东北、北陆、关西、中国 [1]、九州等地区分别成立了区域公司，统称"移动 7 公司"。这也是森山在生前利用自己原资源能源厅长官的头衔，在全国奔波、全力游说各大电力公司的结果。

接着，1989 年 4 月，就像安排好了一样，几乎在移动 7 公司开业的同时，摩托罗拉开始销售其轻量化小型终端"Micro TAC"。这是重约 300 克，可以放入口袋的折叠式产品。一打开盖板，就能看到按钮，设计很考究。

NTT 在 4 年前销售的能同时在车外使用的车载电话"肩扛电话"重约 3 千克，像百科词典那么大。想起这个产品，令人恍若隔世。时代快速发展，稻盛所预测的未来已经到来。

移动 7 公司在所有区域的客户增加数量都大幅度超过了 NTT。其中，在关西移动负责的关西地区，市场占有率也超过了 NTT。

接着，在 1991 年（平成 3 年）6 月，稻盛设立了国内第八家区域移动通信公司——"冲绳移动"。社长由原琉球石油的社长稻岭惠一（后担任冲绳县知事）担任。

稻盛当初认为，在冲绳只需要设立九州移动的子公司就行，考虑到市场规模，也确实如此。但在前一年，旨在促进本土和冲绳交流的冲绳恳谈会成立了，牛尾治郎就任本土方的代表。

稻盛受牛尾的邀请也出席了此次会议，他越来越觉得"冲绳就是冲绳，不是九州的一部分"。

设立子公司还是区域公司，这不是核算问题，而是"认知"问题。所以，提出"成立冲绳移动公司"的话题也是水到渠成的事情。

1　中国：日本的一个地区名称。——译者注

结果，冲绳当地的人们非常感动。冲绳电力、琉球石油、琉球银行、奥利安啤酒等当地实力企业纷纷申请出资。公司承诺，会积极地录用当地员工。稻盛曾因为"吃了包子皮"而耿耿于怀，但正是因为这样的事业，使他身边凝聚了珍贵的同事。

实际上，冲绳移动在此后创造了惊人的奇迹。通过提供贴合当地市场的细致服务，加上冲绳人无论如何都要获得成功的强烈"愿望"，两者合二为一，使冲绳移动的市场占有率提高到了六成，成长为冲绳具有代表性的高收益企业。

不仅如此，1997 年 4 月 15 日，冲绳移动还成了首家在柜台交易市场（现 JASDAQ 市场）上市的移动电话公司。

DDI 通过这样的快速进攻，迅速取得了新事业的成功，全球都对这一案例予以了关注。

美国的哈佛商学院，作为商学院的世界最高峰，在 1992 年（平成 4 年）将 DDI 的案例收录为案例研究（Case Study）的课题。也就是说，当代一流的研究者想要从 DDI 的成功中学习，这是无与伦比的荣誉。

20 世纪 80 年代的所谓"泡沫经济时期"，是一个全世界都对日本反感的时期。因为日本企业以强势日元为背景，无序地进行海外投资。

当时，稻盛已经充分实现了"世界的京瓷"的梦想，但他并没有趁势站在最前方为投资摇旗呐喊，而是保持低调。这一点值得大书特书。他坚守"'只买一升'的原则，脚踏实地地度过了 20 世纪 80 年代的泡沫经济时期，丝毫没有受到泡沫经济破灭的影响"。

而且，他从这个时期开始倡导"共生"的思想。

稻盛以"与世界共生""与自然共生""与社会共生"为基轴，提出要推进企业的全球化，就必须在当地深入扎根，成为受人爱戴、能为当地做贡献的企业。有了这种"愿望"，企业的全球化才得以推进。

日经平均指数在 1989 年 12 月 29 日创造了 38915 日元的历史最高纪录，这应该就是泡沫经济的顶点了。1989 年正好是京瓷创业 30 周年，但由于昭和天皇驾崩，全民服丧，所以周年庆典比较简单、朴素。

稻盛在 30 周年的纪念仪式上说："企业经过 30 年，很容易就会因循守旧。30 周年是衰退的开始，还是继续茁壮成长的起点，这一年就是关键。"

这个讲话的背景是，"企业寿命 30 年说"因《日经商业》的报道而广为人知。稻盛为了让员工保持紧张感，提醒他们，需要更加努力才能在今后继续生存下去。

这时，京瓷的社长已经是安城之后的伊藤谦介了。

伊藤虽不引人注目，但他一心一意拼命地工作，态度甚至可以说是愚直，他的这种表现体现了稻盛的理想。伊藤坦诚地汲取了稻盛讲话中蕴含的真意，发起了行动，制定了哲学手册，向全体员工颁发，这就是《京瓷哲学手册》。手册的大小正好能够装入工作服的口袋，便于随身携带。

稻盛平时讲述的"哲学"在这里被简单易懂地进行了编辑，每一页都总结了一项内容。直到今天，京瓷集团的员工们都会在晨会、夕会时诵读手册的内容，用哲学对自己的"思维方式"和"生活方式"进行矫正。大家朝着同一方向，形成合力。

1993 年 9 月 3 日，DDI 成功地在东证二部上市。在同时起步的三家新电电企业中，DDI 是第一家实现上市的企业。

股票面值为 5 万日元，8 月 24 日确定的初始卖出价为 370 万日元，但入市后直到下午 1 点 15 分才确定初始交易价为 550 万日元，比原价高出 180 万日元。也就是说，这项事业的成功得到了市场的证明。

但这一次，稻盛并没有获得创业者应得的利益。

"我自身并未持有第二电电的任何股票，所以，不管股价升到多少，跟我都没有太大关系。"

由于会长需要持有一定的股票，所以稻盛在 DDI 上市后从二级市场用市场价格购入了一部分股票。

稻盛认为自己已经拥有了部分京瓷的股票，资产已经足够多了。考虑到这一点，他认为自己不应该执着于积累个人资产，而努力让自己远离"私利私欲"，他的精神达到了很高的境界。

上市几天后，DDI 为了纪念成功上市，向全体员工发放了相当于半个月工资的特别奖金。和京瓷上市时一样，不是只对有突出贡献的人发放奖金，而是向全体员工发放，共同庆祝上市成功。

此后，股价一路飙升，甚至迫近 1000 万日元，几乎达到 5 万面额的 200 倍。当时，相信稻盛给为这个事业出资的人都予以了回报。后来，有几家出资企业前来协商，咨询是否可以出售 DDI 手头的股票，当场就得到了肯定的答复："请便，请便。"

但是，大家才刚刚沉浸于上市的喜悦中没多久，又发生了一件事，让全公司迅速紧张起来。

在 DDI 上市四天后，NTT 向邮政大臣提出申请，要大幅降低长途电话的收费。方案从 10 月 19 日开始实施，平均话费下降了 21.4%。这是一次果断、彻底的行动，新电电企业的价格优势就此彻底丧失。

当然，NTT 的收益也急剧下跌。根据其发布的信息来看，年收益会下降 2700 亿日元，1994 年 3 月期的决算甚至可能会转入亏损。他们抱着壮士断腕的决心投入战斗，打算一口气恢复市场份额。真藤担任社长时，NTT 甚至有余裕帮助自己的竞争对手，但这一次，他们是豁出去了。

9 月 8 日一大早，也就是 NTT 申请降价的第二天，稻盛紧急召集了经营会议。

1989 年 6 月就任 DDI 社长的神田延祐（原三和银行副行长、原关西经济同友会代表干事）、1993 年就任副社长的奥山、专务董事千本、常务董事日冲昭、董事小野寺等人聚集一堂。

稻盛在会议上吹响了战斗的号角：

"NTT 终于不顾一切地赌上了这一把，那么，我们应该如何应对呢？"大家都眉头紧锁，努力思考，但稻盛心中早已有了答案，"为了降低高昂的电话费，为国民生活做出贡献，DDI 挺身而出。结果，即便是 NTT 也被 DDI 的努力'撼动'了。那我们是不是应该更进一步，给出比 NTT 更大的优惠幅度呢？"

"但是，如果这么做的话，我们也会陷入亏损。刚刚上市就亏损，对股东说不过去吧？"

常务董事日冲提出了反对意见。他当时是主动从京瓷加入这个事业的，他比其他人更为清楚，没有利润，事业就无法持续。而且，这正是稻盛自己教给他的。

但是，稻盛下定决心要降价，于是下达了后来成为传说的作战命令，这就是"凤凰作战"。

"如果这样持续降价，确实会出现亏损，也无法实现对股东的责任。但是，现在不正是彻底进行费用削减，飞跃性提升收益的绝佳机会吗？据说，凤凰在迎来生命终点时，会主动飞向火中。当它投入熊熊烈火中自焚，从灰烬中重生时，就能获得永恒的生命。我们也要像凤凰一样，主动投入烈火，置之死地而后生。"

于是，DDI 决定从正面接受 NTT 的挑战。在 NTT 降价后的第二个月，DDI 在比 NTT 价格更高的区间，把价格降至与 NTT 持平的水准，其余的区域一律降低 10 日元 [1]。

---

1 指 10 日元每分钟。——译者注

确实，11 月的月度决算陷入了赤字，但从那时开始，公司上下动员起来，展开了"凤凰作战"。稻盛了不起的地方就在于，一方面彻底进行费用削减，但另一方面，对于自己看好的移动电话事业，敢于以千亿日元为单位进行设备投资。

结果，"凤凰作战"使公司的经营变得筋肉坚实，加上一路向好的移动电话事业的贡献，DDI 仅用了一年左右的时间就再度成为高收益企业，如同不死鸟一样获得了重生。

PHS[1] 事业和千本的离职

稻盛对移动电话事业投入很大，但不久，与移动电话相似的新产品就要登场了，这就是 PHS。

1989 年，邮政省成立了"关于下一代移动电话系统的调查研究会"，着手探讨简易移动电话系统。

比起移动电话，PHS 的设备成本更低，所以通话费也便宜，音质也非常好。千本确信，依靠这种日本独有的技术，甚至可以超越移动电话的发源地美国。稻盛立刻决定参与。

当时，要使用移动电话，需要高额的初始费用和保证金，企业以外的个人使用者都是相当有钱的富裕阶层。稻盛认为，要让移动电话成为一般大众的消费品，仅仅考虑到这一点，就一定能让 PHS 事业获得成功。

1994 年 11 月，为了推进 PHS 事业，稻盛成立了 DDI 袖珍电话集团，共九家公司。千本主动要求，在担任 DDI 副社长的同时，担任

1　PHS：Personal Hard-Phone System，个人手持式电话系统。

DDI 东京袖珍电话公司的社长。

他锋芒毕露："我要让这个事业成为第二电电的集大成之作。"

就这样，1995 年（平成 7 年）7 月，PHS 的商用服务开始了。

由于话费每三分钟只需 404 日元，只有移动电话话费的六分之一到三分之一，所以和预料的一样——广受好评。开业仅一个月，DDI 袖珍电话集团的签约用户就超过了 10 万人。

虽说用户数量增加了，但 DDI 袖珍电话集团的经营却不顺利。

PHS 网络需要设置很多天线。竞争对手 NTT Personal 可以在已有的公共电话亭里设置天线，另一家电力公司系统的阿斯特尔公司可以在电线杆上设置天线。但 DDI 袖珍电话集团却没有设置天线的地方，面临着跟第二电电成立时相同的窘境。结果，只能依存于 NTT 的 ISDN 线路，需要向 NTT 支付高额的线路和通信设备使用费，导致持续亏损。

就在这个当口，1995 年 12 月 23 日，千本突然宣布离职，公司内部一片震惊。他离职的理由至今都是一个谜，当事者都闭口不谈。

他离职的那一天，正好和 12 年前离开电电公社的日期相同。DDI 就规模而言，已经不再适合创业企业这个名称了。可能是千本内心的创业者精神推动他去开辟新天地了。

明明曾经充满了干劲的社长，却只干了一年就离职，留下来的人都茫然失措。

千本在庆应义塾大学的研究生院做了一段时间的教授后，由于预见到了互联网的普及，所以于 1999 年（平成 11 年）创办了与 ADSL 相关的 E·ACCESS 公司，仅用了五年时间就在东证一部成功上市。其子公司 E·Mobile 对移动宽带的普及起到了很大的作用。千本确实是一个当代罕见的优秀技术人员兼创业者。

千本在其著作《走向宽带革命的道路》一书中，表达了他对稻盛发自内心的感谢，他这样写道：

"我和稻盛先生共事了 12 年，关于什么才是真正的经营者，我真的学到了很多。提到稻盛先生的经营手法，很多人都会关注精神主义的部分，这是很大的误解。不用举旧日本军的例子就能知道，仅凭精神主义是无法赢得战斗的。稻盛式经营的精髓在于彻底地进行经营管理。为了进行经营管理，就要彻底追求到底需要怎样的经营体系。也就是说，精心准备武器，在这个基础上再用到精神主义。要用文字表达这一点非常困难，我认为即便听到稻盛先生亲口讲解，能从内心真正理解的人也不多。如果不和稻盛先生一起工作，恐怕无法了解他了不起的地方。和稻盛先生一起工作的 12 年，对我后来创办风险企业，作为 CEO 从事经营活动，起到了无法估量的作用。"

结果，PHS 事业未能实现当初所期待的远大梦想，随着移动电话的费用降低，逐步被边缘化。开业三年后，客户的数量也到达了顶点，甚至由于被 DDI 袖珍电话集团拖了后腿，1998 年 3 月期 DDI 的决算陷入了亏损。

此后的事情是这样的：2004 年 10 月，合并后的 KDDI 出售了 DDI 袖珍电话集团，美国的投资公司卡莱尔集团成了第一大股东，其名称被变更为 "Welcom"，重新出发。但是，经营还是没有改善，于是 Welcom 在 2010 年（平成 22 年）终于申请适用《企业再生法》，而京瓷与 Welcom 还有资本关系，其重建仍然还是一个很大的课题。

从 PHS 事业撤退虽然非常遗憾，但京瓷的财务基础始终稳如磐石。不仅其出资的 DDI 股票在上市的当时就飙升了 200 倍，而且在 DDI 上市一个月前，又有了一个爆炸性的新闻。

京瓷持有将近 25% 股权的、稻盛担任会长的游戏公司 Taito（太东）在东证二部成功上市了。上市首日股票成交价高达 930 万日元，创下了当时日本股票史上的最高纪录。

而出资的契机，又是来自受人之托。

Taito 是由犹太商人米哈伊尔·科根创办的企业，原名是"太东贸易"，意为远东的犹太人贸易公司。他们后来着手开发游戏机，1977年（昭和 52 年）开发的"打方块"和第二年开发的"入侵者游戏"都大受欢迎，甚至成了风靡一时的社会现象。

但是，创业者科根于 1984 年逝世，他的遗孀无法支付高额的继承税，只能由 Taito 垫付。失去领导者的 Taito 此后开始陷入困境。

于是，对方通过科根生前的友人，也是公司的顾问，请求稻盛出手予以重建。

"最初是每两个月一次出席董事会，进行旁听，但经营没有改善。所以，科根的遗孀拜托我，一定要我来经营。我是出于人情才决定接受的。"

稻盛首先着手帮助科根的遗孀返还债务，京瓷出手购入她持有的Taito 股份，让她可以用这笔钱偿还债务。结果，京瓷持有了已发行股份的约 25%，成了第一大股东。

1988 年，京瓷派人担任其社长以外的董事职务，稻盛亲自担任会长，Taito 名副其实地成了京瓷旗下的企业。由于彻底贯彻了稻盛的思想和做法，公司的业绩快速恢复，而且实现了上市的愿望。

稻盛后来是这么说的："Taito 与第二电电不同，并不是我们自己有了兴趣才出资的。仅仅是因为受人之托，觉得遗孀很可怜，所以才出资的，仅此而已。"

出于侠义之心购买股票，结果股价暴涨，六年左右就带来了将近400 亿日元的账外收益。这正是"好心总会有好报"的现实案例。

但是，这种时候重要的是"退出战略"，就是如何离场的问题，而京瓷的退出过程又是惊人的顺利。

Taito 于 2003 年在东证一部成功上市，两年后（2005 年）的 8月，加入史克威尔艾尼克斯公司旗下。具体来说，就是史克威尔艾尼克斯公司通过 TOB[1] 的方式，从包括京瓷和科根家族在内的原股东手中收购了 93.7% 的股票。

由此，稻盛帮助对方的遗孀解决了难题，重建了 Taito，京瓷也从股票交易中获得了很大的回报，这件事情就此圆满了结。

不过，其中还有故事。

在京瓷向史克威尔艾尼克斯公司交割股票的过程中，发生了一些有意思的事情。在 2005 年 8 月 2 日的记者见面会上，史克威尔艾尼克斯公司的和田洋一社长是这样说的：

"我们之前和 Taito 的大股东京瓷进行了交涉，但我们讨论的内容却是在那种场合下不常见的。对方询问我们，是否会重视并认真运营 Taito 这个公司。他们没有问我们要花多少钱买，而是要求我们给出方案，今后如何让 Taito 进一步发展。"

京瓷的项目负责人没有表现出交易价格高就万事大吉的态度，而是更重视"思维方式"，这正是受稻盛长期教育、对京瓷哲学耳濡目染的体现。

盛和塾

1980 年，有一个叫"青年经营塾"的学习会在京都青年会议所启动了。担任经营者开发委员长的建野晃毅是核心人物，他计划寻找五位讲师，而稻盛就是他当时预定的人选之一。

平时，稻盛就经常会说，"青年会议所（JC）和扶轮社都不务正业"，对其持否定态度。这样的话也传到了他们的耳中。

建野拜托青年会议所的往届会员——华歌尔的塚本去帮忙劝说稻

1　TOB：takeover bid，收购报价。

盛。塚本说，"小稻根本不会听我的"，一口回绝。没有办法，建野只好请京都中央信用金库的董事介绍了须永元春总经办主任（稻盛的内弟），通过他好不容易才约到了稻盛。

那一天，建野坐在接待室里，听到外面走廊里传来了有力的脚步声。稻盛穿着类似工装的京瓷制服走进了房间，刚坐到沙发上就说："有话快说。"据说，他当时的口气就像在发火一样。

稻盛当时 48 岁，京瓷在上一年刚刚迎来创业 20 周年，这一年又在纽约证券交易所上市。工厂正在全速运转，这一时期稻盛极其忙碌。

"我很忙！"这句话虽然没有说出口，但内心的声音已经传过来了。

建野回忆说："当时觉得很害怕，甚至都发抖了。"

后来，还发生过这样一件事。

当时，稻盛正在和上西阿沙副社长（当时）开会，讨论向美国加利福尼亚出口太阳能热水器的计划。

社长室的秘书跑来说："×× 银行的支行行长来了。他因为调职，特地来告辞，所以希望能见一下您，哪怕一分钟也好。"秘书考虑到支行行长的心情，想要稍稍打断一下稻盛。

结果，据说稻盛怒骂其"笨蛋"，之后仍旧继续开会。（国友隆一《京瓷·稻盛和夫　血气与深谋远虑的经营》）

与建野见面时，稻盛的心情不佳，可能也是专注于某项工作却被打断的缘故。

但是，建野实在是太紧张了，一下子触到了稻盛的逆鳞：

"如果您能听一下我们这些年轻经营者的声音，了解一下我们是以怎样的姿态面对经营、怎样思考经营的，可能对您来说也是一种学习。"

一瞬间，稻盛怒目相对：

"听你们讲能学到什么东西？"

之后的对话建野已经记不清楚了，但最后稻盛居然出乎意料地接受了演讲的邀请。建野觉得那真是一个奇迹。

京都青年会议所拟定的题目是"经营战略与决策"。一开场，稻盛栩栩如生地描述了经营现场。他没有像后来那样多地提及精神方面的内容，而是运用具体的案例，讲述京瓷遇到了怎样的机会，做出了怎样的判断，是怎样成长起来的。

演讲的时长是 40 分钟，其间还有两个国际电话打进来。这令听众感受到，稻盛是奉献了自己宝贵的时间来为大家演讲的。

演讲的节奏很快，感觉就像接到了投手投出的高速球一样，让人手忙脚乱。大家都被深深地吸引了，感觉演讲很快就结束了。内容也非常切题，是一次非常精彩的演讲，给听众留下了持续的感动。

"这样的演讲只听一次就太可惜了，有太多东西要请教了。"

建野等人此后不断地拜访稻盛，向他讨教。出乎大家的意料，稻盛的态度与刚刚接触时全然不同，他敞开胸怀面对大家。他们经常在那家"11"聚会。在那里，还能看到塚本等人和稻盛一起唱卡拉 OK 的场景。

"看到在眼前唱歌的塾长，觉得这个人拥有一种积极意义上的两面性。我们邀请他担任讲师时，他流露出严厉的一面；工作结束后和塚本先生一起唱歌时，又是另外一个塾长。"

有一天，稻盛静静地唱起了藤山一郎的《不要哭啊，妹妹》。

"远道而来的两个人好不容易越过了月野峰。妹妹不能哭啊，让我们唱起故乡的歌谣吧……"

稻盛恐怕是想起了鹿儿岛的妹妹们，默默地流下了眼泪。据说，这一幕被建野看到了，所以稻盛有些不好意思地把写着歌词的书扔了过去。

就这样，距离拉近了。京都青年会议所的年轻人为了向稻盛讨教经营要诀，成立了年轻经营者的学习会——"盛友塾"。

稻盛说，"先看看能否召集 50 个人"，但一开始只来了 25 个人。相比今天即使召集数百人也立刻就爆满的情形，当时的景象让人无法想象。

尽管自己眼前的工作还非常忙碌，但稻盛教东西喜欢从头开始。于是，他努力为大家挤出时间进行讲解。口碑逐渐传开，慢慢地，京都以外的地方也有人慕名而来。

其中，大阪的企业经营者们提出："无论如何请让我们也有参与的机会。"以此为契机，1989 年 4 月，"盛友塾"更名为"盛和塾"，同时改组并扩大。塾名取了稻盛和夫名字中的两个字，寓意"事业隆盛，人德和合"。是年 8 月，在京瓷内部设置了盛和塾事务局。

会员规则的第二条规定：盛和塾的原点是"提高心性，拓展经营"。

因为组织的目的是培养下一代经营者，所以自然而然地，中小企业的年轻经营者们都慕名而来。大家以"成为第二个稻盛和夫"为目标，努力学习和吸收他的经营精髓。

凡是经常接触稻盛的塾生，都洋溢着不可思议的生机勃勃的神情。他们越发自信，努力经营自己的企业，成功地提高了业绩。一传十，十传百，更多的人希望加入盛和塾，人数呈加速度递增。

有一次，一位塾生跟稻盛打招呼说："您辛苦了。"

结果被稻盛骂道："根本就不辛苦，在'辛苦'这种词的前面还要加上敬称，真的很蠢。"[1]

从此以后，盛和塾打招呼的用语变成了："您气色很好！"

稻盛对于仰慕自己的人也丝毫不留情面，指导得来劲儿的时候，

1　日语中，"辛苦了"一语带有敬称。——译者注

他会怒吼："像你这样的蠢货，只能被扫地出门！"稻盛发怒，是针对那些经营中缺乏哲学，或哲学的用法有偏颇的塾生。

但是，对于那些做得很好的经营者，他有着慈父般的温柔。

致知出版社的藤尾秀昭是稻盛的追随者。在新生的致知出版社将要成立的时候，稻盛写了鼓励的致辞——"致知出版社前途光明"。

"尽管我国有很多优秀的经营杂志，但《致知》在其中仍然引人注目，这是因为其编辑方针将焦点放在了人心上。随着日本经济发展的时代变化，《致知》的存在一定会变得越来越重要。"

从此以后，藤尾将这篇文章时刻不离地随身携带，纸张破损了就重新复印一下。一有空就拿出来反复阅读，用以鼓励自己。

盛和塾中，像 Just System（佳思腾）公司的浮川和宣社长、Itariyard（意大丽雅图）公司的北村阳次郎社长、Pasona Group（保圣那集团）的南部靖之社长、Pia（琵雅）公司的矢内广社长等，著名的创业企业经营者人才辈出。不仅限于企业经营者，像原日本足球国家队教练冈田武史、芭蕾舞演员森下洋子、相扑横纲选手白鹏等，许多其他领域的名人也是稻盛的追随者。

由于感受到了稻盛让人无法抵御的魅力，不管盛和塾的大会在日本各地，还是在海外举办，都会有很多塾生追随稻盛，赶去参会，这被称为"追星现象"。实际上，只要能在稻盛身边，就能从他的言行举止中，感受到很多感动。

1999 年在中国台湾的台湾大会，当晚中餐馆的最后一道菜是豆沙馅的桃形馒头，味道很好。同桌的塾生正好从洗手间回来，稻盛对他说："这个馒头很好吃啊。"但他往桌上一看，发现馒头已经被其他人吃光了。

稻盛发火了："到底是谁吃了别人的馒头？明明都是按人数分好的，如果不能一目了然地知道怎么分才能让所有人都吃到，就是一个不合格的经营者。"

2000 年（平成 12 年）的北海道大会，当时稻盛正好忙于成立 KDDI。他热情地向塾生们讲述以后的电气通信行业应该走向何方、为什么要和丰田合作、10 年后行业将会怎样等。

稻盛当时所讲的内容，在此后就如同精准的预言一样，都逐步变成了现实，让塾生们都惊叹不已。

自 1992 年第一届盛和塾全国大会召开以来，盛和塾在很短的时间内就走出了日本。

在稻盛的教诲中，没有国家主义的背景，而是基于全人类所具有的普遍性，所以他的追随者很快就扩展到了全世界。自 1999 年起，开始有海外的参加者参与。从 2011 年（平成 23 年）7 月举办的第 19 届大会起，名称就改为了"盛和塾世界大会"。

日本国内的塾生们也从稻盛身上学到了和海外人士的相处之道。

比如，在中国问题上。进入 21 世纪，日本国内的舆论中，中国威胁论迅速升起，日中关系也开始遇到很多问题。

但是，稻盛很早就说："中国不是威胁。"

例如，在《日经商业》2001 年 10 月 15 日刊载的《反驳"中国威胁论"》一文中，他对"中国威胁论"做了如下反驳。虽然文章比较长，但从中可以明显看出他对中国的基本态度。其内容到今天都十分富有启示性，所以对其做了部分引用。

随着中国企业规模的扩大，日本企业逐渐无法正面抗衡，所以其中有人开始对中国有猜忌。还有人提出，不再向中国输出技术。但是，我们应该认识到，这些问题都是日本自身的原因所造成的，而并非是因为中国有问题。

那么，日本企业应该怎么办呢？我认为，应该和中国融为一体，让中国人觉得与日本合作真的不错。

讲得再具体一点儿，就是在中国工业化的过程中，我们日本企业可以通过合资等方式，在积极意义上帮助他们，让他们感受到日本的情义。"日本的伙伴们教给了我们技术和工厂的管理方法"，要建立这样的信任关系。重要的是，在合资关系中，也要通过分红等方式，让他们感受到自己受到了尊重。要建立这样的机制。

现在，日本的经营者需要做的，是摆脱利己的个人主义，拥抱社会正义和博爱。换言之，就是拥有"利他"的经营理念。

因为中国的成本低廉，利用其低成本优势而前往投资，我认为这本身并没有错。但是，不能仅仅停留于此。需要将中国的管理层和员工都视作企业大家庭的成员，珍视他们，帮助他们实现幸福。我认为，这才是所谓的"全球化企业"。如果已经决定要和中国合作，双方之间就是一种无法割裂的关系，必须有拥抱中国的决心和觉悟。如果仅仅被眼前的利益所驱使，最后就会导致局面不可收拾。

稻盛所讲的，不仅是针对中国，"拥抱对方国家的决心和觉悟"，正是在其他国家取得成功的关键。

2004 年 2 月 29 日，美国第一家盛和塾在洛杉矶开塾，美国是自巴西、中国等国家之后第五个开设盛和塾的国家。

稻盛对美国有特别的感情。第一次美国之行没能留下任何成果，那种懊恼之情永远无法忘却。此后，经营圣地亚哥工厂、收购 AVX 等。美国对于稻盛来说，是一个给予他考验、梦想和巨大可能性的，令人印象深刻的国家。在这个国家阐述自己的经营之道，让他无限感慨。

到 2018 年 10 月末，盛和塾在日本国内发展到 56 个分塾，海外发展到了 44 个分塾，总共超过了 100 家分塾，塾生的人数也增长到了

13832 人。

在众多的国家和人群中播撒了思想的种子之后，2018 年 12 月 6 日，盛和塾宣布，将在 2019 年底解散，这一年正好也是平成年号变更的一年。解散的这个决定是稻盛再三思考、权衡的结果。

如果让其他人继承盛和塾，运营的思维方式和组织的存在方式毫无疑问会发生改变，其征兆已经常常可以看到了。因为有一部分塾生打着稻盛亲传的名号，加入了自己的独创内容，发表著作、举行演讲活动等。

加入独创的部分，对原有内容加以发展，构建出自己独特的经营手法，这是好事。但是，不应该将这些冠上稻盛的名字向社会传播。

稻盛有着巨大的成就感，因为所有内容都已经毫无保留地教给了塾生们，这也是他做出上述决断的原因之一。对于塾生们来说，可能会略感落寞，但是稻盛已将期待寄托在他们身上。他们需要顺应这种期待，实现更大的飞跃。需要重复一下，思想的种子已经播撒下去了。

盛和塾虽然会解散，但我们仍能像现在这样学习稻盛的思维方式、工作方法和活法。这是因为稻盛留下了数量庞大的演讲录像和著作。

曾经引发流通业革命的大荣公司创始人中内功出版《我的低价销售哲学》时，曾引起巨大反响，成为畅销书。但他突然中断出版，而且此后再也没有出版过图书。

据说，这是因为《财界》杂志的发行人三鬼阳之助对他提出建议："经营者如果出了书，就会被其内容所束缚，因此而跟不上时代。"

但是，无论是松下幸之助还是稻盛和夫，都没有将自己体悟的经营哲学作为秘密，而是积极地传播给下一代。这恐怕是因为他们有充分的自信，相信自己所领悟的经营哲学不是一时的流行，而是超越时代的普遍道理。

"工作也好，人生也罢，都有法则可循。遵循这些法则的人会获得成功，反之则会失败。"（稻盛和夫《成功与失败的法则》）

这就是稻盛所秉持的信念。

对于自民党政治体制的期待破灭

1991 年，59 岁的稻盛受到第三次临时行政改革推进审议会（行革审）会长、日经联会长铃木永二的委托，担任"世界中的日本部会"的部会长。

据说，事出偶然，铃木某个亲戚的孩子是京瓷的员工，铃木从这个人那里看到了《京瓷哲学手册》，深受感动。于是，他暗下决心，"一定要让拥有这种经营哲学的人成为部会长"。（大田嘉仁《日航的奇迹》）

稻盛一口答应，从那一年的 2 月开始，担任了一年半的部会长职务。

土光担任会长的第二临调，高举"无须增税的财政重建"的旗帜，庆应义塾大学教授加藤宽和伊藤忠商事会长濑岛龙三等人都在其中发挥着积极作用。其成果之一，就是通过电气通信事业的自由化，促成了第二电电的诞生。第二临调实现了自己的目标，通过自由化降低电话费，促进了日本经济的活性化。稻盛作为其核心人物，正是适合担任第三次行革审部会长的人选。

既然接受了职务，稻盛就希望尽快拿出成果，于是立刻着手选择委员。

他找到的，除了他的朋友——京都大学东南亚研究中心所长矢野畅以外，还任命富士通会长山本卓真担任部会长代理，以及政治评论家屋山太郎、出云市市长岩国哲人、产经新闻论说委员长清原武彦、神户制钢所副社长福川伸次、原驻美大使松永信雄等 27 人担任专门委员。

稻盛对于外交的基本理念有自己的想法，提出了在《宪法》前文中加入佛教思想。《宪法》前文虽然应当予以尊重，但其中包含着基督教的理想，所以可以通过加入佛教思想使其更加平衡。

部会展开了积极的讨论，很快就确定了方向，提出要从被动的外交中解脱出来，外交政策要以积极参与制定国际秩序为目标。

但是，由于提出的意见是从既有的以外务省为中心的、官僚主导的外交，改为内阁主导的外交，导致了外务省的危机感。由于外务省的压力，部会的中间报告不得不延期。1991 年 6 月 18 日的《每日新闻》刊载了以"省厅的压力加大，外交修正案后退"为题的报道。

在中间报告发表的第二天，《每日新闻》（1991 年 6 月 25 日）又登载了以"受省厅抵制，未能加入具体方案""内阁官房强化方案后退"为题的报道。

接着，稻盛开始反攻。他避开了外交问题本身，而是从制度面切入，讨论了与国际标准相比，日本制度面的落后性问题，并将其写入了最终报告书。

1992 年 5 月 13 日提交的最终报告书给出了提案，废止了 6 个月车检，针对优良驾驶员，将驾驶证的有效期延长到了 5 年，并将护照的有效期延长到了 10 年。我们现在就在享受这个部会提案的成果。

在创办 DDI 时期，被邮政省的行政裁量折腾，在第三次行革审时期，被外务省抵制，稻盛对官僚组织的领地意识和保守体制感到无奈。他开始明显地表露出对现行体制的反感，他说："日本不是民主主义国家，而是'官主主义'国家。没想到我的同乡——伟人大久保利通构建的是这样一个组织。"

总是高高在上的长期执政，造成了自民党的傲慢和官僚的专横，由此引发的社会发展停滞和闭塞感让稻盛无法忍耐。在他心里，一定是从自民党身上看到了 NTT 的影子。他越来越确信政权交替的必要性，开始在公开场合诉说，希望日本政治能有新气象。

随着作为行革审的部会长出入官邸，认识的政治家也越来越多，其中之一就是时任自民党干事长的小泽一郎。稻盛读了小泽于 1993 年出版的《日本改造计划》一书，深感他是一位有担当的政治家。

当时，小泽来京都时，或是稻盛去东京时，两个人都会一起吃饭。稻盛在行革审艰难奋斗的时候，小泽立志于政治改革，两个人的认识是一致的：如果不革除积弊，这个国家就没有未来。

接着，小泽将自己的思考付诸行动。

1993 年 6 月，社会党、公民党、民社党提出了对宫泽喜一首相的不信任案，羽田派和小泽等人投了赞成票。不信任案被通过，众议院解散，进入总选举。

尽管当时身在自民党的小泽被认为是将来首相的有力人选，但他仍然和羽田孜等人一起，脱离自民党，成立了新生党，小泽就任代表干事。那次选举，自民党没能获得过半数的选票，所以由细川护熙率领的非自民联立政权诞生了。

但是，细川联立政权不过是乌合之众，离可能实现政权交替的两大政党政治还有很大距离。此后，小泽所属的新生党变成了新进党，而后又变成了自由党，变化令人目眩。但自从自由党和民主党合并，成立新生民主党以来，在野党单独取得政权的道路开始变得清晰了。

终于，稻盛可以大声疾呼实现政权交替的梦想了。他甚至站到了民主党党大会的讲坛上，激励年轻的候选人们：

"不取得政权就没有意义，一定要打破自民党一党政治的藩篱。"

稻盛是一个非常特殊的日本经营者，因为很明显，对于绝对会执政的自民党，要么是支持，要么是保持中立，否则很难在商业上处于有利地位。在这种情况下支持在野党，需要巨大的勇气。

松下曾努力劝说索尼的盛田、华歌尔的塚本、牛尾电机的牛尾等人共同发起新党运动，挑战自民党的一党执政，但是挑战失败，梦想破灭。于是取而代之，成立了松下政经塾，开始培养具有自己思想"DNA"的政治家。

盛田曾与松下合著出版过《忧论　日本现在应该思考什么》一书，是与松下同样忧国忧民的企业家。塚本则因为与松下幼年夭折的长子同龄，而且同为"幸一"这个名字，而受到松下的很大关爱。牛尾也是一样。所以，他们共同参与稻盛成立 DDI 的事业并非偶然。

松下壮志未酬而离世，稻盛继承了他的遗志，希望与国民共有危机感，通过改变政治塑造充满生机与活力的社会。

松下政经塾出身的民主党众议院议员前原诚司刚刚当选，稻盛就予以支持，还担任了他的后援会会长。在 2003 年 11 月的众议院选举前，稻盛在全国性报纸上打出了"塑造可以实现政权交替的国家"的意见广告。

明确打出政权交替旗号的民主党在选举中实现了大跃进，在比例区[1]的得票数超过了自民党。民主党夺取政权变得越发有可能了。

告别父母

"我觉得父母其实并不太清楚我具体从事的工作。我曾为他们讲解过京瓷的新产品和尖端技术，他们只是微笑着聆听，我觉得他们并没有听懂。"（以下引用稻盛和夫《稻盛和夫：母亲的教诲改变我的

1　比例区：比例代表制的选举区。——译者注

一生》）

在京瓷渐渐变得知名时，有些杂志去采访母亲纪美。

其中有一个记者询问纪美有关京瓷商品的问题。纪美回答说：

"我不太清楚啊，好像是陶瓷的电灯泡插座之类的东西吧。他做的就是那个插座，我跟朋友们都是这么说的。"

松下幸之助创业时期生产的著名畅销商品就是二脚插座，应该是和这个搞混了吧。稻盛听说此事后据说是这么想的：

"插座也好，其他东西也好，都无所谓。我觉得母亲的语言非常可爱，不管怎样，她为我所从事的事情感到高兴，我因此而感受到纯粹的喜悦。"

京瓷创业以来，由于实在过于忙碌，稻盛总是很难回老家。但偶尔回去时，只要喝到纪美亲手做的味噌汤，他就能感到幸福，心中涌起无限的勇气。

纪美唯一的消遣就是玩弹子机，她不仅喜欢玩，还玩得很好。

女儿们都说她"每次去都能赢回奖品给孩子或孙辈，真的很厉害"。

稻盛在回老家时，也会陪着纪美去玩弹子机。

"母亲比我厉害多了，总是可以赢很多奖品和点心。那时，她就会流露出少女般高兴的笑容。"稻盛一定是希望看到纪美的笑脸才陪着她去玩弹子机的。

可是，认真、老实的父亲畩市却不喜欢她玩弹子机。纪美有时候会对稻盛抱怨："你爸爸不给我钱玩弹子机。"这时，稻盛就会掏钱给母亲。

畩市是一个从根儿上就小心谨慎的人，即使有富余的钱，他也会存起来。据说，他总是这么说："和夫如果事业失败了，我们总是要给他钱的。"

对于父母来说，孩子到什么时候都是孩子。

1992 年，纪美说自己腰痛，于是家人带她去了医院，诊断是白血病。

这件事情无论如何都不能跟畩市说，家人们一开始对她保密，让纪美还是像以前那样生活。但不久后，纪美在洗澡时跌倒骨折，不得不住进了附近的医院。

什么都还不知道的畩市很担心，每天都去探望，但纪美由于病情加重，越来越消瘦。即便如此，她还是牵挂着畩市，有时候会问他："吃过饭了吗？"并劝他吃自己的病号餐。

后来，畩市到底还是明白了肯定不只是骨折那么简单，家人终于不得不告诉他纪美的真正病情。深受打击的他不忍看到纪美日渐虚弱、消瘦，去医院探望的次数也减少了。

稻盛极其忙碌，很难回老家，但还是挤出时间，带着女儿前去探望。看到无比挚爱的母亲虚弱、消瘦的样子，稻盛心里实在是难过。

住院后三个月左右，纪美去世了。1992 年 2 月 27 日早上 5 点 13 分过世，享年 82 岁。

此时不巧，稻盛正在海外出差，没能看到最爱的母亲最后一眼。

"如果现在母亲还活着的话……有时候会这样想一想，但不可思议的是，即使母亲还在眼前，我也没有特别想对她说的话，只想坐在老家的矮脚桌前，品尝母亲做的美味的味噌汤和鱼干，那就已经很幸福了。"

稻盛对母亲难以忘怀，甚至在他所著的《稻盛和夫：母亲的教诲改变我的一生》一书中，将最后一章命名为"母亲是神的同义词"。在书的最后，他用令人落泪的语言如此写道：

"想再带您去玩一次弹子机。"

纪美离世后，畩市深受打击，疲态尽显，迅速老去。

他不断地吐露柔弱的心声："我想三年后也去那个世界，因为这

《京瓷哲学手册》

三年还要供奉纪美。"即使周围的人鼓励他，他也回答说，"不经历（丧偶）真是不知道啊"，流露出一个人的寂寞。

而且没过多久，他就开始说："不想再活了。"

此后没多久，他就开始说肚子疼。后来才知道，那是肝癌。但不管怎么劝说，他都不去医院，似乎是因为纪美在医院过世，他不愿意去让他伤心的地方，所以坚决不去。

可是，不去是不行的，因为疼得越来越厉害了。1994 年，畩市被强制住院了。

不出所料，病情已经恶化。正如他所期待的那样，死亡到来了。住院 3 周后的 9 月 28 日，畩市停止了呼吸，87 岁的生命画上了句号。

和纪美过世时一样，哥哥利则周到、利落地安排了葬礼等事宜。因为父母生前经常亲密同行，一起去西本愿寺鹿儿岛别院参拜，所以两个人的葬礼都在那里盛大地举行了。

恰巧在这一时期，稻盛即将向鹿儿岛大学捐赠由安藤忠雄设计的稻盛会馆，本来就计划用父母的名字将其冠名为"纪美和畩市纪念会馆"。建筑设计新颖，从外部看来，可以看到会馆球体外形的一部分。

两个人生前也曾经被带去建设现场参观，他们都乐呵呵地期待着完工。但遗憾的是，最终还是没有等来这一天，真的变成了"纪念会馆"。

在 1994 年 10 月 31 日举办的竣工仪式上，稻盛在出席者面前讲话时，追忆了父母对自己的影响。没有父母，就没有自己的生命；没有两个人的教导，就没有自己的今天。他在心中双手合十，向身在天国的畩市和纪美报告："会馆终于完工了。"

京都商工会议所会长

塚本曾担任京都商工会议所会长，受他之托，稻盛勉勉强强地担任了副会长。稻盛好几次提醒他，自己只是挂个名而已。事实上，他也几乎不出席会议。

但是，大概在 1994 年 6 月，塚本叫来稻盛，这样对他说：

"京都建都 1200 周年的庆典工作我已经按时完成了，所以现在想把会长的职务交给你。"

对于稻盛来说，这如同晴天霹雳，所以他连连摇头，非常干脆地拒绝了。

但是，塚本不是这么容易放弃的人。

塚本年轻时有一次很想面见某一家批发商的负责人，于是每天都到其下榻的旅馆拜访。但对方不想见面，所以酒店的前台不予通报。塚本居然在这个时候乔装打扮，骗过了老板娘，直接进入了那位负责人的房间。对于这样的热情，对方招架不住，最后终于做成了生意。

这种一旦决定，就不顾一切追逐对方的魄力，甚至比稻盛都有过之而无不及。塚本不断地劝说，稻盛拼命推辞。持续了半年，到了年底，稻盛无奈地接受了。

塚本最后决定性的一句话是这么说的：

"你只知道呵护自己的公司，难道对为地区做贡献就这么讨厌吗？"

这时，即使是稻盛也忍不住发怒了。不管塚本跟自己的关系有多好，还是有些话能说，有些话不能说。稻盛不由得大声说道："你太失礼了！"因为对于奉献社会，稻盛有着无人能及的自负。

"你是自己想要当会长才去当的吧？"

塚本脸色沉了下来："你难道是这么看的？"

实际上，大荣的会长中内功曾是神户商工会议所的会长候选人。所有人，包括他自己都认为必定当选。但由于地方上某些实力雄厚企业的干扰，他最后没能选上。于是作为报复，他对神户财经界的事情从此一律都放手不管，当地财经界因而叫苦连天。因为听到了这些传闻，所以稻盛始终认为，会长是想要当的人才会去当的。

听到这里，塚本的"调门"改变了。他开始对稻盛谆谆教导，京都商工会议所会长的工作有多么辛苦，根本不是用来追求名誉和满足自我表现欲的工作。稻盛不由自主地听得入神，最后被打动了。

"我自己大概是因为对财经界的活动没有兴趣，一直以为塚本是想要当会长才去当的。听了他的话才知道，他担任会长，不仅牺牲了自己用在公司的时间，还牺牲了个人时间，为了这个工作尽心尽力。"（稻盛和夫《稻盛和夫自传》）

塚本最后说道："京瓷能有今天的成就，应该都有形无形地得到了京都市民的帮助，差不多也到了回报的时候了吧？"稻盛终于下了决心。

1995 年 1 月，稻盛就任京都商工会议所会长。

京都是一个不可思议的城市。众所周知，这是一个寺社佛阁鳞次栉比的古都。但还不仅于此，它还有着不为人知的本来面目。

天皇在明治维新时离开了京都。直到现在，京都市民都翘首企盼皇室能够重返京都，他们称为"还都"。

由于朝廷和皇室御用商家全部搬迁，京都的人口一下子从 35 万减少到 20 万。但是，京都利用明治政府支付的赔偿金和劝业基金，建立了从琵琶湖引水的水利工程，召开劝业博览会，在蹴上建设水力发电站、建设路面电车等，成了日本殖产兴业的先驱，让大家看到了京都人的努力。

寺庙当然有很多资产，普通居民中也有很多非常有钱的人。他们虽在蜷川革新政府所进行的基础设施建设和产业振兴中落后了一步，但他们更愿意保持城市的原有风貌，并满足于此。实际上，京都现在已经成为观光资源的宝库。

京都既有守护传统的一面，又有让创业企业大展拳脚的胸怀。众所周知，华歌尔、村田制作所、罗姆、任天堂、堀场制作所、欧姆龙、日东电工、村田机械、大日本屏幕制造等代表日本的优良企业都将总部设于京都。当然，京瓷更是其中的代表。

前面已经讲过，原先只有欧美才有胸罩和紧身衣等女性体形矫正用内衣，而华歌尔的塚本在这个新领域确立了华歌尔品牌。

村田制作所作为世界知名的电子零部件企业，起步于原先只有两三名员工的清水烧的小窑户——村田制陶所。应当时军部的要求，开始研究氧化钛，并以此为契机，成功地开发出了电容。第二次世界大战后，其着眼于电子工学领域所需的陶瓷电容，成长为市场份额世界第一的企业。

罗姆的佐藤研一郎，原先想成为音乐家，但因在钢琴比赛中只获得了第二名，所以改变了志向。他在立命馆大学理工学部学习时，取得了碳膜电阻的专利，毕业后立刻开始投入生产，从而取得了今天的成就。因为一开始立志成为音乐家，所以除了捐资建设罗姆会馆以外，他还对京都市交响乐团进行了大量的捐赠。

任天堂的山内溥，原先是制作扑克牌和花骨牌的，现在任天堂已经在家庭游戏机等领域成了世界领先的企业。

原先在京都大学学习原子物理学的堀场雅夫，由于 GHQ 担心日本开发原子弹而禁止了原子物理学研究，所以他转而成立了堀场无线研究所。现在，堀场无线研究所已经发展成了全世界顶尖的分析、测定仪器的厂家。

京都创业企业的成功者有一个共同点，就是最初都是那个领域的"外行"。

不模仿他人，不参与价格竞争，靠自己的技术掌握压倒性的市场份额。这些在各自行业都属于唯一的企业聚集在一起，相互之间没有干扰，而是相互尊敬、相互较劲，有竞争也有合作，不断迈向更高的目标。大家都不满足于日本第一，而是瞄准了世界第一。

"京都第一，日本第一，然后成为世界第一！"诉说这样远大梦想的，不止稻盛一个人。

他们并没有把东京视作对手，而是从京都直接挑战世界。所以，他们压根儿就不会像大阪的企业那样，考虑把总部从大阪搬迁到东京。日本今天面临地方活性化这一课题，而京都的这些"唯一性"的企业给出了启示。

京都商工会议所的会长必须关注传统产业。

新兴企业的力量强劲，而传统产业的问题却堆积如山。特别是以西阵和室町为代表的和服产业。随着生活习惯的改变，穿着和服的机会越来越少，销售额的下降极其显著。

于是，稻盛提出举办"和服峰会"，努力实现传统城市京都的复兴。

对于因古都税[1]问题而关系不睦的京都佛教会和京都市，稻盛也帮助使其关系改善。

1985 年，当时的京都市市长今川正彦，为了实现京都遗产保护，对京都市内寺庙的门票加以课税，导入了古都税。以清水寺为首的知名寺院予以抵制，京都佛教会甚至起诉了京都市。

结果，1988 年 3 月，京都市废止了古都税。但是，当时留下的不信任感并没有消失，京都佛教会和京都市之间的关系长期不睦。

后面会提到，稻盛在这个时候已经因为出家而拥有了僧籍，所以佛教相关人士也能对他敞开心扉。

1999 年 5 月 20 日，京都佛教会和京都市签署了"共同努力建设利于京都观光振兴和景观的城市设施"的共同声明，长期悬而未决的难题得以解决。

"为过去画上句号，共同面向新世纪。"

1　古都税：古都保存协力税。

　　京都市市长桝本赖兼、佛教会理事长有马赖底和居中协调的稻盛三个人"沐浴"在媒体的闪光灯下，微笑着交叉握手，展示出和解的氛围。

　　对于起到重要作用的稻盛，《东洋经济》是这样评论的：

　　"在京都市市长选举中，稻盛会长站到了支持桝本赖兼市长的第一线。在 1999 年，又解决了相持 17 年的京都佛教会与京都市的对立问题，实现了'和解'。日元升值、政策放宽、摆脱零利息，每当从京都传来大胆的言论时，全国的报纸都会大加关注。'不喜欢引人关注'的稻盛，却是历代会长中最为引人关注的人——稻盛就是这样的'矛盾体'。"

　　结果，稻盛当了六年的会长，于 2001 年 2 月卸任，由村田机械的村田纯一继任会长。

　　村田会长接受采访时曾评价说："尽管稻盛先生曾说自己不想当会长，但一旦就任，就全力以赴地投入工作，留下了很大的成果，是一个值得尊敬的、了不起的人。"他的话让人印象深刻。

胃癌手术和出家

　　按照时间顺序来看稻盛的照片，有一个有意思的发现，就是他的风格随着年龄的增长，改变非常大。从中可以清楚地读出他对于事业的态度、对周围环境的态度，以及精神层面的成熟度。

　　在创办 DDI 的时候，他神情严肃，似乎一碰就会发火，甚至能从他的眼中感受到腾腾的杀气。面对巨大的紧张感，加上因丑闻事件而被"敲打"，精神极度紧张的样子令人心疼。

　　但是，有一件事成了契机，让他的表情变得如同好爷爷般慈祥、安静，那就是"出家"。

1996 年 9 月，在京都商工会议所的例行记者见面会上，他突然宣布："到了 65 周岁，我就会遁入佛门。"一时引起轰动。

塚本立刻就打来电话：

"原先就听你讲起过，可是你还在京都商工会议所会长的任上，现在放出这个消息就让人头大了。"

稻盛当然没想给周围的人添麻烦，所以回答道："我会找到合适的继任者，不会不负责任的。"

成为稻盛出家契机的，是与访问日本的印度瑜伽圣人的偶然见面。据说，此人对印度传统医学阿育吠陀深有研究。

"帮您把一下脉吧。"于是，稻盛伸出手腕，结果对方居然对他孩提时代患过肺结核，最近又有三叉神经痛的问题一语中的。

最后，他告诉稻盛："您应该可以活到 80 岁左右。"

这个预言萦绕在稻盛耳边，他开始以自己的寿命是 80 岁为前提，思考余下的人生。

人生最初 20 年，是为了迈入社会做准备的时期。接下来的 40 年，步入社会，拼命、努力地工作，为社会、为世人做贡献。在 60 岁左右迎来退休。步入社会后的 40 年，就是所谓"磨炼灵魂的时期"。如果缺少了灵魂的磨炼，即使一时获得了成功，最后也可能下场凄惨。这样的案例不胜枚举。

以人生长度 80 年为前提的话，60 岁左右退休，到 80 岁，其间有 20 年，稻盛将其视为迎接死亡的准备期。这不是说已经做好死去的心理准备——这种心理准备早在当年患上肺结核时就有了，而是因为稻盛认为，死亡是灵魂的再次起程，为新的起程做好准备需要 20 年。

稻盛认为，如果将死亡视作人生的总决算，为了能安静地迎接这一刻的到来，到了 60 岁，就必须退出经营第一线。为了迎接最后的 20 年，首先要做的就是出家。这是一般人根本没兴趣考虑的。

鹿儿岛大学稻盛会馆
（球体是纪美＆畋市纪念礼堂的外壁，照片由本书作者拍摄）

畋市和纪美

展示历史性和解
（右起为京都市市长桝本、稻盛、
京都佛教会理事长有马）

稻盛首先征询了西片的意见。

西片当时已经成了妙心寺的管长 [1]。圆福寺本来就属于妙心寺派，但因其德高望重，早有声音呼吁其担任妙心寺的管长了，但他第一次就拒绝了，第二次又干脆地拒绝了。到第三次又来询问时，在稻盛的说服下，西片勉强接受了。

就这样，西片成为日本国内最大的禅寺——妙心寺的最高责任人，掌管 3400 多家分寺。称呼也不再是老师，而是"猊下"这个尊称。

西片对稻盛说："你可以剃发、得度，但是，此后要回归社会，为社会做贡献才是你的佛道。"

听到这句话，稻盛下了决心。

他决定在 1997 年 6 月的股东大会上卸任京瓷和 DDI 的名誉会长，6 月 29 日举行得度仪式，加入佛门。但是，意料之外的事情发生了。稻盛被发现生病了，而且还是性命攸关的病。

一直以来，稻盛都和夫人一起定期接受健康检查。

这一年原定是 2 月 15 日检查，但朝子临时身体不适，所以只好延期，等到了 6 月 9 日才好不容易进行了检查。这可以看出稻盛有多忙。这样一来，也就不是"定期"检查了。

当时拍了 X 光，稻盛被告知"有胃溃疡的可能性"，需要复诊。于是，6 月 14 日接受了胃镜检查，被采集了四处组织样本，进行细胞培养。

稻盛隐隐约约有不祥的预感，果然被他料中了。

6 月 19 日，稻盛正在京都商工会议所开会时，责任医生突然到访，说："发现了胃癌，需要马上动手术。"

当天晚上，已经预备在冈山举办盛和塾例会，普通人的话可能会马上取消例会赶去住院，因为如果不尽早处理的话，肯定心中不安。

---

1 管长：宗派最高责任人。——译者注

稻盛却按照原计划去了冈山，只是当天就回到了京都。

据说，在回程的新干线车厢里，同车返回东京方向的塾生还向他请教了经营问题。直到在京都下车为止，稻盛一路上都热情畅谈。接受一对一指导的塾生当然非常感激，但他一定无法想象，稻盛刚刚被告知得了癌症。

结果，不顾朝子的担心，稻盛深夜才回到家里。

"回到家后，再次思考了患胃癌的事情，看到自己其实毫不慌乱，于是得以安心入睡。"（稻盛和夫《人生与经营》）

即使被告知患癌，稻盛也将其视作人生的修行，努力磨炼自己的灵魂。

到了发现胃癌的第三天，他才和医生讨论，决定 6 月 29 日动手术，正是原先预定举行得度仪式的那一天。

接着，他又做了一件让世人惊讶的事。6 月 27 日，他公开宣布自己罹患胃癌。他认为，自己作为上市公司京瓷实质上的领导人，必须重视信息公开。

1997 年 6 月 28 日的《每日新闻》，以"京瓷·稻盛先生公布'罹患胃癌'"为题，报道了"在我们的记忆里，没有其他人在手术前公布病情（经团联），稻盛的行为非常罕见"。

接着，迎来了手术的这一天。癌细胞比预料中发展得快，手术不得不切除三分之二的胃。据说，那时正赶在癌细胞扩散之前，非常危险。

仔细思考一下就能知道，如果是 2 月检查的话，有可能就无法发现，延期就诊反而成了幸事。本来稻盛就为了得度后的修行留出了时间，现在正好利用这段时间住院，真的很幸运。

但是，并不是只有好事发生，术后的恢复并不顺利。

术后持续疼痛，稻盛觉得这也正常，所以一直忍耐，但总觉得状态不对。医生告诉他，一周后可以取下点滴，开始喝米汤。可他一喝米汤，腹部就剧烈疼痛，一晚上都辗转反侧。第二天早上，他才找来主治医师。

一检查才发现，胃和肠连接处的缝合出了问题，没有完全缝合。如果米汤喝多了，就会引发腹膜炎。

医生对他说："再动一次手术的话就太难受了，等它自然痊愈吧。"这种慢条斯理的处理方法让稻盛再次回到了打点滴的生活里，原先预计两周就能出院，结果不得不延迟了。

不管遇到什么问题，稻盛的风格都是矢志不渝。即便接连发生住院、做手术、再住院等预料之外的事情，出家的意志并未改变。

1997年9月7日，手术后三个月，稻盛在圆福寺参加了期盼已久的得度仪式。导师当然就是西片狺下，他从稻盛和夫的名字中取了一个字，法号"大和"。

媒体对稻盛出家一事大加报道，把他的光头照片登到了报纸和杂志上。

11月，等到体力稍稍恢复后，稻盛再次去往圆福寺修行。虽然修行的时间不长，但对于术后的身体来说，还是很大的负担。盛和塾的各位塾生都很担心，围在远处守望。

虽然才到11月，但京都郊外的早晨已十分寒冷。而且，居然早上3点就要起床，晚上11点就寝。过的是"醒时半张（榻榻米），睡时一张"的坐禅三昧的生活。餐饮是一菜一汤，早上是粥和酱萝卜，中午是麦饭和味噌汤，晚上是炖萝卜等。因为是在胃部切除手术之后，所以稻盛也没觉得少，反而倒有点儿吃不下。

稻盛戴着斗笠、穿着草鞋，和年轻的行脚僧们一起出门托钵化缘。在回来的路上，有一位老妇人给了他100日元的硬币，稻盛几乎感动得流下了眼泪。因为这和他平时经手的以亿为单位的资金全然不同。如果一直是经营者而不入佛门的话，恐怕一生都不会有这种体验。

看到有恙在身的稻盛拼命、努力地投入修行，西片禁不住感慨："这可不是一般的宗教家可以比得了的。"

为了对稻盛这种真挚的姿态表达敬意，圆福寺的坐禅堂里，到现在都挂着"大和禅士"的名牌。

但是，当稻盛的修行告一段落时，西片对他说：

"尽快让头发长出来吧。在这里和行脚僧一起修行是很辛苦的，你还是尽快回到公司去吧。"

在佛教的世界里，出家并不是修行的唯一道路，还有在家（过普通生活的同时皈依佛道）的道路。

在大乘佛教的主要佛典之一——《维摩经》中，主人公印度商人维摩诘（维摩居士）就是在家时到达了开悟的境界。他广积厚德，帮助很多人获得了幸福，甚至能对文殊菩萨讲法。

西片一方面理解稻盛想要提升心性，另一方面也教导他，对于他来说，在家修行是最好的方式。

于是，稻盛再次回到商业世界中。

虽然精力有所恢复，但健康状况的恶化仍在持续。

那是得度仪式过后的第二年，盛和塾世界大会将在 2 月 10 日举行。这一天，稻盛在京都商工会议所办公，中午和会议所的职员一起在地下食堂吃了天妇罗乌冬面，之后突然感到剧烈的腹痛。之前，医生曾告诉他一定要慢慢吃，但他总是不自觉地很快吃完。

他提早回家躺到床上也没见好转，反而越来越痛。没办法，他只好叫来出租车赶往医院。

一诊断才知道是肠梗阻。吃下去的东西没有被正常消化，停留在了肠道内。这是死亡率较高的危险症状，于是当即住院接受手术。结果，不得不再次将胃癌手术的伤口切开，取出肠子清理。虽然最后没有大碍，但无法避免地缺席了盛和塾世界大会，他觉得很对不起塾生。

一年后，前往巴西和巴拉圭出差时，肠梗阻又复发了。结果，总计发生了三次。到底还是怕了，以前吃面时都是大口大口地吃，现在只好一根一根地吃了。

1998 年 8 月，京瓷新的总部在京都市伏见区完工了，是由当代首屈一指的设计师黑川纪章设计的。地上 20 层，高 91 米，是京都最高的建筑。

考虑到建设环保型的建筑，在南侧的墙面和屋顶上设置了约 1900 张京瓷自己制造的太阳能发电面板。发电容量超过 200 千瓦，是当时世界上最大规模的独栋太阳能发电建筑。

一层和二层的入口呈天井状。一楼是美术馆，陈列着毕加索、东山魁夷、平山郁夫等名家的画作；二楼是京瓷精密陶瓷馆，介绍京瓷的历史，展示京瓷的商品，对于普通民众是开放的。

有意思的是第 12 层。这里是一个 100 张榻榻米大小的和室 [1]，墙上挂着书法作品，看上去像日式旅馆的大会场，在这里可以尽情地举办空巴。

每月一次的董事空巴，集团所有公司的社长都会到齐。这时就会把和室一分为二，一半用来放行李。有些人可能会认为，把全部空间都用来举办空巴的话会更宽敞，但京瓷有意不这么做。对于这个问题，京瓷的山口悟郎会长是这么回答的：

"在狭窄的空间里热热闹闹地举办才有意思。相互之间肩膀靠着肩膀，膝盖碰着膝盖，一起涮火锅。没多久就有醉意了，杯子是谁的都搞不清楚了。这样搞两三次试试？不管是谁，关系都能变好，这才是空巴啊。"（北方雅人、久保俊介《空巴》）

即使公司的规模越来越大，做的事情却出奇地一致。

在新总部大楼建成以前，由于去鹿儿岛出差的人比较多，所以

---

1 和室：日式房间。——译者注

京瓷总部

得度仪式上的稻盛

稻盛在离国分工厂较近的雾岛市造了酒店。酒店也是由黑川纪章设计的。

但是，酒店的命名却引起了争议。稻盛说："就叫'Hotel Amore'吧。"

"Amore"是意大利语"爱"的意思，这也是稻盛始终秉持的理念。是对家人的爱，对公司的爱，对员工的爱，对故乡的爱。但这个时候，这样的命名方式似乎有点儿过于理想化了。

周围的人忐忑不安地建议："这样的话听上去像情侣酒店的名字啊。"

"哪里像？！"稻盛一时不愿放弃这个名字，有一段时间还对此愤愤不平。结果，最后还是用了"京瓷酒店"这个名字。

这家酒店于1995年开业，考虑到稻盛的"想法"，特地把中庭命名为"Ali Amore"。"Ali"是翅膀的意思，连起来就是"爱之翼"的意思。

当时完全没有想到，后来稻盛会出手重建这个"翼"[1]。

有名无实的 NTT 拆分

除了移动电话和PHS以外，稻盛所关注的，还有"铱星计划"。

这是美国的摩托罗拉公司提出的梦想计划，使用人造卫星让全球随处都可以通信。当初计划使用77颗人造卫星，所以使用了排在元素周期表第77位的铱（Iridium）作为名称。

对于如此宏大的计划，稻盛忍不住心动。他于1993年设立了日本铱星公司，就任拥有代表权的会长。稻盛意气风发，因为如果计划成功，不仅能改变日本，而且能彻底改变全世界信息通信产业的格

1　意为"日本之翼"，特指日航。——译者注

局。然而，道路艰险。

1998 年 11 月，日本铱星公司好不容易开始了服务，但从一开始就接连失算。日本国内的合同台数只达到了计划的三成（3000 台）。高昂的通话费，再加上每个终端高达 40 万日元左右的价格，以及 400克的重量，就是其无法普及的原因。

美国国内也同样销售低迷，虽然摩托罗拉出于危机感而大幅降低了通信费用，但合同数量仍然迟迟不见增长，以至于压迫到了美国铱星公司这个事业母体，导致其在事业开始的第二年 8 月 13 日就早早地宣告破产。不得不根据美国《民事再生法》第 11 条进行破产重建。

DDI 也对重建予以了协助，新公司继承了原有资产，重开了服务。但是由于移动电话的可使用区域不断扩大，导致卫星中继方式的优点逐步消失。对于发展中国家和海上、极地等地方的用户来说确实是方便的，但由于用户人数有限，经营始终面临严峻的考验。

另外，日本国内的电气通信事业的自由化进展缓慢，迟迟没有拆分 NTT，没有对这一最核心的部分"动手术"。所以，DDI 等新电电企业不得不继续和 NTT 这个巨型企业对抗，远远没有进入自由竞争的状态。

1990 年 3 月，在电气通信审议会（丰田英二会长）的推动下，虽已超出期限，但还是提交了"以 1995 年度为目标，将 NTT 拆分成长距离电话公司和市内电话公司"的报告。

但是，政府这边还是一如往常的不见动静。

拆分反对派主张，拆分会导致国际竞争力下降。实际上，一方面在光纤和 PHS 等领域，NTT 自电电公社时代就开始积累技术，其技术能力之高，世界闻名；另一方面，NTT 不采用国际标准，使得很多东西跟国际标准不兼容，这也是事实。因为背靠国家而缺乏危机感，反而导致其国际竞争力的下降，这一点无法否认。

但是，NTT 对于邮政省有着根深蒂固的不信任，担心其想要借机削弱一直以来不怎么听话的旧电电公社。

实际上，邮政省并没有打算放松行政裁量、放宽供需调整项目等，毋宁说因为新电电企业的出现，反而认为适用行政裁量权的对象企业又增加了。所以，NTT 疑神疑鬼也并非完全没有道理。

双方各自不同的想法拖了拆分的后腿，结果，决定 NTT 的经营形态成了一个政治判断。对于稻盛等人来说，这是最糟糕的局面。自民党内反对拆分 NTT 的邮政派系的力量过于强大，导致了这种局面。

结果，日本政府在 1996 年 12 月 6 日公布的方案变得对 NTT 极其有利。

NTT 被按地区分成了东日本电信电话株式会社（NTT 东日本）和西日本电信电话株式会社（NTT 西日本），以及长距离通信公司 NTT Comunications（NTTcom），而 NTT 作为持股公司仍然存在。由于在资本层面上没有分离，所以这只是形式上的拆分。

而且，还将此前独立运营的 NTT Dokomo 和 NTT Data 纳入旗下，由此还额外拥有了国际通信部门。这一结果让 NTT 比原来的电电公社拥有更为强大的势力，呈现出了与自由化初衷相反的局面。

虽然稻盛极其愤怒，但他说不上话。而且，这是最终决定，将于 1999 年 7 月 1 日正式实施。

在这里要简单介绍一下国际通信的自由化。

1998 年，《国际电信电话株式会社（KDD）法》被决定废止，其他企业被允许参与国际通信事业。NTT 之所以能进入这个领域正是出于这个原因。

原来，KDD 是从电电公社独立出来的，专门负责国际通信业务，归邮政省直辖管理，和 NTT 一样。一直以来，国际通信事业都是由它垄断经营。

KDD 公司因此获得了巨额利润，在业务招待费上花钱如流水。

1979 年，甚至发生了被称为 KDD 事件的贪污丑闻。毫无疑问，国际电话费因此而居高不下。稻盛认为 KDD 和 NTT 一样，都是有损国民利益的存在。

随着行业的自由化，经营国际通信业务的新电电企业将会出现。这样的话，在国际电话费的降价压力下，收支恶化是必然的。

作为交换，KDD 也被允许进入国内通信事业。但是，事情并不是这么简单的。KDD 从来没有在自由竞争的环境下经营过，它为了参与国内通信事业，开始大手笔地进行设备投资，很快就将过去积累下来的丰厚利润挥霍殆尽。后面会详细谈到这出悲喜剧和 DDI 的关系。

最糟糕的政治判断导致了 NTT 成为更为强大的企业集团，横亘在稻盛等人前进的道路上。既存势力和既得利益妨碍了自由的经济活动，过于腐败的自民党让人难以再对其抱有希望。

但是，这已经是覆水难收了。

"既然你们来这一手，我们也另有对策。"稻盛将无处发泄的怒火转化成了行动的力量。

他改变了一直以来反对新电电企业一体化的立场，开始筹划成立对抗 NTT 的新公司。他在工作中经常会说"成为旋涡的中心"，现在他决定让自己成为电气通信事业重组这一"旋涡"的中心。而且，不是采用对等合并的方式，而是劝说对方加入自己的团队。

对于这么做的理由，稻盛是这么说的：

"合并的目的本来就不是为了实现'1+1=2'，而是要'=3''=4'。但是，很多案例不仅连'2'都实现不了，甚至只有'1.5'。日本有'以和为贵'的说法，主张尽可能地避免争夺，不提倡总是主张'我的我的'，而是提倡'一起努力'，找到让大家都心情愉悦的合作方式。因为不想决一雌雄，所以才选择'对等合并'的方式。但是，企业如果没有领导人，不形成'组织'，就什么也做不了。反而导致二头、三头政治的发生，最后无法达到预期的效果。"

稻盛确信只有自己才能对抗 NTT，这种信念给了他力量。

需要说服的，是与自己每天都在展开激烈竞争的竞争对手企业。稻盛和日本移动通信（IDO）的最大股东、丰田汽车的奥田硕社长，以及 KDD 的中村泰三会长和西本正社长都展开了会谈。

虽然早有心理准备，但重组的道路还是困难重重。

DDI 作为国际电话领域的新电电企业，最早试图和松下电器等设立的日本国际通信（ITJ）合并，但很快谈判就破裂了。大家都对稻盛心怀恐惧。

ITJ 的走向很快就确定了。1997 年 3 月，ITJ 被日本电信吸收合并。日本电信由此成为新电电企业中第一家能同时提供国内电话和国际电话服务的公司。这正是当初 DDI 想要实现的目标。

看到 DDI 和 ITJ 的合并不成功，KDD 开始向 DDI "暗送秋波"。前面提到过，KDD 和 NTT 一样，原先都是国家的政策型企业。公司内部有东大[1]和庆应大[2]两派的斗争。KDD 与京瓷的风格迥然不同，如同水和油一般，交涉从一开始就被认为会非常困难。

稻盛是这样向笔者回忆当时的情况的：

"KDD 的干部，真的像老爷一样，跟我们格格不入，过程真的很辛苦。"

首先，对方提出了要求。不但要留下"KDD"这个公司名称，而且提出考虑到历史和品牌知名度，合并比率应该对他们有利。如果是非上市公司的话，还暂且不谈，但上市公司之间的合并毫无疑问都是由市价总额决定的。所以，听到对方这么说，大家都哑然失笑。

他们接下来说的话显示出他们的自尊心有多强：

---

1 东大：毕业于东京大学的员工。——译者注
2 庆应大：毕业于庆应义塾大学的员工。——译者注

"要不是时代变化，我们公司根本就不可能跟你们这种新兴企业谈判。"

"传说"他们在交涉的场合说出了这句话，但在原 KDD 员工之间流传着说出这句话的人的名字，看来不是"传说"，而是真事。而且，他们在交涉的最后，甚至试着提出"稻盛会长卸任"的条件，因为对方对他强有力的手段非常警惕。

"如果我卸任就能谈成的话……"稻盛倒是开始认真思考了，但周围的人予以了阻止。结果，交涉又回到了原点。

令人惊讶的是，谈判破裂之后没多久的 1997 年 11 月 25 日，KDD 公布了与日本高速通信的合并。原来，他们一直脚踩两条船。

计划中的公司名称还是"KDD"，第二年 10 月成立了新公司。丰田汽车将会持有一成左右的股票，成为最大的股东。看上去 KDD 的意向得以实现，但 KDD 因此向国内通信事业投入了巨资，这次合并成了其财务内容恶化的开端。

从这次合并起，DDI 的奥山社长就从丰田一方的咨询顾问，也就是从高盛日本法人的相关负责人那里，获得了关于日本移动通信（IDO）的信息。（涉泽和树《挑战者》）

丰田解决了日本高速通信和 KDD 合并这一眼前的课题。接下来，他们打算着手处理仅次于日本高速通信的第二大股东——IDO 的问题。

尽管独占了东京和名古屋这些最为肥沃的市场，但丰田主导的移动通信公司 IDO，在 1997 年 3 月期和 1998 年 3 月期的最终决算分别为亏损 59 亿日元和亏损 385 亿日元，巨额赤字接连不断。非常遗憾，丰田的招牌——"看板方式"在通信行业无法适用。这与 DDI 旗下的八家移动通信公司的绝佳状态相比，区别非常明显。

不久后，DDI 就从高盛处得知，"丰田一方想和 DDI 谈一谈 IDO 今后的走向"。

因为 IDO 的运营区域是东京和名古屋，这与在其他区域展开运营活动的 DDI 旗下的八家公司，在运营区域上有互补关系。如果实现业务合作，意义很大。但是，DDI 不但被丰田瞧不起，而且东京和名古屋还被其抢走了。这种愤怒让稻盛难以忘怀。所以，一直以来，DDI 都抱着"坚决不能输给丰田"的想法，奋斗至今。

尽管如此，稻盛还是暂时放下了过去的恩怨，开始探索合并的道路。

1998 年 6 月，日冲昭接任奥山雄才，就任 DDI 社长。

一直以来，DDI 都被嘲笑，社长全部由原官员担任，这是第一次出现非官员的社长。

由此，DDI 一直以来都在推动的行业重组有了新的动向。

KDD 实现了与日本高速通信的合并，达成了强化国内通信体制的愿望。然而，现在 KDD 却哭求 DDI 的帮助，这离上次谈判破裂才仅仅一年左右。

他们经常说："我们和以前不一样了。"但是，不一样的是财务报表。

KDD 不仅要负担国内通信的新设备采购，国际通信部门还因新电电的"入场"而受到降价压力，业绩迅速恶化。1999 年 3 月期的决算预计会出现大幅的赤字，与日本高速通信的合并根本看不到效果。KDD 上市后的市价总额约为 1 兆日元，相比 DDI 约为 3 兆日元，差距一目了然。

总之，应 KDD 的要求，双方会面了。

令人惊讶的是，他们到了这个时候还执着于公司名称和合并比率。可能是因为丰田站在背后而导致他们总有一种强势的姿态。什么都没变，他们除了业绩和财务内容以外，没有发生任何变化。

不过，这一次合并的交涉并没有回到原点。虽然进展缓慢，但还是持续进行，因为他们打出白旗只是时间问题了。

KDDI 诞生

迄今为止，稻盛和 IDO 的塚田健雄社长已经有过好几次会面了。1998 年 12 月，塚田怀着某种决心，坐到了谈判桌前。他因 IDO 的业绩不佳而引咎辞职，希望在最后能让合并问题有所着落，作为自己最后的贡献。

虽然 DDI 在新电电企业中是唯一盈利的公司，但业绩并不是非常理想。1998 年 3 月期的最终利润同比下降了 25.2%。虽然旗下的八家移动电话公司的业绩出色，但从事 PHS 事业的 DDI 袖珍电话集团却处于资不抵债的状态。铱星计划也看不到希望。

会谈一开始，塚田就脱口而出："这样下去的话，双方都是自杀啊。"稻盛点了点头。合纵连横，形成压倒性的第二集团，对于挑战维持着强大势力的 NTT 而言，是绝对必需的。

但是，稻盛即使在这样的场合也反复诉说自己的主张：

"我希望能明确一点，就是让 DDI 在股权上处于多数地位，哪怕只是一点点。这是我对通信事业的情怀。"

"情怀"这个词，不仅在日常生活中，就连在商业世界中也很少用。这样的表达给了对方难以言表的冲击。这次轮到塚田点头了：

"我会（向丰田）转达的。"

由此，DDI 和 IDO 的合并开始运作了。很快，KDD 也加入了进来，三家企业的大合并开始了。

稻盛在接受《经济学人》的采访时，是这么说的：

"看过去的日本企业合并案例，特别是银行的合并，都是所谓的'对等合并'。没有相互之间的融合，无法合为一体。常年轮流当政，这样的话合并就失去了意义。这个采访会留下历史记录，所以我觉得必须说真话。我对丰田和 KDD 说：'可能听上去很自大，但我觉得第二电电是目前做得最好的一家，所以还请合并到第二电电的旗下。合并后，以第二电电为主导开展工作。''对外公布时，可以说是对等合并，但实质上，还请接受吸收合并这个事实。'"

稻盛的特点是绝不动摇，在此次的行业重组中也是一样，他的基轴彻头彻尾、毫不动摇。从这个意义上来说，奥山等人的工作也容易推进。

于是，双方约定，合并后对丰田进行定向增资，使其成为占股比京瓷稍低的第二股东，丰田章一郎和稻盛都成为名誉会长。对于共同创业的牛尾电机、索尼和西科姆，这一次就很抱歉了，因为这是丰田最大的让步了。

塚田对于稻盛在交涉中显示出的坚韧，是这么回忆的：

"太累了。当年在丰田与通用汽车进行合作谈判时，虽然艾柯卡[1]的糟糕态度也让我头痛，但稻盛的密度实在是太高了。一言一句，完全没有废话，实在是过于精练，这太让人疲劳了。"

说起艾柯卡，那是一位传奇人物。他催生了一代名车野马[2]，曾历任福特汽车社长、克莱斯勒汽车会长。他曾挽救濒于破产的克莱斯勒，守护住了几十万人的饭碗，被称为"美国产业界的英雄"，甚至有传闻称他会出马竞选美国总统。

塚田感受到，稻盛能与艾柯卡并驾齐驱。

但是，合并谈判中，曾有差一点儿谈崩的局面出现。

1999 年 6 月下旬，DDI 宣布，从日产汽车处收购了与 IDO 运营区域重叠的 To Car 移动通信东京公司、关西公司和东海公司的股权，

---

1 李·艾柯卡：当时的通用汽车社长。——译者注
2 特指 2005 款福特野马。——译者注

将其子公司化。

日产汽车陷入经营危机，不得不放弃部分股权资产。由此，DDI 得以在实际上成为移动通信的全国性运营商。所以，DDI 认为对 IDO 的合并已势在必行，流露出了轻蔑的态度，招致了 IDO 方面的不信任。

稻盛立刻着手收拾局面。DDI 在第二个月就宣布了新的人事安排，仅仅就任一年的社长日冲卸任，转任顾问。由奥山会长兼任社长。日冲卸任的理由是健康问题。

公开信息是："日冲健康问题较为严重，在 5 月连休结束时开始在家疗养，不得不缺席其预定担任议长的股东大会。"通过让日冲承担责任，DDI 显示了在合并问题上毫不动摇的决心。

由于"下了猛药"，合并交涉再次启动。在进入对细节条件进行最终调整的阶段时，KDD 同意撤回一直以来所坚持的条件 [1]。

最后留下来的企业实体是第二电电。公司商标为"KDDI"，但新公司的名称仍为 DDI，这是一个非常罕见的开局。这清晰地显示出，此次合并不是对等合并，而是 DDI 对 IDO 和 KDD 的"吸收合并"。

从合并的比率来说，更是事实胜于雄辩。

IDO（额面 5 万日元）：DDI 为 2.9∶1。KDD（额面 500 日元）：DDI（额面 5000 日元）为 92.1∶1。虽说近期业绩有些乏力，但 DDI 的企业价值是绝对领先的，而且这还是对 KDD 做了很大让步后的数字。

稻盛对"赘肉"明显的 KDD 提出了重组的要求，"请在合并前实现企业的瘦身"。

最初设定"用五年时间，从 14700 名员工中削减 2000 人"的目

---

1 也就是保留公司名称、合并比例占优等条件。——译者注

标。但刚开始招募自愿离职者，申请人数就暴涨，毫无难度地达成了目标。因为一直以来，KDD 企业内部的氛围都类似于官僚机构，大家都对稻盛式的经营手法心怀恐惧。

合并之后，原 KDD 的存在感毫无疑问地降低了。由于有着过于强烈的自尊心和缺乏判断时势的眼光，导致了 KDD 的没落。

1999 年 12 月 16 日，三家企业正式宣布合并，在东京的酒店内举行了记者招待会。

站到台上的，除了稻盛和 DDI 社长奥山之外，还有京瓷社长西口泰夫、丰田汽车会长奥田硕、社长张富士夫，KDD 社长西本正，日本移动通信社长中川哲等七人。

在耀眼的闪光灯下，他们笑容满面地交叉握手，表达团结一致的意愿。

京瓷和 DDI 的相关人员看到这样的景象，都觉得感慨万千。

15 年前，新电电的三家企业一齐参与了电气通信事业。虽然 DDI 在移动电话业务开始时，为形势所迫，局势非常不利，但稻盛还是运用哲学和阿米巴经营的力量，带领大家实现了新事业的成功。

不管是丰田还是 KDD，最初都流露出"像京瓷这种小企业"的露骨态度。但是，电气通信行业给了新兴企业对大企业以下克上的巨大机遇。结果，稻盛让代表日本的丰田汽车都成了自己的手下败将。

其实，就在 KDDI 即将成立之时，稻盛还面临艰难的判断。

这个问题就是，下一代移动电话事业（第三代移动通信系统，3G）应该采用何种规格。

DDI 和 IDO 当初都接受了邮政省的指导，计划采用以 NTT Docomo 为核心推进的日本·欧洲规格（W-CDMA）。但是，稻盛对此考虑再三，决定收回之前的决定，加入高通率领的、以美国为中心的 cdmaOne[1] 阵营。

通信规格的不同，对于通信企业来说是性命攸关的事情，所以这是一次巨大的冒险。稻盛亲自前往美国，与高通进行事前沟通。

这是事出有因的。邮政省用其行政裁量权决定了，只有三家企业可以参与下一代移动电话事业。Docomo 和 JPhone（日本电信的子公司）加入日本·欧洲规格，而高通则摆开架势，试图让 cdmaOne 进入日本市场。

这是一个强大的对手。如果高通直接参与，DDI 和 IDO 就都有可能失去参与的机会。于是，稻盛决定，在高通直接参与之前与其联盟，阻止其直接参与，以规避自身无法参与的风险。丰田的管理层被稻盛的行动力所震撼，所以 IDO 也对此予以模仿。

下面的是题外话了，实际上，稻盛还和高通有了进一步的沟通。

2000 年末，京瓷和高通签订协议，收购高通的移动电话制造部门，成功地在移动电话终端制造销售领域实现了飞跃性提升。稻盛的想象力确实棋高一着，他甚至将竞争对手都拉入了己方阵营。

在此期间，大合并的准备工作也在持续进行。

2000 年 7 月，IDO 和 DDI 旗下的八家移动公司开始推出统一的移动电话品牌"au"。11 月，移动 7 公司合并，au 品牌正式开始运营。冲绳移动因为已在柜台交易市场上市，所以仍然作为独立的区域公司留存了下来。

这一天早上，稻盛正在赶往 KDDI 位于新宿的总部。天空虽然飘着厚厚的云层，但他的脸上却是一片晴朗。

这里是原 KDD 的总部，由于承担着通信这一社会基础设施的责任，大楼本身强化了耐震性和防恐袭的设计。即使在新宿的高层建筑群里，它也属于非常坚固的建筑。在大楼的高层，一到晴天，就能清

---

1 cdmaOne：第一个执行 CDMA 多址接入方案的蜂窝标准。

楚地看到富士山。

在总部大楼 27 层召开了首次 KDDI 的经营会议，董事都一个挨一个地坐齐了。

DDI 社长奥山就任了新公司的社长，牛尾就任会长，西本就任副会长。稻盛和丰田章一郎成为名誉会长。有代表权的副社长共有 5 人，其中一人是小野寺。为了照顾到三家公司的全部原有干部，所以董事人数膨胀到了 58 人。当然，一旦开始运营，董事人数就会被削减。董事们对此也都心知肚明，空气中飘荡着紧张感。

三家公司合并后的 1999 年 3 月期的销售额为 2.63 兆亿日元，虽然离 NTT 超过 10 兆日元的销售额还很远，但在长距离·国际通信市场的份额，与 NTT Comunications 的约 50% 相比，达到了 29%。截至 1999 年 11 月末，移动电话·PHS 合同数方面，与 NTT Docomo 的 2800 万台相比，达到了 1600 万台。

由此，KDDI 集团成了压倒性的第二位，终于实现了长久以来的凤愿，形成了追赶 NTT 集团的态势。

但是，问题还是堆积如山，其中最大的是债务问题。KDDI 启动运营时，背负 2.2 兆日元的巨额债务，有人甚至评价道，"（背负如此巨债的）要么是大荣，要么是 KDDI"[1]。对于讨厌负债经营的稻盛来说，这是一个看了要晕倒的数字。

所以，他下令，在 KDDI 开始运营的同时，下重手进行结构调整。

首先对有无多余资产进行了调查，最先着手处理的是不动产。对包括总部大楼在内的，东京、名古屋、大阪的四栋自有大楼实施不动产证券化，对其进行 off-balance sheet（实质上的售出）处理。此外，

1　两者都背负巨额债务。——译者注

将经营不动产业务的子公司 KDDI 开发公司出售给欧力士公司。由于彻底进行了合理化调整，2003 年 3 月期的有偿负债余额降低到了 9000 亿日元以下，大为改善。

同样背负巨额债务的大荣，在 KDDI 开始运营的四年后，也就是 2004 年宣告破产，适用《企业再生法》进行重建。KDDI 之前的财务与大荣相提并论，真的是非常危险。

"商标是 KDDI，但公司名称却是 DDI。"这样不可思议的状况不应该持续太久。

公司成立第二年的 4 月，公司名称也和商标一样，变更为"KDDI 株式会社"。之所以到这时才做变更，是考虑到原 KDD 员工在合并中处于劣势，要尽可能避免降低他们的士气。

接着，小野寺接替奥山成为社长。新公司需要培育共同的价值观和企业文化，因此，小野寺决定对哲学予以贯彻。

但是，原 KDD 的员工大为反对，甚至有声音说："个人的思想、信条应该是自由的，不能强制灌输哲学。"

对此，小野寺予以了耐心的说服，在制定"KDDI 哲学"的同时，开始统一原先三家公司各自不同的薪酬体系和人事制度等，让内部更为融洽。

稻盛在小野寺就任社长之后，卸任了 KDDI 名誉会长，就任最高顾问，但此后也没能闲下来。

NTT 强大化的趋势没有停止。2005 年（平成 17 年），NTT 发表的"中期经营战略"提出了强化集团一体化运营的方针，再次让稻盛愤怒不已。[1]

同时，KDDI 于 2006 年（平成 18 年），吸收合并了东京电力集团的电力系通信公司 Powered com 公司。与巨人的战争仍在持续，看不

---

1 因为原先约定要将 NTT 拆分并民营化，结果却恰恰相反。——译者注

到终点。

而在这样的混沌中看到商机的是孙正义。

实力不断增强的软银于 2004 年 7 月收购了日本电信，并在两年后进入移动通信市场。千本创建的 E·ACCESS 公司也出资设立子公司 E·Mobile，于 2008 年进入移动通信市场，并在此后并入了软银集团。

就这样，软银集团虽然位列第三，但已成长为能够威胁 NTT 和 KDDI 的存在，电器通信行业进入"战国时代"。

第五章

日航重建的奇迹

三顾之礼

稻盛成为京瓷的名誉会长和 KDDI 的最高顾问之后，他的时间变得稍有宽裕。这使他能够以少年般的好奇心，开始追逐很多以前根本无暇顾及的梦想。

大人物有大梦想，首先想到的是宇宙。他听说，以美国的卡内基基金会为中心的团队，正在智利的拉斯卡姆帕纳斯建设巨大的天文望远镜，以推进一个研究宇宙起源的计划，于是他提出申请，希望协助这个项目。

然后是追溯历史的旅行。恰好稻盛的好友——哲学家梅原猛向他提出了援助请求，于是，稻盛加入了这个探索稻耕文明起源的中日合作项目。追寻祖先迁移的足迹，探索自己到底从何而来是一件非常浪漫的事情。

稻盛开始在充满好奇心的追求和安静的思考中，度过他认为的"人生最后的 20 年"。但是，即便早已年过七旬，还是有很多事情被认为"非稻盛先生不可"。

稻盛已经迎来喜寿[1]，但他的平静生活却被一项意想不到的工作打破了。这就是日航的重建。

民主党实现了政权交替，成为此事的契机。2009 年（平成 21 年）9 月 16 日，期盼已久的这一天终于到来了。

期待新政权的不仅是稻盛个人，看一下当时的支持率就能知道国民有多么欢迎新政权。民主党政权的首任首相鸠山由纪夫当初的支持率高达 77%[2]。这个支持率仅次于高举邮政民营化大旗的自民党小泉纯

1　喜寿：77 岁的雅称。——译者注

2　《每日新闻》调查。

一郎政权的 85%，在战后位列第二。

稻盛一直都支持的前原，作为国土交通大臣入阁。前原后来甚至几乎率领前原派，问鼎首相宝座。

稻盛虽然对民主党政权的诞生表达了祝贺，但他有深深的危机感，因为他清楚，这个政权的基础非常薄弱。这也是他在政权交替终于实现时特意说出"我的任务已经结束了"这样的话，以保持距离的原因。他多多少少提前感知到了日后国民对于民主党政权的失望，但同时，他又像往常一样，内心一贯的"利他"的想法蠢蠢欲动，希望能多少助上一臂之力。

民主党最初面对的政治课题之一就是日航的重建。

担任国土交通大臣的前原认为，除了指望"传说中的经营者稻盛和夫"登场之外，别无他法。所以，他三跪九叩地来请求帮助。

"稻盛先生，事情就是这样，请您一定出手领导日航的重建。"

这个时候的稻盛面无表情。倒不是因为无法简单地给出答案而不动声色，而是他认为，既然有可能拒绝，敷衍答应对方就是不诚实的。虽然面无表情，但他的大脑却在全速运转。

日航的情况有多么严重，稻盛早已从连日的媒体报道中充分知晓。出手帮助日航，其难度即便是用"火中取栗"这样的语言来描述也远远不够。虽然也想给予协助，但行业完全不同。更何况，航空公司经营水平的下降，是人命关天的事情。所以，稻盛认为这不是轻易可以答应的事情，非常谨慎。

所以，他给出了结论，用不容置疑的语气说："我不合适，很抱歉，不能接受。"

但没过多久，前原又从其他渠道托人请求。稻盛再次坚决推辞。然后，前原又来。这样反反复复了好几次，犹如诸葛孔明当年所受的"三顾之礼"一般。

确实，包括雅西卡和 Taito 在内，稻盛迄今为止成功重建了好几家公司，而三田工业的重建则是一个最为成功的案例。三田工业是一家复印机生产厂家，当年靠着"复印就是三田"这个广告曾风靡一时。

1998 年，三田工业由于应对复印机数字化的步伐缓慢以及财务造假而导致业绩恶化，资金周转陷入困境。当时的社长拜托稻盛："请一定帮帮我们的员工。"

1998 年 8 月，雅西卡申请适用《企业再生法》，负债总额超过2000 亿日元。这在当时是战后最大的制造业破产案。

2000 年 1 月，三田工业被认可适用《企业再生法》，作为京瓷100% 控股的子公司——"京瓷美达"，走上新的起点。

稻盛将阿米巴经营导入其中，在确立经营管理体制的同时，推进哲学的落地。原三田工业的员工们为了重建公司，也都在持续拼命努力着。结果，比预定时间提前七年完成了再生计划，还推出了新的畅销产品，顺利地提升了业绩。京瓷美达经过重建，成为一家优质企业。

前原是熟知了稻盛的事迹才来求助的。

但是，三田工业的规模只及日航的十分之一，两者根本无法相提并论。稻盛身边的人都强烈反对，因为不但行业完全不同，而且日航是一家官僚体制的公司。看到日航，会让人想起曾经在电电公社操劳的真藤总裁的身影。

不过，在思考再三之后，稻盛接受了挑战，为了他的"大义"，挺身而出。

"如果这家企业都能得以重建，那么陷入困境的所有其他企业应该都可以振奋起来。所以，重建日航并不只是救助一家企业，而且是救助日本整个国家。"

稻盛想起了西南战争时，被年轻人拥立，不得不挺身而出的西乡隆盛所讲的话："既然已经把命交给你们，那就不惧粉身碎骨了。"

当时，稻盛 77 岁，已经不再年轻，他做好了折寿的心理准备来迎接这次挑战。

命运驱使老耄年，小夜中山今又攀

在这里，必须讲一下日航陷入困境的历史过程。如果不知道日航的情况有多严重，就不知道稻盛临危受命重建这个公司是怎样一个悲壮的决定。

日航是战后在政府主导下成立的一个半官半民的企业。利用日本人擅长待客的精神，开启了各种创新服务，包括率先在机舱内提供湿毛巾等，这在当时是全世界第一家。日航的员工都很优秀，所以日航成为象征日本国家的代表性航空公司，得到了国内外的高度评价。

但是，由于"背靠国家的意识"，日航缺乏核算等经营意识，再加上涉及飞机采购和机场起降许可的利害关系，导致政治家频频插手。另外，还有很早就被指责的与供应商内外勾结的问题。

最成问题的是工会运动，这一点众所周知。日航有多达八个工会，甚至连年收入超过 3000 万日元的飞行员都还在要求进一步改善待遇。八个工会中的第二工会偏向管理层，所以与其他工会之间也有对立，导致情况极端混乱。

低水平的经营得不到纠正，由于投资失败而产生的巨额汇率损失也没有任何解决的征兆。1981 年上任的高木养根是首任从基层成长起来的社长。他的上任一度被认为能提升公司内部的士气，结果却由于不断发生的事故，而导致经营雪上加霜，不断恶化。

1982 年 2 月，患有心理疾病的机长拉动逆喷射手柄，导致在羽田海岸已经进入着陆状态的机体与海面激烈碰撞。结果，乘客和乘员死亡共 24 人，轻重伤 149 人，造成了一起闻所未闻的事故。

在此次事故三年半后的 1985 年 8 月 12 日，发生了夺走 520 条宝贵生命的御巢鹰山 123 航班坠毁事故。这是世界航空史上死者人数位列第二的悲惨事故。日航由此信用扫地，公司的士气毫无疑问地坠入谷底。这一年 12 月，高木被免去社长职务。

中曾根首相认为事态严重，为了改善日航的经营体制，决定将其民营化。在确定领导人时，拜托伊藤忠商事会长濑岛龙三进行推荐。

濑岛推荐的是钟渊纺织（后来的嘉娜宝）的会长伊藤淳二。他是一个以多元化经营和改善劳资关系著称的经营者。他先作为副会长被送进日航，第二年就任会长。当时的社长是运输省出身的原总务事务次官山地进，副社长是日航销售部门出身的利光松男。

伊藤就像周围人期待的那样，着手协调劳资关系，推进多元化经营。但是，协调劳资关系的路线滋长了工会的气势，使激进的工会和偏向公司的工会之间的"劳劳对立"更为严重，导致了公司内部各种匿名信、黑材料满天飞的状态。

伊藤与山地社长之间的争执也愈加严重。伊藤大为失落，在一年三个月后就辞职了。劳资关系不仅没得到协调，留下的反而是一个劳资关系扭曲的烂摊子。山地的后任利光松男社长继承了伊藤多元化经营的方针，但这种轻率投资海外度假酒店的行为反而导致了与期望相反的结果。

不管谁当企业的领导人，经营都得不到改善。不仅如此，安全上的问题也层出不穷，甚至被国土交通省发出了事业改善命令。社长的专横、涉及派系议员的丑陋的内部斗争变成了家常便饭，再加上冷眼旁观的员工们，使社会舆论对日航进行猛烈批判，认为其完全没有吸取御巢鹰山悲剧的教训。

而外部环境的变化使其经营雪上加霜。

随着同时多发性恐怖事件、SARS[1] 和新型病毒性感冒等的问题，

1　SARS：严重急性呼吸综合征。

减少出境的趋势持续不断。而 2008 年发生的雷曼金融危机则可以说是致命一击，日航终于陷入了进退维谷的困境。

自民党探讨了各种民间救助的可能性，包括将日航与全日空（ANA）合并的方案。民主党取得政权后，就任国土交通大臣的前原取消了自民党的方案。这与暂停八场水库的建设一样，象征着民主党和自民党在政治上的不同立场。从这个意义上说，日航重建让人有被政治利用的感觉。

国土交通省此前虽已设置了有识之士委员会，但民主党的方针是转变官僚主导的政治生态，所以前原大臣个人成立了特别调查委员会[1]，开始了调查工作。

在这个特调委中，领导人是高木新二郎律师，此外还有富山和彦、奥总一郎等前原的旧知。其中，高木曾经主导了大荣和嘉娜宝的重建，是企业破产和重建的专家。

2009 年 10 月 13 日，特调委提出了以银行放弃债权为主旨的重建方案。如果采用法律方式清理日航，可能有引发停航的风险。这引起了特调委的重视，于是他们得出结论，选择用民间的方式清理日航更为合理。

也就是说，不依赖法庭的判决，而是一边与债权人协商，一边摸索重建的道路。如果按照《企业再生法》进行清盘，之前发行的股票就会沦为废纸。高木擅长通过协调各方关系实现企业的重建，所以他没有采用"破产清算"这种形式，而是努力探索自主重建的道路。

同时，财务省希望尽可能减少公共资金的投入，已经计提了亏损的大银行指望着用公共资金进行根本性的改革。虽说没有一家企业的重建是能轻易实现的，但由于日航的规模实在很大，所以要协调相关方之间互不相同的想法不是一件容易的事情。

而且，到了这个时候，民主党中试图问鼎下届首相的菅直人副首

1　特别调查委员会：以下简称"特调委"。——译者注

相兼国家战略担当大臣，与前原诚司国土交通大臣之间的势力争夺，也开始微妙地显现出来。

菅一边斟酌财务省的意向，一边摸索减少公共资金投入的道路，试图不采用前原所支持的特调委的方案。于是，破例使用企业再生支援机构的方案浮出水面，而这个机构原来只用于支援中小企业的重建。之所以会出现这个方案，是因为这个机构在菅大臣的管辖之下。

结果，特调委将日航重建的任务交给企业再生支援机构后就解散了。于是，企业再生支援机构又从头开始了调查工作。谁来做，局面都差不了太多，只有时间不停地流逝，结果问题越积越多。

企业再生支援机构的再生委员长是濑户英雄律师，他和高木一样，因处理过众多破产案件而闻名。濑户没有采用特调委提出的民间清理方式，而是摸索适用事前打包型（事前调整型）的《企业再生法》。应该说这种做法吸取了民间清理方式的优点。

这种做法反映出了一种思路，即如果不适用《企业再生法》对日航进行根本性的、以法律为依据的清理，纠正被特权绑架的经营，则日航就无法真正重建。因为不可否认的是，日航经营恶化的原因中，有特权势力绑架经营的因素。

但是，就结果而言，企业再生支援机构的重建方案虽然有民间清理与法律清理的区别，但绝大部分内容都沿袭了特调委的方案。

日航背负 1.5 兆日元的累计债务，2010 年 3 月期预计产生 2700 亿日元的亏损，已等同于破产状态。股价当然早已暴跌，但围绕着是采用民间清理还是法律清理的问题，股价随着每天的新闻报道而忽上忽下。

当时，媒体已经听到了风声，似乎日航可能申请《企业再生法》。这样下去的话，日航的资金周转将会进一步恶化，已经没有犹豫的时间了。

2010 年 1 月 13 日，离申请《企业再生法》的预定时间已经不足一周了。企业再生支援机构的首脑层在东京赤坂的新大谷酒店与稻盛见面，再次提出了支援请求。

稻盛说："我可以接受，但有几个条件。我希望不是作为清算管理人，而是作为会长，对日航的经营进行指导。我每周只有两三天能在日航工作，所以，我也不收取报酬。"

机构方当场表示了同意，会议很快结束。

在离开前，稻盛从笔记本中取出了一张纸，在机构的所有在场人员面前读了出来：

"命运驱使老耄年，小夜中山今又攀。"（大西康之《稻盛和夫的最后一战》）

这是收录在《新古今和歌集》中的西行法师的和歌。"小夜中山"指的是位于静冈县挂川市佐夜鹿的一座山峰。当时，从京都去关东，需要越过铃鹿、小夜中山、箱根这三大难关。小夜中山有夜哭石，传说到了夜里石头会哭泣。

稻盛将要面对日航重建这一巨大挑战，这和西行法师咏叹晚年悲壮旅程的和歌所描绘的心情不谋而合。从和歌中可以感受到稻盛悲壮的决心，若非如此，稻盛是不可能朗读和歌来故意演戏的。

迄今为止，京瓷在其50年，KDDI在其27年的历史中，虽然募集过自愿离职者，但从未有过强制性的解雇行为。但稻盛知道，这一次无论如何都无法避免了。考虑到这一点，他的心就隐隐作痛。

成就新计划，只需要一颗不屈不挠的心

就这样，2010年1月19日，日航向东京地方法院提出申请，办理企业重建手续。同日，企业再生支援机构被确定为清算管理人。日航的负债总额为2兆3221亿日元，是日本战后最大规模的破产案例。

第二天，日航从证券交易所退市，造成包括持股不满一股的股东在内的，共计44万名股东的股票沦为废纸。金融机构不得不放弃

5215 亿日元的债权。

原有资本 2500 亿日元被 100% 减资。与此同时，企业再生支援机构实施了 3500 亿日元的增资。这笔资金来源于日本政策投资银行的政府担保融资，因为是政府担保的融资，所以事实上就是国民共同负担的公共资金。企业再生支援机构计划通过让日航重新上市来回收这笔公共资金。

企业再生支援机构成为清算管理人，将在日航的协助下制订重建计划。东京地方法院将对其内容进行审查，如果判定重建可能性够高的话，就会批准适用《企业再生法》，清算管理人就将履行重建计划。

但是，看到统计资料就会知道，这件事情的难度有多高。

根据帝国数据银行的调查，1962 年以来，共有 138 家企业申请适用《企业再生法》。其中，到 2011 年 10 月末为止，破产和清算等"二次破产"的企业占 22.5%。算上其他原因，最后"消失"的企业就占到了 42.8%。而最后实现重新上市的企业，在 138 家中只有 9 家。稻盛他们将要挑战的是"幸存率 7% 的战斗"。

本来，企业再生支援机构就有义务在决定支援后的两年内终止支援，重新上市是有时间限制的。稻盛要挑战的事业，难度极高。

社长西松遥以辞职的形式承担了申请适用《企业再生法》的责任，继任的是大西贤社长，而稻盛则按计划就任会长。大西毕业于东京大学，来自整备部门。虽然这时的经营层还无法说团结得如磐石一般，但稻盛个人背负所有期待，站到了经营第一线。

接受日航重建工作的，只是稻盛个人，他一开始就决定不给京瓷增添麻烦。

但无论如何一个人还是不行的，所以他带去两名部下——京瓷通信系统公司（KCCS）会长森田直行和长期担任稻盛秘书的大田嘉仁，他们当时分别是 67 岁和 55 岁。

KCCS 这家公司即使在京瓷集团内部也是一家特殊的公司。成立于 1995 年，目的是将阿米巴经营的诀窍传授给其他企业。对于日航而言，正需要导入阿米巴经营。

前面提到过，森田是稻盛在鹿儿岛大学的后辈，大田则和稻盛来自同一个街区——药师町，上的也是同样的小学。从立命馆大学毕业时，大田不知道为什么，一心就想去海外工作，但最后还是选择了京瓷，这是因为那是一家值得尊敬的同乡前辈建立的公司。他正如自己所期待的那样，被分配到了海外部门，后来还被公司派往乔治敦大学留学，是京瓷历史上第二个留学海外的人。

回国后，他被分配到经营企划室。稻盛担任第三次行革审的"世界中的日本部会"部会长时，任命他为行革审会长的秘书。此后，他在稻盛身边工作超过 20 年，可以说他比谁都了解稻盛的思维方式。

稻盛任命森田和大田为日航清算人代理兼会长助理，将他们当作《水户黄门》中渥美格之进一样的随从，一起带入了日航。

2010 年 2 月 1 日，稻盛到任的这一天，在日航总部二楼的侧厅里，聚集了 200 名干部员工。

首先，"稻盛团队"被介绍给了大家。之后，稻盛起立讲话：

"我会竭尽全力让此次重建计划获得成功。不是为了股东，不是为了清算管理人，而是将经营的目标集中于一点——'追求全体员工物质和精神两方面的幸福'。我将为此而努力投入日航的重建工作。"接下来，他引用了自己敬爱的思想家中村天风的名言，"实现新计划，关键在于不屈不挠的那一颗心。因此，必须抱定信念、斗志昂扬、坚韧不拔，一个劲儿干到底。"他以这样的内容作为会长的就任讲话，来敦促大家奋起。

但是，稻盛的讲话刚刚结束，有一名董事就脸色大变，冲到了大田面前说："那可不行啊。"

他跑来劝告，类似"员工第一的精神"这样的话在这个公司是行不通的，重建计划中预定有削减人员、调整待遇等严格的重组内容。如果稻盛在这个时候倡导"员工第一的精神"，就会正中工会的下怀。

他们会将此视为承诺，阻挠重组进程。日航的董事们听到稻盛刚才的讲话都觉得心惊胆战。

不过，稻盛没有收回这个讲话。如果这样就收回的话，经营企业就没有什么意义了。从这件事中，稻盛实际上感受到了这家企业深深的阴暗面。

森田提出，把稻盛就任讲话中提到的中村天风的话印成海报，贴到办公室的墙上，认为这样的语言一定能鼓舞人心。

但是，即便是这个提案，日航的干部们也表示反对，"因为处在重建的过程中，所以没钱印海报"。森田回答："如果是这样的话，就在京瓷印好后运过来吧。"结果，他们不情愿地同意了。

"这种公司，到底能不能重建啊……"这些人的言行让人心情低落。

一直以来，日航被称为"计划是一流的，借口是超一流的"，有必要纠正这种劣根性了。抱有深切危机感的森田向稻盛提请，要带一个人过来。

这个人叫米山诚，是森田在 KCCS 的左膀右臂。米山于 1980 年加入京瓷，进公司后第三年就参与了雅西卡的合并，后来又参与了三田工业的重建，是京瓷内部的"重建专家"。

于是，米山比其他成员晚了一个月来到日航。重建三田工业时，从京瓷派出的重建团队含米山在内有 10 个人，但这次稻盛带到日航的，仅有这 3 个人。

日航这家企业，一直以来都被认为比官僚还要官僚，这里的很多事情在普通的民营企业根本就无法想象。

稻盛首先要来了组织架构图。一看才知道，日航共有约 1500 个组织，但据说其中有一些是没有员工的"幽灵部门"。后来，稻盛尝试着调查了一下，发现实际上有人的、"活着的组织"只有 600 个，剩下的 900 个都是"幽灵部门"。（大西康之《稻盛和夫的最后一战》）

于是，他询问了理由，结果吓了一跳。在日航，一旦成立的部

日航会长见面会

稻盛视察飞行模拟器

门，即使后来不需要了，也不关闭，而是任其闲置。但部门没人了，费用却还在产生。例如，曾经有过人的"幽灵部门"，办公室里仍然放着电脑，所以日航的电脑数量超过员工人数。

稻盛他们来到的是一个和京瓷完全不同的公司。京瓷内部有"阿米巴"这种灵活机动的组织，而这里正相反。在这种之前根本无法想象的组织架构面前，要理出头绪，找到下手之处，是一件让人头疼的事。

但是，社会舆论不仅不同情他们，甚至有很多打击、中伤他们的声音。

用"正确的思维方式"重振经营

2010年4月，有一本具有冲击性的书发售了。书名是《日航重建的谎言》。

看到作者的名字，稻盛皱起了眉头。这是因为作者偏偏是屋山太郎。他因在第二临调强力推进国铁的拆分和民营化，显示出很高的见识而知名。稻盛因看重这一点而邀请他成为第三次行革审的部会委员。但正是他，对日航的重建展开了猛烈的批判。

国铁当时亏损了2兆日元，国家为其背负了27兆日元的债务。虽然国民到现在都在为其支付代价，但现在JR[1]的七家公司却成功重建了。然而，期待日航实现这样的变化却根本不现实，更何况要在三年内实现V字形回复，这个牛也吹得太大了。

最好的方法是让日航破产，将其国际线路卖给全日空，将全日空培育成日本的巨型航空公司。同时，批准地方航空公司自由参与国内航线。通过让其与全日空竞争，实现国内

1 JR：国铁拆分后的名字。——译者注

路线的价格下降。

不能再将税收浪费在日航身上了，找不到任何不让日航破产的理由。

重建计划成功实现的可能性几乎为零，即便是大名鼎鼎的经营者也可能晚节不保。

与其说屋山是随随便便写这本书的，倒不如说，他作为国士对此事义愤难平，将自己相信的主张化成了文字。此书对事实的描述几乎完全正确，有很多远见卓识。但是，"想法"和"思维方式"是不同的。

屋山和稻盛不一样，他可以对日航破产给员工带来的痛苦熟视无睹，而这种态度往往会留下比"痛苦"更深的伤痕。即便是成功重建了日航的稻盛，后来也曾被起诉不当解雇。

还有一点，就是屋山过低地评价了稻盛和夫这位经营者的真正实力。如果无法造就"奇迹"就不是"神"了，他忘了，稻盛是继松下幸之助之后被称为"经营之神"的人。

下定决心无论如何都要重建日航的稻盛已经义无反顾了，他接下来要做的，就是了解日航的工作现场。

他来到飞机的整备工厂和各个机场进行视察，和各处的工作人员谈话交流。对于人数超过 100 人的子公司社长，他对每个人花一个小时，全部一一面谈，总共花费 100 个小时以上。如果没有吃午饭的时间，他就在一楼的便利店买来饭团，以此打发。

稻盛通过不断面谈，非常清楚地了解到，日航的每个角落都渗透着"原国有企业"的骄傲，员工们到现在为止都不认为自身的角色发生了变化。

"在考虑利润之前，应该优先考虑安全。"

"考虑到公共性，即使是亏损航线也要飞。"

这些虽然都是很好的想法，但如果没有利润，就无法投资于安全，也无法确保航线和采购飞机。他们尽管知道如何驾驶飞机，却不知道如何才能持续保障飞行业务。

于是，发生了不可思议的事情。

日航中最为棘手的就是工会，稻盛对这一点早有心理准备，周围的人也都认为工会不好对付，但稻盛的诚意出乎意料地快速深入了人心。支持工会的民主党，以三顾之礼请到稻盛出山重建日航，也是让他们打开心扉的原因之一。

稻盛回想当时的情景，对笔者是这么说的：

"不是以所谓'精英'的姿态，而是以'作为一个普通人，什么才是正确的'为焦点进行对话，所以在对话过程中，渐渐地产生了对我予以信任的感觉。"

顽固地拒绝稻盛的经营指导的，不是工会，而是掌控经营中枢的干部们。

"稻盛是一个外行，根本就不懂航空业。"

他们这么想并非全无道理。确实，稻盛对业内的事情一无所知，但企业经营的基本原理、原则是一样的。日航从 2010 年 5 月 26 日开始，和京瓷一样，每月一次召集董事，召开业绩报告会。

这样一来，这个公司的问题点马上就浮出水面了。让人震惊的是，仅仅做到能够在上个月各项数字的基础上展开讨论，就花了两个月的时间。

现场虽然知道数字，但没有收集这些数字的系统。而没有数字，公司的经营就不可能成立。民营企业中所说的"经营"，在这个公司里是不存在的。

于是，稻盛他们赶紧制作了 A3 大小的业绩报告会的会议资料。纵向排列了约 70 个科目，横向排布了阅读计划的数字、实绩、预定等详细的数字，总数多达六七十页。

以这个资料为基础，会议从早到晚持续了三天。稻盛指示，各本部需要对自己每个财务科目的年度计划和月度实绩之间的差额做出详细的说明。

对于没有完成业绩却毫无危机感的本部长，稻盛大发雷霆："你好像是在谈论别人的事情一样，但事实上，这就是你担任领导的结果。"

他又说："不懂微观，就没有资格谈宏观。"

如果不了解现场的成本，特别是不了解按各个要素细分的成本内容的话，就根本不可能正确地谈论经营。

有些人当场回答不了，于是说："我回去问一下。"稻盛对此绝不允许，所以大家都很紧张。

所以会看到有人进行事先演练，就像在国会上大臣们的答辩一样，在发表时让相关的部下坐在自己的后面。而且，稻盛仅在最初的一段时间内同意这么做。

会议资料的格式也频繁发生变更，这是因为稻盛几乎每个月都会给出详细的指示，"下个月开始这个科目的顺序变更一下""这个科目的名称要再讨论一下"，等等。

繁重的工作，需要由接受稻盛指示的大田来完成。当他询问变更的理由时，稻盛清楚、明白地给出了理由，"按现在这个顺序排列的话，员工的干劲上不来吧""用这个科目名称的话，员工看不明白吧"，等等。

稻盛指示说："'预算'这个词不好，'预算'这个词永远不要再用了。"于是，他决定用"计划"替换"预算"这个词。

稻盛努力将京瓷会计学和自己的经营哲学渗透到业绩报告会的会议资料中，并且想办法结合日航内部的情况予以讲解。日航的干部们开始切身地感受到，什么才是真正的经营。

结果，业绩报告会上所使用的会议资料，花了将近一年的时间，格式才最终定型。

稻盛就任会长之后，每次都是特地从京都先到伊丹空港，乘坐日航的飞机，去往东京天王洲的日航总部。其实，乘坐新干线的话会较为轻松，但稻盛认为，为了了解现场，乘坐日航飞机也是工作内容之一。而且，他每次都坐经济舱。

大田所著的《日航的奇迹》一书中，介绍过这样一个插曲。

有一次，秘书部接到了一封客户来信，信中是这样写的：

"前段时间，我坐日航的飞机从大阪去羽田。我坐的是经济舱。到达目的地，飞机降落后，有一位坐在我旁边的、比我年长的老人，特地帮我从行李架上取下了行李。我当时急着离开，没来得及道谢。我觉得那个人似乎是稻盛先生，所以写了这封信。如果真的是稻盛先生本人的话，希望借此表达我的谢意。"

大田把这封信拿给稻盛看，据说稻盛只说了一句话："是我啊，重视乘客理所当然，行李是我帮忙拿下来的，怎么了？"

即便被称为"经营之神"，他的行动和生活态度与京瓷初创时期相比没有任何变化。

稻盛觉得酒店的自助早餐量太多了，有点儿浪费，所以公司一楼的便利店就成了他的"专属"。自己在便利店购买盒饭，回到会长办公室里食用，成了他的日常生活。

每次从家里出发时，朝子都会为他准备好周一到周五穿的衬衫和内衣，放进包里。

稻盛有一次和他的朋友川上偶然提到这件事情，川上问他："不用把一周的替换衣服都带去吧？用酒店的洗衣服务不就行了？"

稻盛似乎从来没想过这么奢侈的事情，不好意思地说："以前的老习惯了……"据说，后来两个人相视大笑。

这就是稻盛的"活法"。

用哲学形成重建的合力

到日航上任三周左右的时候，稻盛命令大田开始实施"领导人教育"，着手对干部们进行意识改革。

日航的人不理解稻盛的经营手法，不知道领导人和管理者之间的区别。引领团队向前的才是领导人，所以稻盛绝不将经营各自阿米巴的负责人称为"管理者"。稻盛确信，日航意识改革所需要的，不是学习管理手法的"管理教育"，而是旨在塑造作为领导人的应有觉悟，以成为合格指导者为目标的领导人教育。

但令人意外的是，企业再生支援机构居然表示反对。因为他们的期待是，能在短期内带来经营改善，也就是稻盛具有速效性的经营手法。

"干"与"不干"的争论持续了两个月左右，最后企业再生支援机构方妥协了。2010 年 5 月 1 日，旨在实施领导人教育的意识改革推进准备室在日航内部成立了。

很快，问题就出现了，意识改革推进准备室的负责人打算将领导人教育外包给外部的咨询公司。

"如果不是自己干，那就完全没有意义了！"焦急的大田阻止了这个行为，因为他发现，意识改革首先必须从意识改革推进准备室的负责人开始。

为了彻底改变日航干部的意识，大田提出了"每天三个小时，每周六天，除周日外，每天都要进行培训"的方案。结果，干部们纷纷反对说："如果这样的话，就会对日常业务造成障碍，最多每周两天。"

结果取了中间数，定为每周四天，制定了从 6 月 1 日到 7 月 7 日一个多月的短期集中培训课程。首届培训课程的实施对象是大西社长及包括董事在内的 52 名经营干部，即便是社长也不能例外。

6 月 1 日，全体参会人员集中在董事会议室。第一次领导人教育从稻盛讲解"领导人应有的姿态"开始。

为了唤醒大家的意识，稻盛特地用了严厉的语言："你们已经让这家公司破产一次了，正常而言，你们现在应该是在职业介绍所找工作。"

他反复强调，"没有利润，就没有安全""营业利润至少要超过 10%"。

虽然有人内心强烈抵制，并且发出"难道利润比安全运行更优先吗"的责问，但大家都心知肚明，稻盛的意思不可能是牺牲安全去追求利润。明知自己会受到批判，但稻盛还是要在干部们的头脑里植入核算意识。不是为了完成重建计划，而是为了在 10 年、20 年后，日航仍能继续生存下去。

稻盛讲完后，分成各小组讨论，第二天还要提交学习汇报，每一篇汇报稻盛都亲自过目。

之后，由大田担任主要的讲课任务，而稻盛每周一次对"经营 12 条"进行讲解。"会计 7 原则"，则让大家观看了稻盛在鹿儿岛大学的演讲视频。此外，稻盛还拜托京瓷顾问伊藤谦介和 KDDI 会长小野寺正进行讲课。

盛和塾的各位也给予了很多协助，让人感激。

接受讲课任务的盛和塾的塾生们羡慕地对日航的干部们说："你们真的有福啊，可以直接向塾长讨教。"但是，日航的干部们当时似乎还不以为意。

事实上，自从听说稻盛挺身而出接手日航的重建工作后，盛和塾的塾生们就已经行动起来了。无须谁带头，大家自发地开始支援塾长，很快就成立了"55 万人支援日航有志会"。当时，盛和塾的塾生大约有 5500 人，如果每个人带动 100 个人乘坐日航的话，就有 55 万人，所以叫"55 万人支援日航有志会"。

另外，为日航的员工写下鼓励的话语，在乘机时交给他们表达支持，这样的运动也在开展。大家都认为，现在就是报答塾长平时无私指导的最好时刻，为此而东奔西走。

所以，稻盛不是一个人在战斗。

第一天的领导人教育课程结束后，当场举行了空巴。但对于在场的董事们来说，最尴尬的场景可能是稻盛招呼他们："过来过来，到这里来，再喝一点儿吧。"

他们纷纷拒绝了稻盛的邀请，很多董事都在课程结束不久后离开了房间。甚至有人说："没时间讨论精神论的问题。"

在一旁看着稻盛的大田后来回忆说："作为旁观者的我恐怕比稻盛更难受。"

京瓷式空巴基本是"全员参加"，这在当时的日航还没能实现。

但是，让他们的态度发生巨大转变的契机到来了，这就是第一届领导人教育结束时举行的寄宿空巴。按计划，培训会场要转移到外部的酒店，当天培训结束后就直接住在这个酒店。

后来找到了一家离总部较近的，位于川崎的廉价商务酒店，但参会者的脸上还是浮现出困惑的表情。大田觉得这样下去不行，他想到了一个办法，就是将培训结束后的空巴改为在榻榻米上举行。

他把会议室里的桌椅全搬了出去，把借来的榻榻米铺在地上，全员围坐一圈。除此之外，没有做任何改变。但仅仅这一个小小的改变，就让空巴的氛围迥然不同，大家的心情一下子放松起来。

到了要参加者表明决心的环节，每个人讲话的时间规定是 3 分钟。结果，大家都很兴奋，规定时间内总是讲不完，甚至有人讲了两次、三次。

大家本来就都是从内心非常热爱日航的人，想说的话实在太多了。慢慢地，大家和稻盛团队之间的心灵隔阂终于逐渐消失了。

大田凌晨 2 点才回房睡觉，但有的人到了凌晨 4 点还留在会场讨论。现在，这一天的集训在日航内部被称为"传说中的集训"。

以此为转折点，日航的空巴一下子变得气氛热烈起来。京瓷的风格是一旦气氛热烈，就会有人唱歌。

开始时，第一届领导人教育的结果很让人担心。但最后，大家是带着期盼的心情迎接最后一天的课程。这一天又是稻盛担任讲师，他非常干脆、利落地进行了收尾。

结果，52 名经营干部全员都出席了总计 17 次的全部课程，提交了很多作业和报告。所有人都全勤出席了。

以前的日航，没有让全部董事都集中起来学习的机会。一有会议，就会有人说"有点儿事情走不开"而缺席。

对于了解日航以前情况的人来说，现在的日航看起来太不可思议了。就这样，董事和管理干部的意识首先发生了转变。

大西社长很早就想为新生的日航制定新的企业理念，但不确定是否应该像京瓷一样，奉行员工第一主义。

他认为，在考虑工会会如何反应之前，先要思考的，是日航这家公司的股价已贬值为零，使得债权人不得不免除其债务。这样一家企业，在企业理念的最前面就加入"追求全体员工物质和精神两方面的幸福"这样的语言是否恰当，关于这一点，董事之间也有过讨论。

大西思来想去，没有结论，于是找稻盛商量。稻盛当场回答说："我认为这样的企业理念才是永恒不灭的。"

只要是企业，不管是否处于重建的过程中，员工第一主义是企业存续的支柱，这一点具有普遍性。稻盛一句话就确定了"日航企业理念"的骨架。

制定了"日航企业理念"之后，此理念立刻在公司内予以贯彻。在每次培训开始时，全员起立共同诵读就成了惯例。

"日航集团在追求全体员工物质和精神两方面幸福的同时，向客户提供最好的服务，提高企业价值，为社会的进步发展做出贡献。"

接着，稻盛又向大田发出了指示："不仅要制定企业理念，还要制定日航自己的企业哲学。"

于是，2010 年 12 月，"日航哲学"制定完成。

第一部分以"为了度过美好人生"为题，第二部分是"为了成就卓越的日航"。将美好的人生放在卓越的企业前面，也体现了员工第一的精神，即通过自我实现目标而让公司变得更好，希望将这种思想在全体员工中予以贯彻。

接着，从2011年4月起，日航开始了以整个集团全体员工为对象的日航哲学教育。每三个月一次，每次两个小时，以培训的形式进行。从改变员工的"思维方式"入手，正是字面意思上的意识改革，这是一个让大家形成合力的过程。

在日航哲学中，加入了京瓷哲学里没有的新内容。例如，"最佳交接棒"等，就是新内容。就是说，不是只考虑自己负责的工作，同时也要为下一道工序的人考虑。这样做的话，工作就能更顺利地开展。

一直以来，日航的飞行员从不和别人打招呼。不仅对员工，对客户也从不微笑。他们不愿取悦周围的人，保持清高甚至高人一等的感觉，并以此为荣。

此时，这一现象逐步发生了改变。这就是努力践行"最佳交接棒"的结果。大家思想一致，共同语言就不断增加了，部门间的沟通也得到了显著提升。而且，日航内部的氛围也发生了明显变化。

有一天，稻盛在干部员工面前这样说道：

"我爱日航所有的员工。虽然我可能还会说很多不近人情的话，但这是因为我真心祈愿大家幸福才说的。以后的道路还很漫长、很艰难，让我们一起努力。"

这时候，在一旁的大田看到好几名干部都落泪了。大田吃了一惊，于是询问原委，他们是这么回答的：

"这种时候，领导人一般都会说要更加努力等激励的话，但稻盛先生却说他爱我们。所谓'爱'，意味着牺牲自己，为对方竭尽全力。听到这样的话，我很感动，眼泪就流下来了。"（大田嘉仁《日航的奇迹》）

当初的警戒心渐渐消退，稻盛的语言开始直达他们的内心了。

在日航也实现了"全员参与盈利的经营"

在"思维方式"之后是"干法"。企业再生支援机构从一开始就举双手赞成稻盛团队在日航导入阿米巴经营。

"听到日航将要重建的消息,国内外超一流的咨询公司都蜂拥而至,向企业再生支援机构提出帮助重建的申请。但在这么多全世界先进的经营手法中,企业再生支援机构选择的是稻盛,是阿米巴经营。"(森田直行《全员参与盈利的组织 让日航成功重建的"阿米巴经营"的教科书》)

稻盛首先着手的是实施阿米巴经营所需要的制度建设。

2010 年 5 月,在开始召开业绩报告会的同时,挑选 40 岁左右的管理人员,启动了"组织改革计划"。这些人正是要"接棒"下一个时代的年轻人。虽说稻盛团队已经给出了很多经营建议,但真正承载日航未来的,却是他们。所以,他们认真的程度是不一样的,夜以继日地不断构思,终于在 7 月提交了报告书。

以此为基础,在 8 月到 11 月间,公司对人事制度进行了讨论。12 月开始,稻盛坚定地推进组织改革,将公司内部的部门分为能够直接核算的"事业部门"和从侧面支持事业部门的"事业支援部门",并设置了相当于推进阿米巴经营的总指挥部的"路线统括本部"。稻盛对这一部门极其关注。

他们要实现的目标,简单而言就是"在第二天就能看到前一天每个班次的收支数字"。一架飞机飞起来,从飞行员、空乘人员、整备人员等的人工费,到飞机的租赁费、航油费,以及机场的电费、水费等五花八门的费用。需要对这些费用进行分析,直到最后得出单位时间的附加价值。

就这样,路线统括本部踏出了阿米巴经营的第一步。就任本部长的是稻盛一直以来就予以关注的一个人物,后面会谈到。

总之，随着阿米巴经营的导入，日航的员工们就如同在京瓷工作一样，全员都有了共识。

当时，担当路线统括本部国际航线的米泽章是这么说的：

"我们这个路线统括本部可以说就像一个制造工厂一样。比如说：要让一架飞机上天，需要从拥有飞机的部门'买来'航班所需的飞机；从客室本部'买来'客舱乘务员（CA）；从航运本部'买来'航运乘务员（飞行员）；从整备本部'买来'整备人员。就这样，把一个航班像一个产品一样制造出来，交给旅客销售本部去进行销售。在销售本部完成销售后，向他们支付销售佣金。从销售本部的总售价中减去手续费以及支付给各本部的进货金额后的所得，就是路线统括本部的利润。"（原英次郎《心灵可以改变》）

日航缺乏成本意识的严重程度，一直以来总是成为杂志的标题，不断被抨击。而到了现在，他们才终于开始努力挑战"销售最大化，费用最小化"。这也是京瓷式经营方式的根本所在。

除了深夜和清晨以外，不再打车上下班，飞行员基本上都坐公交车或轨道交通上下班了，销售部门也不再产生招待费和会议费了。

这是因为阿米巴经营的优势在日航得以发挥作用。如果仅仅单方面地接受上级的命令去削减成本，员工的士气就会低下。但在阿米巴经营中，削减成本意味着提高阿米巴自身的收益，所以反而会提高士气。所以，渐渐地就不再有人认为业绩是经营干部负责的事，跟自己没关系了，各个部门的员工开始主动想方设法地削减成本。

飞行员也开始拥有成本意识，他们一起努力出谋划策，通过改善飞行路线去提升燃油的效率。原先空乘人员会用乘客使用的纸杯装上饮料送到驾驶舱，后来这种行为也停止了，改为飞行员自己从家里自带水壶。

减轻重量就能提高燃油的效率，客舱乘务员为了减少自己带入机舱的行李，在办公室里放置了称量工具，开展每个人每天少带500克行李的行动。

就是通过共有这种彻底的、以分为货币单位的成本意识，节省到每一个螺丝、每一个纸杯。结果，日航一年就成功地削减了800亿日元的成本。

同时，收入最大化也从小事入手。例如，开展了鼓励升舱的宣传活动。高一等级的座位有空座时，就会在值机柜台和登机口引导乘客升舱。机内销售以前没有严格的目标管理，现在则给空乘人员设定了一次飞行约10万日元的销售目标。在办公室的白板上公布各自的达成率，并需要向阿米巴的负责人汇报。

此外，原飞行员候补生因破产而中断了培训，转入了地面勤务。他们中有人提出了"日航卡"的会员方案，结果全公司都被动员起来，参与到了入会的宣传中。

于是，设定了从2010年11月到第二年3月底为止，要达到10万会员的目标。以全工种为对象，确定了每个人要获得3名会员的定额任务。在公司内的公告板上，在各阿米巴的下面贴上名字，达成任务的人就用荧光笔划掉名字。全员团结一致，朝着最终目标努力。

当然，也并不是没有人抱怨，但从整体而言，阿米巴经营的导入也好，宣传活动的实施也好，都是正面效果更为显著。这是因为每个阿米巴都能实时了解自己努力的成果，而因为被分成了各个小团队，所以每个人都能够实际感受到自己在团队中的贡献。

大西社长回顾当时的情景时，这样说道：

"如果要在两个月后才被告知，自己在之前比赛中获胜的结果，人是无法被激励的。在3万人的团体战中，无法搞清楚自己到底做了多大贡献，但如果是10个人的小团队中，每个月就都知道比赛的结果。这样的话，员工们就会对结果有喜有忧，会有'这次赢啦'或'这次可惜了'的直观感受。日航以前是一个没有欢笑也没有泪水的组织，通过阿米巴经营，成了一个活生生的组织。"

接下来，又要谈到公司的重建计划了。这个计划的制订过程非常慎重，比预期晚了两个月，到了 2010 年 8 月末才提交给东京地方法院。

按照计划，重建手续开始的时候，资不抵债的额度是 9592 亿日元，破产当年的财政年度，也就是 2010 年 3 月期的营业盈亏情况是亏损 1337 亿日元。从这种状态开始，到重建初年的 2011 年 3 月期，一下子就要实现 641 亿日元的营业利润。也就是说，要实现 V 字形回复，这就如同痴人说梦。

果然，有些有识之士提出了疑问，说这些数字都是纸上谈兵。

确实，这些都是以重新上市为前提而制定出来的数字。但是，事到如今也只能朝着这个方向去拼命干了。国家投入了公共资金，如果重建失败，会给国民带来很大的麻烦，也会给日本经济带来很大的打击。

11 月 30 日，适用《企业再生法》的决定下达了，接下来的 12 月 1 日实施了 100% 的减资。企业再生支援机构按计划以每股 2000 日元的价格共出资 3500 亿日元，日航成为企业再生支援机构 100% 控股的子公司。

按照重建计划，必须实施大规模的裁员。

"小善是大恶，大善似无情。"

日航哲学上虽然是这么写的，但要将无情的裁员视作通往大善的道路是有难度的。稻盛要挑战的是，在进行人员调整的同时，提高员工的道德规范。这是一个超级难题。

从总部员工中计划招募占总人数一成左右的自愿离职者。也就是说，削减的目标人数为 1500 人。

招募自愿离职者的具体目标是航运乘务员（飞行员）370 人，客舱乘务员 550 人，综合职位 580 人（内含整备人员 480 人，办公人员 100 人）。综合职位的第一次招募就达成了目标，但飞行员和客舱乘务员的招募没有达成目标。结果，2010 年 12 月，对飞行员 81 人、客舱乘务员 84 人进行了"整理解雇"。

所谓"整理解雇"，是在"不解雇人员，企业就无法维持运营"

的时候采用的最后手段。这果然也留下了很深的"伤痕"。后来，飞行员 74 人和客舱乘务员 72 人成为原告，以不当解雇为由，起诉了日航。

2011 年 2 月 8 日，在日本记者俱乐部的演讲中，关于这次"整理解雇"的问题被提了出来。对此，稻盛是这样表达他的一片苦心的：

"重建计划中承诺的人员裁减还缺 160 名。要说如果留下这（被'整理解雇'的）160 人在经营上一定做不到，那也并非如此，大家对此都很清楚。但是，日航迄今为止不断地违背自己许下的承诺。这次重建计划中又做出了承诺，而且法庭和债权人都认可了，所以不能在不到一年的时间内再次食言。我们当然也于心不忍，有很多想帮助他们的想法，但因为有遵守承诺的大前提在，所以不得不如此。虽然现在（因不当解雇）被起诉，但我们希望将来一定以某种形式对他们做出补偿。"

"要说如果留下这 160 人在经营上一定做不到，那也并非如此。"这句话真的是不应该说的，这和重建计划中的人员削减目标是矛盾的。虽说重建计划是以企业再生支援机构为中心制订的，但最后还是得到了稻盛的认可。

稻盛一直以来都标榜员工第一主义，发誓绝不裁减员工，并一直照此经营企业。脱口而出的这句话，表达了他对此极度懊恼的心情。

2012 年（平成 24 年）3 月，东京地方法院做出了"解雇有效"的判决。原告虽然再次上诉，但高等法院仍然维持原判。2015 年 2 月，最高法院给出了放弃上诉、诉讼不受理的终审裁决。

日航在此后业绩得以恢复，又开始再次大量录用客舱乘务员。被"整理解雇"的那些人听到这样的报道，心里恐怕更是纠结不平。法院虽然判决公司获胜，但最后"整理解雇"给世人留下的是罪恶深重的印象。

奇迹般的 V 字形回复

日航的重建不能沦为一时性的延命措施，所以，必须将经营民营企业的基本要素予以融入，达到使其无法轻易回到过去的程度。

于是，稻盛在推进重建计划的同时，着手选择能继承他经营精神的后继者。他打算让这位后继者担任新生日航的下一任社长，而自己则卸任会长一职。他很早就有了中意的人选，而且是在日航内部。

2010 年 12 月，航运本部长植木义晴被叫到了会长办公室。

不知道发生了什么事，植木有些忐忑不安地进入了办公室。

稻盛开门见山："你来担任路线统括本部长吧。"植木当场目瞪口呆。

植木作为最末席的董事，担任航运本部长才刚刚 10 个月。虽然听说了要设置阿米巴经营的核心组织路线统括本部，但仅仅是猜想谁会担任这个本部长，根本没想到自己身上。

"我既没有这样的知识，也没有这样的经验。"植木坚辞不受。对此，稻盛仍然面不改色地说："这些我都知道。"

自从来到日航，稻盛就在仔细观察董事们，最后他把目光放在了植木身上。

植木是历史剧明星片冈千惠藏的儿子，曾当过儿童演员，经历与众不同。他希望成为飞行员，却没考上航空大学。但他进入庆应义塾大学法学部后仍然没有放弃飞行的梦想，再次报考后终于合格，并于 1975 年加入日航。

稻盛当初就觉得下一任社长最好是由基层锻炼上来的。如果让飞行员出身，又具有声望的植木就任社长，对公司内部的管理也有好处。作为企业再生支援委员长来到日航的濑户英雄当即就赞成了。

到此为止的一切，几乎完全按照稻盛的规划在进展。

日航由于导入了阿米巴经营而获得了前所未有的盈利能力，一度看起来高不可攀的重建计划开始进入"射程范围"。人心焕然一新，员工的道德规范也得以提升，后继者的人选也有了。谁都认为，剩下的就是等待完成重建手续和重新上市的那一天了。

但是，老天给了他们考验。做梦都没想到的，前所未有的天灾降临了。不是别的，就是2011年3月11日发生的东日本大地震。

不过，这时的日航已经强大起来了。正所谓"疾风知劲草"，大家忘记了公司还在重建的过程中，瞬间振奋起来，投入赈灾复兴中。

"举全公司之力向东北运送救援物资！"

地面的道路网和铁路网都已严重损坏，日航上下团结一心，下定决心替代东北新干线运送物资，直至其恢复运行。

"用'作为人，何谓正确'来判断事物""贯彻现场主义""判断和行动时带有紧迫感"等日航哲学的精神在这里发挥了作用。如果是以前的话，一开始恐怕是各个纵向部门的代表先碰头开会，但当时首先是现场接二连三地给出了提议。

"山形机场没有受损，我们可以将其作为发送临时航班进行大量运输的中继机场！"

结果，这个方案被采纳了。国土交通省向山形县提出了请求，让山形机场24小时运转，以应对救援需求。山形机场原先一天只能发送4个航班，每个航班的机型只能坐50人。日航员工从全国各地到此集结，开始准备接收体制。

在植木领导下的路线统括本部也全速运转起来。他们对全部航线进行重组，甚至延长了原先决定要退役的鹿儿岛航线所用空客飞机的服役时间，想尽办法调集飞机。接下来，就开始向山形机场发送临时航班，航班数量达到了2723个。ANA也做了同样的努力，但就发送航班数量而言，日航胜出。根本看不出这是一家前一年已经破产的企业。甚至可以说，比破产以前更好，因为以前的日航根本无法实现如此迅速的应对。

他们为了支援灾区而全力以赴，但最终灾难也波及了他们自身。包括谣言等的影响，导致国外观光客和商务人员急剧减少，国内的乘客数量也下降了。

如果是以前的日航，业绩恐怕就会随着环境的恶化而不断恶化。但现在，他们一边支援灾区的复兴，一边也没有放弃完成重建计划。

正是在这种危急时刻，才能看到阿米巴经营所发挥的真正作用。所有的阿米巴都呈现出前所未有的活力，全力以赴面对危机。大家都在思考自己如何才能做得更好，共同出谋划策。"最佳交接棒"的循环在公司内全面满负荷运转起来。

当时，每个航班的收支都已经能在第二天看到了，利用率一旦降低马上就能发现，不花什么时间就能适当地取消航班。此外，更换小机型及机组成员等操作也能在精密计算的基础上实现了。

本来日航的员工就很优秀，甚至"超"优秀。路线统括本部的人甚至已经考虑到日航在国外机场专用候机室的税费了。细小数字的累计使正确的预测成为可能，将问题的影响限制到最小。这都是拜稻盛的熏陶所赐。

因为所有的数字都实现了"可视化"，所以哪个部门现在有困难、哪个部门正在努力，一眼就能知道。有困难的部门即使不发声，大家也会去支援，努力的部门则会得到全公司的赞誉。

原计划到 3 月底才截止的"日航卡"会员募集活动，毕竟还是由于 3 月中旬地震的发生而打算终止了。通过互联网统计实际会员人数的工作也休止了。

这个时候，仙台机场的整备负责人接到了一个电话：

"我们这里一直在发送会员人数的信息，为什么你们那里数字没有更新？"

这竟然是灾区的同事打来的电话，他们没有放弃，还在努力。

这件事反而让大家获得了勇气，会员募集活动继续进行。到了 3 月底，还有 1 万人左右的缺口，于是延期了三个月，结果成功地达成了 10 万人的目标。日航员工对于目标的执着程度和以前是全然不同的。

员工们一边努力将震灾的影响限制在最小范围，一边扎扎实实地提升业绩。公司重建手续结束后，接下来的目标是重新上市。

关于重新上市的主要承销商的选择，从过去与日航的商业往来来说，野村证券一度成为热门，但结果日航内部决定，选择了大和证券。这是因为从京瓷上市开始，就与大和证券建立了长期的信赖关系。

但是，重新上市的道路并不好走。

虽然两年来不断努力，彻底削减了成本，但这也是有极限的。如果业绩只在重新上市前高涨，而在此后无法持续的话，即便真的上市了，也只是给股东添麻烦。而且，主导业绩恢复的稻盛，要在重新上市后退出经营第一线，这已是基本确定的方针。没有了超凡领袖的日航，无法保证不会回到过去的官僚体制。

考虑到市场相关者的不安，重新上市必须慎之又慎。

所以，他们反省了日航在破产之前，由于大股东的动向而导致股价忽上忽下，决定寻找战略投资人。这也造成了后来重新上市时股票数量的减少。

日航首先向主要银行和商社提请，希望它们持有股票，但根本无人问津。因为日航的股票沦为废纸是不久之前的事，它们的反应可以预料。

接盘方一直没有出现，只有时间在不断地流逝。虽说京瓷从一开始就决定成为战略投资人，但除此以外，给出同意答复的，只有东京海上日动火灾和稻盛朋友们的公司。

就这样，在公司重建手续快要完成的 2011 年 3 月 15 日，公司进行了 1 股 2000 日元，合计 127 亿日元的定向发行。投资的共有八家企业，京瓷和作为主承销商的大和证券购买了 100 亿日元的股票，占了一大半。

为了重新上市，可以说一切都慎之又慎了，但这次定向发行的时间点实在是太糟糕了。这是因为，公司重建的完成和财年的结束都已临近，内部人员都知道财报上的数字有多好。

尽管非上市公司不适用内部交易限制法规，但如果被人认为这是不当收益的话，那也是没有办法的事。当然，大和证券在事前已经对法规进行了确认，做出了没有问题的判断，但这在日后仍然受到了指责。

在匆匆忙忙中，迎来了 2011 年 3 月 28 日，日航的公司重建手续终于顺利完成了。日航重建的速度远远快于当初的预测。2011 年 3 月期的营业利润（合并报表）为 1884 亿日元，创下了历史最高纪录。这个数字实际上是重建计划所预期的 641 亿日元的 3 倍。

不仅如此，第二年的 2012 年 3 月期决算被认为利润一定下降[1]，但实际上又创造了历史最高的营业利润纪录，达到了 2049 亿日元，连续两年打破纪录。

日航完全按照字面意思实现了 V 字形回复。

翻阅 2012 年 3 月期的决算报表会发现，销售额比破产前下降了四成，这是因为削减了航线，以及出售了一些不盈利的事业。但同时，因为彻底削减了费用，甚至把销售费用减少了一半，才创造出了历史最高利润。证券分析师在日航重新上市前分析其财务状况，对阿米巴经营的威力大为惊叹。

而且，在杜绝浪费的同时，稻盛没有忘记要把日航的魂留下来。这就是东京—旧金山航线。

日本最早投入运营的国际航线，就是由日航开辟的从羽田机场出发，经由火奴鲁鲁到达旧金山的航线。虽然这条航线与飞往纽约的航线相比，收益更低，但因为其蕴含着追忆前人努力的纪念碑式的意义，所以被特地保留了下来。

1　因为震灾。——译者注

企业的价值仅用数字表达是远远不够的，真正支撑企业的是眼睛无法看到的员工的道德规范和自豪感等账外资产。所以，稻盛用行动告诫大家不能将过去的历史全部否认，而是要对前人艰苦奋斗创下的基业表达敬意，并充满自信地将其代代传承下去。

要谦虚，不要骄傲

2011 年 1 月 11 日，植木再次被稻盛叫去谈话。当他进入会长的办公室时，发现除了稻盛，濑户也在。当他被告知"下一任社长就是你了"的时候，他已经一点儿也不惊讶了。

于是，2 月 15 日，在临时股东大会后的董事会上，植木被任命为社长，大西就任会长。形成了大田嘉仁作为专务董事支持植木的形态，新体制就此开始运行。卸任会长的稻盛，作为没有代表权的名誉会长，将注视着日航，直到重建完成。

社长的就任会议上，新任社长植木发表了《日航集团中期经营计划》。

计划中公布了出于对燃油效率等的考量，要将被昵称为"巨人"的波音 747 飞机退役的方针。考虑到与此有关的整备人员的存在，专家之间也曾有分歧，所以这是一个下定决心的举措。

仅仅依靠重组无法期待企业的持续成长，所以植木在会上也强调了会将同样来自波音公司的最新型的 787 从 35 架增加到 45 架，以强化国际航线。

新官上任，就显示出着眼于重建之后的"进攻"姿态，没有辜负稻盛等人的期待。

2012 年 9 月 19 日，日航终于在东京证券交易所第一部重新上市了。

自 2010 年 2 月退市算起，仅用了两年零七个月。不仅在"幸存率 7% 的战斗"中获得了胜利，而且这个胜利是以史无前例的速度实现的。

但与此同时，大和证券的压力却很大。他们的销售现场据说是出现了类似于夏乏的"日航乏"。

实际上，相对于发行价格的 3790 日元，重新上市时的新股价格为 3810 日元。好不容易才没有跌破发行价，但已经很危险了。

前面曾提到过，企业再生支援机构向日航出资了 3500 亿日元，机构在 1 年 10 个多月的投资期内，获得了 3000 亿日元以上的资本收益。此外，日航从日本政策投资银行获得的 6000 亿日元的融资也全额返还了。

日航的破产对国民经济造成了很大的负担，但至此已将所有公共资金予以返还，成功地把"伤口"控制在了最小程度。

稻盛在重新上市时，对日航的全体员工发出了如下信息：

"要谦虚，不要骄傲，要更加努力。"

此后，"要谦虚，不要骄傲"成为日航的口号。

回顾一路走来的历程，日航重建的道路绝不平坦。

在破产之前，谁都认为日航无法重建。破产后，关于重建的方法又是百家争鸣。由于政权交替的混乱和对于财政恶化的担心，财务省不断向日航施加压力。而且，日航还被卷入民主党政权的内部斗争，最后还遇到了做梦都没想到的东日本大地震。

日航内部最初就像刺猬一样，充满了戒心，还有论调批判稻盛将利益置于安全之上。但是，随着"正确的思维方式"的昭示和不断在实际中取得成果，大家逐步打开了心扉。随后，他们将稻盛的经营哲学视作希望的曙光，不断努力，最后顺利度过了极其困难的时期。

植木后来回顾稻盛重建日航时是这么说的：

"我经常会被问道：'稻盛名誉会长来到日航的这三年里，公司和员工的什么地方改变最大？'用'核算意识提高了'这句话来回答应该比较好理解，但我感受到的最大变化是员工的心灵变得更美好了。"

这是他人难以企及的、只有稻盛和夫这个"经营之神"才能创造的、名垂日本经营史的"奇迹的重建"。

但到了日航重建已然成功的时候，世间的舆论却又反转了。有人开始说，"如果是这种手法的话，谁都可以做到""应该是有了什么利益才接手的吧"，诸如此类的话。

上市前的定向增资被认为可能有问题，所以在国会也被提及，大西会长甚至被叫到国会质证。

Welcom 的重建也成了批判的对象。

在出售 DDI 袖珍电话公司后，京瓷和 KDDI 还持有 Welcom 四成的股份，这家公司的重建仍然是一个重要的经营课题。

在日航申请适用《企业再生法》的第二个月，Welcom 也和日航一样，申请适用事前打包型的《企业再生法》。除了企业再生支援机构以外，还请求软银和投资基金 Advantage Partners[1] 的支援。结果，日航和 Welcom 总共占用了企业再生支援机构出资额的九成，成为批判的矛头所指。

甚至有人批判说，这是有意利用《企业再生法》。5250 亿日元的债务被一笔勾销的结果，是债务免除额被作为利润计入公司的财务报表了。但是，由于适用了《企业再生法》，这个 5250 亿日元的债务免除所带来的利润却能在税务上被视作亏损，可以不断结转，直到 2018 年度。也就是说，这个利润在 7 年间可以不缴纳任何企业税。

《企业再生法》本来就是这么规定的，这是因为考虑到了重建后的公司往往会很快再次陷入经营困难的局面。但是，日航却在稻盛的"大手术"之后重生为高收益企业。竞争对手 ANA 认为这实在不公平，发出了悲鸣。

1　Advantage Partners：日本一家从事私募股权投资交易的基金管理公司。

ANA 的经营也绝不是一帆风顺的，公司背负 9000 亿日元的债务而咬紧牙关拼命、努力地经营。但日航重新上市时的市值还超过了 ANA，给了他们很大的刺激。如果这样下去的话，几年后就有可能被日航收购，所以他们的不满爆发了。

在此期间，甚至有人说，媒体在回避与日航和 KDDI 相关的报道，这才是真正的问题所在。这一定是因为 au 和日航是广告的大客户，所以媒体才敬而远之的。不管怎么说，胡乱猜测到这种程度，也实在是太离谱了。

每次翻开报纸或杂志都是类似的内容，所以稻盛觉得很受伤。为了国家赌上了性命接手日航，完成了可以说是自己经营人生的集大成之作，成果卓著，但结果居然有各种批判……

虽说不是为了得到表扬才接手的，但由于充满恶意的声音实在太多，稻盛的心中还是涌出了悔意。熟知稻盛和夫这个经营者本性的京瓷和 KDDI 的员工，以及盛和塾的塾生们，都感同身受。

2013 年 3 月 19 日，稻盛卸任日航董事的记者见面会召开了。从这一天开始，稻盛为了重建日航而拼命苦战的阶段告一段落。

在总部二楼的侧厅里聚集了超过 100 名媒体记者。到了预定时间下午 5 点，稻盛和植木社长出现了。虽然穿着明亮的灰色西装，系着红色领带，显得很年轻，稻盛却面色阴沉。

植木开口说话了：

"关于从 4 月 1 日开始的新体制，由我来进行说明。在今天召开的临时董事会上已经决定，稻盛名誉会长兼董事将卸任董事一职。今后，大西会长和我将会站到一线，以稻盛为日航植入的哲学和分部门核算为两大支柱，保持谦虚，持续努力。"

植木讲完之后，稻盛接着拿起了话筒，开始平静地讲述：

"三年前，我作为航空业的门外汉，以完全无知的状态，鲁莽地接受了大任。这是因为我希望能守护日航 32000 名员工的饭碗，减少破产对日本经济的负面影响。日航的员工从破产这一死亡深渊中奋力向上攀爬，他们接受了我的思维方式和经营手法，使得业绩在短时间内得以恢复。成就了我自己都难以相信的极其优异的成果。对于大家的帮助，我从内心表示感谢。"接着，他吸了一口气，继续说道，"正在这种局面好转的时候，却有人开始吹毛求疵、诽谤中伤。他们对于好不容易奋起的日航的员工们，不是以温和的目光支持他们说，'干到这种程度，不容易啊'，反而是去敲打他们。我觉得这是令人极其遗憾的事情。我感到很心痛：'难道社会就是这样的吗？世间就是这样的吗？'（关于内部交易的疑问）现在重新上市，股价上升了，这么说似乎也说得通。但在当时被认为可能会二次破产的当口，没人敢于投入如此大的资金。现在，有人用结果论来说现成话，这对于付出牺牲、冒着风险投入资金的人来说，就让人心凉了。我觉得很遗憾。"

一直都面不改色地淡淡讲述的稻盛，在这一瞬间，面庞扭曲了。一定是感到特别遗憾，或许他的眼中饱含着泪水。

但最后，当被要求"向日本的经营者发出寄语"时，他抬起了头，恢复了情绪，说道："日本企业的领导人，必须以更为强烈的意志引领企业前行，没有斗志的经营是不行的。希望他们想方设法将自己的企业建设成优秀的企业，为此而燃烧自己的斗魂。"

最后，他用对后辈经营者的热情声援作为结尾。

稻盛终于能够卸下重建日航这副重担了。

感到肩上重担卸下的不只是稻盛。记者见面会的几天后，稻盛正闲坐在家里的起居室，在厨房里忙碌的朝子自言自语道："我呢，三年前去京大医院[1]的医生那里，对他说：'医生，现在开始的这三年里，我无论

1　京大医院：京都大学附属医院。——译者注

稻盛在日航的就职典礼上投掷纸飞机

稻盛卸任董事时，出席感谢会的日航员工

如何都不能生病，麻烦您了。'"（大西康之《稻盛和夫的最后一战》）

稻盛不由自主地转向朝子的方向。

如果朝子病倒了，稻盛就无法集中精力于日航重建。朝子担心自己在丈夫挑战最后的重大任务时拖他后腿，所以才会对医生这么说。

这三年间，稻盛每周都有三四天不在家。稻盛在战斗，朝子也在战斗。

通过日航的重建，再度证明了，不管是什么行业，稻盛的经营手法和经营哲学都能发挥巨大的作用。作为一名具有超凡魅力的经营者，他的声望进一步上升。

在日航重新上市的那年（2012年）实施的调查中，稻盛被选为"理想的经营者"（日本能率协会集团）第一位（之前是松下幸之助连续3年当选第一），在"选择社长 今年的社长"（产业能率大学）的排行榜上也名列第一。

这是以员工数十人以上的企业经营者为对象实施的问卷调查。熟知企业经营之艰难的经营者们对媒体的批判毫不在意，只要想象一下如果自己站到稻盛的位置上，就会不寒而栗。所以，他们对稻盛创造的"奇迹"由衷地敬佩，从内心发出赞叹。

日航的重建是通过员工的"思维方式"和"干法"的改变来实现的。而日本的重建，也应该可以通过日本人的"思维方式"和"行为方式"的改变来实现，这也是稻盛对日本政府发出的信息。

但是，民主党政权由于鸠山首相在国内外失去信任而受挫，之后的菅首相在东日本大地震中凸显出的危机管理能力的缺乏和不成熟，以及为讨好民众而毫无准则的政策，使国民放弃了对其的希望。最终，以野田首相为最后一任，民主党被自民党再度夺走了政权。

稻盛对其完全失望了，从此以后对政治不再关心。

"很让人心凉啊。"这个时候，他又喃喃自语，但意思已经不一样了。

第六章

让"利他"之心
永续不断

用京都奖寄托"对人类的爱"

　　稻盛在《活法》中写道:"我们降临俗世,经受各种风浪的冲击,尝尽人间的苦乐,或幸福、或悲伤,一直到呼吸停止之前,我们都不懈地、顽强地努力奋斗。这个人生的过程本身,就像磨炼灵魂的砂纸。人们在磨炼中提升心性、涵养精神,带着比降生时更高层次的灵魂离开人世。我认为这就是人生的目的,除此之外,人生再无别的目的。"

　　稻盛每天都注意努力提高自己的人格,修养自己的精神。他有一些稍稍特殊的习惯,其中之一就是每天早上都给自己规定了反省的时间。

　　在盥洗室洗脸时,回顾自己昨天的言行,和另一个自己对话。如果昨天得意忘形,或是酒喝得太多,心中的"另一个自己"就会斥责稻盛。于是,他一个人朝着镜子道歉,喃喃自语,说着"对不起,对不起"。

　　不知情的人看到了这个场景,会觉得这个人是不是有问题。

　　稻盛经常说,"反省在人生中很重要",他自己每天早上也是这么实践的。

　　一直以来,他都坚持反复反省,怀着危机感经营企业。即使对于后来获得的成功,他也认为那是人生的考验。

　　"如果事业取得巨大成功,获得地位、名誉和财富,那么很多人看到这些可能就会羡慕'这是多么美好的人生啊'。但实际上,这也是上天给予的严酷'考验'。同样是取得了成功,有人因地位上升而傲慢,醉心于名誉,沉溺于财富,懈怠了努力;有人以成功为基础,树立更为远大的目标,保持谦虚,反复努力。他们此后的人生会有天壤之别。也就是说,上天用'成功'来考验人,试探人们的心性。"(稻盛和夫《成功与失败的法则》)

稻盛的语言深刻而沉重。

就像稻盛所指出的那样,因地位而傲慢、醉心于名誉、沉溺于财富、懈怠了努力的成功者不胜枚举。

成功虽然很难,但更难的是持续成功。我们不仅要学习稻盛和夫成功的秘诀,而且要端正自身的态度,学习他成功后绝不骄傲、始终保持谦虚的姿态。

稻盛说过,"散财有道",花钱的方式能说明一个人的生活态度。

最近的成功者们似乎都向往去月球旅行等新奇行为,但稻盛确信,成功者所应揭示的"远大目标"是对社会的回报,也就是社会贡献。但是,仅用"社会贡献"而不赋予其某些特殊意义的话,成功者创造的财富就没有生命。

"施爱于人。"这是流动在稻盛人生最底层的思想。幼小时期是家人,长大后是同学、朋友、恩师,创办京瓷以后是员工、客户,而最终,这种爱甚至跨越了国境。

稻盛决定,创立宏伟的社会事业,寄托这种"对于人类的爱"。

这就是京都奖。

秉持"只有科学的发展与人类精神文明的进步这两者之间能够和谐、统一起来,人类的未来才会取得稳定的发展"这一理念,将奖励范围定为尖端科技、基础科学、精神科学·表现艺术(现为思想·艺术)这三个领域。创办时的奖金额度设定为与诺贝尔奖基本同额的4500万日元。

事务局当初想将其命名为"稻盛奖",但因为稻盛的一句"奖项

第 22 届京都奖颁奖仪式（2007 年）

京都奖颁奖仪式上和高元宫夫妇一起

应该考虑公共性",而将其命名为"京都奖"。

稻盛将自己拥有的京瓷股票和现金约 200 亿日元作为基金,于 1984 年成立了运营京都奖的机构,即财团法人稻盛财团。当时,稻盛年仅 52 岁,正值盛年,正是要出手创建第二电电的时候。

当时,是他事业欲望非常旺盛的时期,但他挑战新事业并不是为了积累个人财富这样的私利,看到他在同一时期投入个人财产设立京都奖就能很清楚地知道这一点。而且,他的行为也告诉我们,这种规模的巨大社会贡献并不是只有功成名就的老人才能做的事情。

第一届的京都奖设置了创立纪念特别奖,将其颁给了诺贝尔财团,表示对其迄今为止功绩的敬意。

颁奖仪式顺利结束后,松了一口气的稻盛在外地出差时偶然留意到《东京新闻》中以京都奖为题的内容。

上面是这样写的:"这种使用财富的方式是多么高尚啊。"作者是知名演员森繁久弥。

稻盛觉得自己获得了最好的知音。为表示感谢,他向森繁发出了参加第二届颁奖仪式的请柬。森繁欣然接受了素未谋面的稻盛的邀请,出席了颁奖仪式,此后还成为颁奖仪式的常客。

而获奖者们的奖金使用方式,也往往很符合稻盛的思维方式。

1995 年的基础科学奖获奖者、宇宙物理学者林忠四郎(第 11 届的获奖者),在京都大学设立了为学生发放奖学金的林基金。美国的计算机科学家唐纳德·库努斯(第 12 届获奖者)仅从奖金中扣除了同行家人的旅费,而将剩余部分都捐赠给了加利福尼亚州圣克拉拉的地方财团。

类似这样的社会贡献,持续的难度大于创立的难度,但京都奖直到现在仍然被认为是世界最高水准的、最有权威性的国际奖项。

每年,在位于宝池的京都国际会议中心举办的颁奖典礼上,都有豪华的仪式。有能乐[1]表演，有京都市交响乐团的演奏，还有穿着五彩斑斓和服的孩子们表演歌曲和华丽的舞蹈。

稻盛喜欢歌谣，对于活动结束时唱什么歌，他有自己的执着。在京都奖颁奖仪式最后唱响的歌曲是《蓝色地球属于谁》（阪田宽夫作词，富田勋作曲），对于提倡人类爱的主题而言，这首歌很切题。

而在盛和塾世界大会的最后，每次都会唱响那首《故乡》。

在松风工业的那段时间，稻盛压抑、苦闷，无法看到将来的希望，思乡成病。那个时候感受到的孤寂难耐的乡愁，在听到这首歌时就会如同昨日一般浮现眼前。仔细想想才意识到，居然能从那时走到今天。

回顾当初，一切都显得非常值得怀念、非常值得眷恋。

你的梦想一定能实现

迎来古稀之年的稻盛，开始思考其他的社会福利事业。

一直以来，他就因几乎每天出现的儿童受虐的新闻报道而心痛。这个社会上，有些家庭虽然有了孩子，却因为贫穷而无法养育。尤其稻盛从小就受到父母极大的关爱，在他看来，这些孩子真的是极其可怜。

他每天都在思考："要为这些无法和父母居住在一起的孩子建立儿童福利设施。"

询问了京都府的福祉负责人才得知，南部地区还没有这样的设施，只有鹤舞和龟港等京都府北部地区才有这样的设施。于是，稻盛决定要在京都府南部建立儿童福利设施。

---

1 能乐：一种日本古典歌舞剧。——译者注

每到休息日,他就外出寻找合适的候补地区。他认为这和公司的事务不相关,所以自己开车、走路去寻找。即使身为名誉会长,也绝不私事与公司混同,这是他一贯的哲学。

后来,在京都府南部的精华町镇公所附近,找到了一块位于小高地上的农田。

快速决策符合稻盛的工作风格。在确保了用地和了解运营方法的员工,拿到许可证后,此项目就迅速动工了。

奠基仪式的那一天,稻盛在员工们面前致辞时说:

"我们要对森罗万象、所有的东西表示感谢。这样的反省和感谢是非常重要的。从中会产生美好的、温暖的关爱之心,那就是慈悲心,就是仁慈之心。实际上,这样的心灵才是人最强有力的东西。"

他一定是一边想着慈爱而坚强的母亲纪美,一边这么说的。可想而知,员工们能从中汲取到多大的勇气。

接下来,为了让这个建筑明亮通透,稻盛显示出了他的执着。

这是因为他有一个愿望:"要让这里成为孩子们'想请朋友来玩'的地方。"

完工后的建筑是这样的:南法[1]风格的红色屋顶加上白墙,简直就像高级休闲酒店的别墅一样。内部能容纳 20 名婴儿和 60 名儿童(18岁以下),非常宽敞,十分干净。庭院的草地也很漂亮。周边没有其他建筑,所以光照充足,吹过的风也很凉爽。

就这样,2004 年 8 月 1 日,位于京都府南部精华町的儿童福利设施·婴儿院"京都大和之家"开张了。

"大和"当然就是稻盛的法号,稻盛将佛的慈悲心寄托于这个设施。精华町的町名源于教育敕语中的"国之精华"(日本这个国家最美的地方)这一节,名副其实。

---

1 南法:特指普罗旺斯。——译者注

京都大和之家

京瓷总部一楼大厅里的稻盛铜像
（由员工赠送，照片由本书作者拍摄）

稻盛与"京都大和之家"的孩子们说话

设施内部有父母探访时用的客房。一直以来，由于婴儿院太远而几乎无法探访的父母们，因为有了京都大和之家，所以能够频繁来访，都觉得非常高兴。

有一张照片，是京都大和之家成立不久后稻盛出席圣诞晚会时拍的。他被孩子们围在中间，笑容满面，简直就像圣诞老人一样。京都大和之家本身，就是稻盛送给下一代的美好礼物。

京都大和之家开业的那一年，稻盛出版了《你的梦想一定能实现》这本书。

那时，稻盛购买了 1000 册，赠送给全国各地的少年教养院和少年鉴别所[1]，因为他希望里面的孩子一定要拿起这本书读一读。希望他们知道，不管是谁，只要拼命努力，梦想都一定能实现。

"即使才能不足，但只要有热情，孜孜以求，成绩可以不亚于人。但我认为，比才能和热情更重要的是人的心态。抱着作为人应该有的正确的想法，朝着目标不懈地努力，你的梦想就一定能实现。"（稻盛和夫《你的梦想一定能实现》）

他的成功在他自己看来是非常单纯的事情。将"作为人，何谓正确"认定为第一判断基准，胸怀"利他"之心，一心一意"极度认真地"生活，结果自然就成功了。

稻盛在回顾自己的人生时，是这样说的：

"人往往基于自我为中心的想法而行动，不知不觉就会忘却谦虚，显示出傲慢的态度。此外，对于他人也会抱有嫉妒心和憎恨。但是，用这样的'邪'心是无法做出正确判断的。我们要注意的是，我们需要做出的，不是'对于自己来说'方便、有利的判断，而是'作为人'具有普遍性的正确判断。回顾过去，我认为，没有任何经营经

---

1 少年鉴别所：日本处理青少年犯罪的机构。——译者注

验的我，就是以这样基本的伦理观、道德律为基础开展经营，才带来了现在的成功。如果我当初勉强有一些经营的知识和经验的话，恐怕就不是用'作为人，何谓正确'，而是用自己的经验和经营方法作为判断基准了。与其满头流汗地努力工作，可能更会想要去不费力地赚钱。如果是这样的话，就绝不会有现在的京瓷。"（稻盛和夫《人生的王道》）

在此后的 2018 年 4 月，也就是将要迎来财团设立·京都奖创设35 周年的前一年，稻盛发出了"让'利他'之心永续不断"的信息：

"通过'利他'的企业经营从社会得来的资金，还是应该秉持'利他'之心反馈给社会。正是这样的'利他的循环'才真正让这个社会变得更为丰裕。我一直是这么想的，也是这么做的。这个京都奖就是我向社会的报恩，同时也是我对利他哲学的具体实践。"

只考虑本国利益的国家，只考虑自身利益的个人，正变得越来越多。但就是在这种时候，稻盛的利他哲学才更为光彩夺目。只要每个人都抑制自己的利己心，用"利他"之心关怀周围、关怀社会、关怀国家，思考人类的安宁，人类一定会有光明的未来。

最为重要的是，我们需要为下一代考虑。

承担未来的孩子们是国家的宝藏。稻盛关注"人类"的目光，甚至可能看到了孩子们的未来。稻盛的语言可以超越时间，长大后的孩子们一定能听到稻盛对他们说的话：

"全力以赴地活一次吧，你的梦想一定能实现！"

　　我们在日常生活中，往往在不经意间使用"拼命"这个词，但观察稻盛和夫这个人的人生，真的让人感觉到他是按照"拼命"这个词的字面意思活着的。

　　在他的人生里，有的是可以被称为"愚直"的正直；有的是在作为人应该走的正确道路上，一心一意拼命前行的纯粹。看到这样的姿态，让人自然而然联想到的就是"思无邪"。[1]

　　这也是萨摩藩著名藩主岛津齐彬的座右铭，西乡隆盛就是他的门下。只要是鹿儿岛人，不管是真品还是复制品，肯定都见到过齐彬"思无邪"的书法，这句话非常有名。

　　2018 年末接受采访时，当时 86 岁的稻盛对笔者说：

　　"我从不左顾右盼，而是沿着自己坚信的正确道路，努力地不抱有哪怕一丝的邪念，一路走过来的。"

　　听到这句话时，我从内心感受到，用"思无邪"作为本书的书名，可以说是名副其实。

　　他接着又说："在赚钱这件事上，我觉得自己好像没什么才能。"

　　他绝不是为了赚钱才如此拼命、努力地工作的。

　　拼命、努力地工作不仅能让人生更为丰裕，同时也能带来人格的成长。从稻盛的人生中，再次深切地感受到了这一点。但同时，目前

1　本书的日文书名为《思无邪》。

的社会风潮对于这样的人生态度报以质疑。这一点让人感受到一丝
不安。

稻盛在他的《干法》这本书中是这样敲响警钟的：

"'人为什么要工作？''劳动的目的到底是什么？'——很多人
似乎已经丧失了对工作的目的和意义的正确认识。"

近年来，"工作方式改革"被提出。2017 年 3 月 28 日，《工作方
式改革实现会议》发表了"工作方式改革实行计划"。有以下内容：

"长时间劳动是结构性的问题，所以有必要对企业文化和商业习
惯重新审视。可能有很多人觉得'自己年轻时都是低月薪、无定量、
无限制地工作过来的'，但日本以前的'猛烈员工'这一思维方式本
身应该被否定。所以，非常期待劳资双方都站到第一线，对这种以长
时间劳动为基础的文化进行改革。"

我没有否定这个内容的意思，但是，"工作方式改革"的本来目
标，是基于应对将来快速减少的劳动人口，实现劳动生产率的飞跃性
提升。可是，类似"超值星期五"[1]之类的，无视人手不足的现实问题，
毫无落实可能性的举措被人为放大，导致了很多人都将"工作方式改
革"误解为就是提早下班和多多休假。

且不论过劳死等劳动环境问题，在这个社会上，"适当地""随意
地""不费力气地"工作是不可能带来令人满意的工作成果的。如果
否定了"拼命努力工作"这一点，日本这个以人力资源为唯一资源的
国家一定会走向衰退。不仅如此，人们甚至会因此而丧失对人生意义
的认识。

"诚实地，'极度认真'地工作。"

"付出不亚于任何人的努力。"

"持续努力的人才能收获真正的充实感。"

1　超值星期五：将周五下班时间提前到下午 3 点的运动。

"工作方式改革"否定的，不应该是稻盛的这些话语。

人们会因奥运选手的努力而深受感动。这是因为，他们是极度专注于某一事业，并借此磨炼自己的肉体和精神的人。但是，对于同样努力的经营者和员工，人们却难以抱有同样的感情，实在是令人难以理解。

就像体育运动中的团体项目那样，企业中也存在着众多伙伴为了同一目标共同努力、分享喜悦的场景。在 2018 年俄罗斯足球世界杯上，日本代表队的良好发挥就是证明。说明即便个体力量处于弱势，但作为团队，却仍能发挥出强大的力量。

这个时代，连大学里都在说："不要成为终身为一家公司工作的人，要拥有能在这家企业以外也能使用的、自己的技能。"但是，在低生育率、高龄化这样无法回避的现实面前，我们必须进行前所未有的改革，这已经是迫在眉睫的现实。但在此之前，哪些是应该改的、哪些是不应该改的，必须好好看清楚。将一直以来前人借由获得成功的"工作方式"视为落后于时代而一概摒弃到底对不对？

虽然对于今后的企业经营而言，仅仅沿着稻盛走过的道路前进，可能是已经找不到最合适的方法了，但是，不论现在还是以前，干活的是人，是人给企业带来最大的收益。稻盛在他的经营人生中，彻底地追求如何在企业中为员工创造一个能实现人生价值的工作环境，这对我们有重要的启示。

在中小企业的老板中，有很多稻盛的信仰者。

在这个社会上，恐怕本来就没有哪个人群像中小企业的经营者那样"极度认真"地对待经营。他们能够看到事物的真相，对于他们而言，一时流行的类似经营指南的东西是没有用处的。正因为稻盛的经营哲学中蕴含着普遍性和实用性，基于实际经验而具有说服力，才真正吸引他们。加入盛和塾的很多经营者之所以觉得有收获，原因也在这里。

"干法"和"活法"是相通的。

稻盛有一段话让人深切地感受到劳动的尊贵，我想用这段话作为本书的收尾，就此搁笔。

> 工作对人具有崇高的价值和深远的意义。工作具有克制欲望、磨炼心志、塑造人格的功效。工作不仅是为了生存、为了温饱，它还有一个重要的功效，就是聚精会神、孜孜不倦，全身心地投入每一天的工作。这就是最尊贵的"修行"，就能提升心性、磨炼灵魂。
>
> ——稻盛和夫《活法》

本书的取材不仅得到了稻盛和夫名誉会长本人的支持，而且还得到了伊藤谦介原社长、山口悟郎会长，和京瓷的相关人士、稻盛家族的相关人士，以及稻盛先生的友人川上满洲夫先生、圆福寺政道玄室长老等人的多方协助。

此外，京瓷总务人事本部稻盛资料馆的诸位，《每日新闻》及每日新闻出版社的诸位，都为本书的最终完成尽了很大的力量。

在对其他所有给予支持和指导的诸位表达谢意的同时，用本书的完成作为一份礼物，聊表心意。

北康利　于平成最后的桃花节前

2018 年 12 月 31 日

1932 年（昭和 7 年） 出生于鹿儿岛市药师町。

1933 年（昭和 8 年） 1 岁 12 月 23 日，明仁天皇出生。

1938 年（昭和 13 年） 6 岁 4 月，进入鹿儿岛市立西田小学，《国家总动员法》颁布。

1944 年（昭和 19 年） 12 岁 3 月，报考鹿儿岛第一中学失利。4 月，进入西田普通高等小学。

1945 年（昭和 20 年） 13 岁 3 月，报考鹿儿岛第一中学再次失败。4 月，进入私立鹿儿岛中学。8 月 15 日，日本无条件投降。

1948 年（昭和 23 年） 16 岁 4 月，进入鹿儿岛市高等学校第三部。

1951 年（昭和 26 年） 19 岁 3 月，大阪大学医学部高考失利。4 月，进入鹿儿岛县立大学工学部。9 月 8 日，旧金山和约签署。

1955 年（昭和 30 年） 23 岁 3 月，鹿儿岛县立大学工学部毕业。4 月，进入松风工业。

1956 年（昭和 31 年） 24 岁 7 月，U 字形绝缘体的生产开始。7 月 17 日，《经济白皮书》宣布"战后时代已经结束"。

1957 年（昭和 32 年） 25 岁 2 月，设计烧制特殊陶瓷用的电子隧道炉。

1958 年（昭和 33 年） 26 岁 与上司在技术开发方针上产生冲突，决意创办新公司。12 月，创业成员八人在誓词血书上签名。12 月 13 日，从松风工业辞职。12 月 14 日，与须永朝子结婚。12 月 23 日，东京塔建成。得州仪器公司开发了 IC。

1959 年（昭和 34 年） 27 岁　4 月 1 日，京都陶瓷株式会社（社长宫木男也）成立，就任董事兼技术部部长。4 月 10 日，皇太子明仁亲王与正田美智子结婚。

1960 年（昭和 35 年） 28 岁　1 月 1 日，开始在车折神社的新年参拜。4 月 30 日，索尼发布世界第一台显像管电视机。9 月 1 日，NHK 等六个电视台开始正式播放彩色节目。12 月 27 日，政府决定实施"国民所得倍增计划"。

1961 年（昭和 36 年） 29 岁　4 月 29 日，高中毕业的员工要求改善待遇，进行团体交涉。

1962 年（昭和 37 年） 30 岁　美国开始生产半导体 IC。7 月 8 日，首次海外出差，去往美国。

1963 年（昭和 38 年） 31 岁　5 月 24 日，京瓷滋贺工厂竣工。6 月 5 日，黑四水库完工。7 月 15 日，名神高速公路（尼崎—栗东段）开通。10 月，京瓷第一届运动会在京都的西京极体育场举办。

1964 年（昭和 39 年） 32 岁　4 月 1 日，IMF（国际货币基金）向 8 国体制过渡。海外旅行自由化。5 月 28 日，初代社长宫木男也就任会长，青山政次就任社长。10 月 1 日，东海道新干线开始营运（东京—大阪间）。10 月 10 日，东京奥林匹克召开。

1965 年（昭和 40 年） 33 岁　1 月，导入单位时间核算制度和恳亲会（空巴）制度。7 月 1 日，名神高速公路全线开通。伊奘诺[1] 景气开始。

1966 年（昭和 41 年） 34 岁　3 月，京瓷总部机能转移至滋贺工厂。3 月 31 日，日本人口突破 1 亿。4 月，从 IBM 得到大型通用计算机用的 IC 氧化铝电路基板（基片）订单。5 月 23 日，稻盛就任京瓷社长，青山就任会长。

1　伊奘诺：日本神话中开天辟地的神。——译者注

1967 年（昭和 42 年） 35 岁 8 月 20 日，经营理念制定完成。12 月，《京瓷哲学》第一集发行。

1968 年（昭和 43 年） 36 岁 2 月 21 日，向美国洛杉矶派遣第一位海外常驻员工。3 月 26 日，因交付镁橄榄石电阻芯体的实绩，受到美国得州仪器公司的表彰。7 月 1 日，电电公社开始销售传呼机。

1969 年（昭和 44 年） 37 岁 5 月 26 日，东名高速公路全线开通。6 月 10 日，日本 GNP（国民生产总值）排名世界第二。7 月，多层封装开发成功。7 月 2 日，鹿儿岛工厂竣工。7 月 20 日，美国"阿波罗 11 号"飞船实现人类历史上首次月球着陆。

1970 年（昭和 45 年） 38 岁 3 月 14 日，日本万国博览会开幕。

1971 年（昭和 46 年） 39 岁 3 月 26 日，收购仙童半导体公司的工厂，改名为 KII 圣地亚哥工厂。8 月 15 日，黄金和美元的交易暂停（尼克松冲击）。8 月 28 日，日元汇率改为变动汇率。10 月 1 日，京瓷在大阪证券交易所二部和京都证券交易所上市。

1972 年（昭和 47 年） 40 岁 3 月 15 日，因"开发大规模集成电路用陶瓷多层封装"获第 18 届大河内纪念生产特别奖。5 月 15 日，冲绳施政权返还。7 月 5 日，位于京都市东山区山科的新总部大楼竣工。8 月 4 日，京瓷首次盂兰盆节大会在滋贺工厂举行。9 月 1 日，在东京证券交易所第二部上市。10 月 1 日，鹿儿岛国分工厂开始运作。

1973 年（昭和 48 年） 41 岁 1 月 28 日，纪念月销售额超过 9 亿日元，实施 3 天 2 夜的员工旅行，目的地中国香港。7 月 31 日，月销售额超过 20 亿日元。

1974 年（昭和 49 年） 42 岁 2 月 1 日，东京、大阪证券交易所第一部升级上市。4 月 17 日，稻盛获得科学技术厅长官奖。10 月 1 日，京瓷国际股份有限公司（KIC）成立。由于石油危机后的不景气，向工会提出冻结涨薪1年。日本GNP战后首次负增长。

1975年（昭和50年）43岁　3月30日，工会接受公司要求，决定冻结涨薪1年。4月30日，越南战争结束。9月23日，京瓷股价升至2990日元，成为日本第一（持续到1981年初）。10月1日，与松下电器产业、夏普等成立合资企业日本太阳能株式会社（JSEC）。

1976年（昭和51年）44岁　2月18日，发行美国预托证券。3月30日，在昭和50年度的决算时，实现了无贷款经营。

1977年（昭和52年）45岁　10月1日，绿色新月公司成立。

1978年（昭和53年）46岁　5月，成立New Medical有限公司。8月12日，《中日和平友好条约》签订。

1979年（昭和54年）47岁　1月17日，第二次石油危机。9月10日，沙巴耐特工业加入京瓷集团。10月1日，稻盛被美国圣地亚哥市授予荣誉市民称号。

1980年（昭和55年）48岁　2月20日，沙巴耐特工业与特来邓特公司合并。4月，收购美国电子零部件厂商埃姆康（Emcon）公司。5月30日，纽约证券交易所上市。同时第二次发行ADR。6月18日，美国参议院决议，暗示限制进口日本车。8月10日，"京瓷员工墓地"在圆福寺落成，举行落成典礼的法事。

1981年（昭和56年）49岁　1月，获得"伴纪念奖名誉奖"。3月16日，第二次临时行政调查会（土光临调）成立。

1982年（昭和57年）50岁　10月1日，吸收合并了绿色新月公司、日本卡斯特公司、撒巴奈特工业、New Medical公司，公司名称变更为"京瓷公司"。

1983年（昭和58年）51岁　7月15日，任天堂开售"红白机"。7月18日，盛和塾的前身京都盛友塾成立。10月1日，吸收合并雅西卡公司。富岗光学公司加入京瓷集团。

1984年（昭和59年）52岁　4月12日，财团法人稻盛财团成立，就任理事长。4 月 29 日，获得紫绶勋章。5 月 12 日，NHK 开播卫星电视。6 月 1 日，第二电电企划公司成立，就任会长。12 月 20 日，《电电公社改革三法案》颁布（25 日公布）。12 月 31 日，入股 Taito。美国苹果公司发布 32 位计算机"麦金塔"。

1985 年（昭和 60 年）53 岁 4 月 1 日，日本电信电话公司（NTT）、日本烟草产业公司（JT）成立。4 月 25 日，就任京都经济同友会代表干事。6 月 21 日，第二电电企划获得第一种电气通信事业许可证，更名为"第二电电公司"（DDI）。6 月 28 日，就任京瓷会长。9 月 22 日，广场协议签署。11 与 10 日，第一届京都奖颁奖仪式在国立京都国际会馆举行。

1986 年（昭和 61 年）54 岁 4 月 1 日，《男女雇用机会均等法》实施。7 月 31 日，日美半导体谈判完成。10 月 1 日，安城钦寿就任京瓷社长。

1987 年（昭和 62 年）55 岁 2 月，合并收购日本太阳能株式会社（JSEC）。4 月 1 日，JR 各公司开业。6 月 1 日，DDI 关西移动电话公司成立。11 月 20 日，全日本民间劳动工会联合会（联合）成立。

1989 年（昭和 64 年、平成元年）57 岁 1 月 7 日，昭和天皇驾崩。2 月，利库路特事件发生。4 月 1 日，消费税制度导入。4 月 27 日，松下幸之助去世。12 月 29 日，东证平均股价达到 38915 日元的历史最高峰。"盛友塾"更名为"盛和塾"。

1990 年（平成 2 年）58 岁 1 月 19 日，收购美国大型电子零部件公司 AVX 公司。

1991 年（平成 3 年）59 岁 2 月 6 日，就任第 3 次行革审"世界中的日本"部会的部会长。7 月 26 日，DDI 与日产汽车联合成立 To Car 移动通信东京公司。

1992 年（平成 4 年）60 岁 2 月 14 日，DDI 与日产汽车联合成立

To Car 移动通信东海公司。7 月 1 日，NTT Docomo 成立。7 月 23 日，第一届盛和塾全国大会召开。

1993 年（平成 5 年） 61 岁　1 月 1 日，EU 成立。4 月 28 日，京瓷与 DDI 共同成立日本铱星公司。9 月 3 日，DDI 在东京证券交易所第二部上市。10 月 5 日，DDI 在札幌开始个人手持式电话系统（PHS）的实用化实验。

1994 年（平成 6 年） 62 岁　4 月 1 日，移动电话集团开始数码式移动电话的服务。1 月 5 日，开始 GHz 带的数码式移动电话服务。7 月 1 日，DDI 袖珍电话企划公司成立。

1995 年（平成 7 年） 63 岁　1 月 1 日，东京外汇交易市场创下了 1 美元兑换 79.75 日元的纪录。7 月 1 日，DDI 袖珍电话集团在东京和札幌开始面向公众的 PHS 服务。8 月 15 日，AVX 在纽约证券交易所重新上市。9 月 1 日，DDI 从东京证交所第二部升级至第一部。

1996 年（平成 8 年） 64 岁　10 月，被中国广东省授予荣誉市民的称号。12 月 6 日，稻盛主导的"日美 21 世纪委员会"成立。12 月，获得第 7 届东洋经济奖"年度人物奖"。

1997 年（平成 9 年） 65 岁　6 月，就任京瓷和第二电电的名誉会长。6 月 29 日，接受胃癌手术。9 月 7 日，于临济宗妙心寺派的圆福寺得度，法号"大和"。

1998 年（平成 10 年） 66 岁　8 月 18 日，伏见区竹田的京瓷新总部竣工，京瓷总部搬迁至此。10 月 22 日，DDI 开始国际电话服务。11 月 1 日，日本铱星公司等企业开始铱星服务。

1999 年（平成 11 年） 67 岁　1 月 18 日，京瓷美达公司（KMC）成立。3 月，因事业形势不佳，终止铱星服务。10 月，DDI、KDD、IDO 三家企业合并，株式会社 DDI[1] 成立（通称和商标均为 KDDI），稻

1　日文中"株式会社"的首字母为"K"。——译者注

盛就任名誉会长。在稻盛、京瓷、第二电电的支持下，位于智利拉斯卡帕纳斯天文台的全球最大的反射望远镜完工。

2000年（平成12年）68岁　12月，收购美国高通公司的移动电话事业，成了"京瓷无线通信公司"（KWC）。

2001年（平成13年）69岁　2月，稻盛财团和CSIS（美国战略国际问题研究所）共同主办的"日美领导力会议"召开。6月，就任KDDI的最高顾问。9月11日，美国"9·11恐怖袭击事件"发生。10月15日，被授予京都市荣誉市民称号。10月，就任中国天津市人民政府经济顾问。12月，被中国贵州省贵阳市授予荣誉市民称号。卸任京都商工会议所会长，就任名誉会长。

2002年（平成14年）70岁　4月，稻盛财团与CSIS共同成立"阿布夏·稻盛领导力研究会"。11月7日，京瓷经营研究所开始"董事干部哲学培训"。由稻盛和京瓷捐赠，改建临济宗妙心寺派圆福寺的正殿和厨房。

2003年（平成15年）71岁　5月，社会福祉法人盛和福祉会成立，就任理事长。7月，财团法人稻盛福祉财团成立，就任理事长。12月，获安德鲁·卡内基慈善奖。

2004年（平成16年）72岁　2月29日，美国首家"盛和塾"成立。8月1日，儿童福利设施·婴儿院"京都大和之家"开设。10月1日，京瓷与美国投资公司卡莱尔集团共同收购DDI袖珍电话公司（现Welcom）。10月13日，大荣放弃自主重建，向产业再生支援机构请求支援。

2005年（平成17年）73岁　2月2日，DDI袖珍电话公司更名为Welcom。4月，获得中国江西省景德镇市荣誉市民称号，担任景德镇市人民政府高级经济顾问。6月，卸任京瓷董事。9月，京瓷将持有的Taito股权出售给史克威尔艾尼克斯公司。

2006年（平成18年）74岁　9月，获得中国"和平发展贡献奖"。

2009年（平成21年）77岁　9月，民主党政权诞生，鸠山由纪夫就任第93任内阁总理大臣。10月，日航向企业再生支援机构请求支援。

2010年（平成22年）78岁　1月19日，日航申请适用《企业再生法》。同时，企业再生支援机构（现地域经济活性化支援机构）决定对其实施援助。2月1日，稻盛就任日航会长。3月，日航对京瓷和大和证券等八家企业实施定向增资。5月1日，旨在对日航领导层实施意识改革的意识改革推进准备室成立。业绩报告会开始举办（以后为每月举办）。6月1日，日航向东京地方法院提交重建计划。12月15日，日航为导入分部门核算制度，开始向新的组织体制过渡。为明确每个航线的收支情况，新设路线统括本部。

2011年（平成23年）79岁　1月，日航集团制定并发布企业理念和"日航哲学"。中国成为GDP（国内生产总值）全球排名第二的经济大国。2月，向员工发放"日航哲学手册"。3月11日，东日本大地震，福岛第一核电站发生事故。3月28日，日航重建手续完成。4月1日，就任日航名誉会长。4月，开始以日航全体员工为对象，实施日航哲学教育。新IT系统开始运作，分部门核算制度启动。10月31日，汇率升至1美元兑换75.32日元，创下战后的最高纪录。

2012年（平成24年）80岁　9月19日，日航仅用了短短的两年八个月就实现了重新上市。

2013年（平成25年）81岁　1月，在世界经济论坛的年度总会上演讲。3月19日，公布退出企业经营领域。4月1日，就任日航名誉会长。被京都大学授予"名誉校董"的称号。

2015年（平成27年）83岁　2月，举办儿童福利设施·婴儿院"京都大和之家"创立10周年纪念庆典。4月，就任日航名誉顾问。11月，被鹿儿岛县授予荣誉县民称号，被鹿儿岛市授予荣誉市民称号。

2017 年（平成 29 年） 85 岁 11 月，向鹿儿岛大学捐赠 100 万股京瓷股份，在鹿儿岛大学举行授赠仪式。

2018 年（平成 30 年） 86 岁 4 月，将京都奖奖金由 5000 万日元倍增至 1 亿日元。

经营 12 条，会计 7 原则，6 项精进。

经营 12 条

· 明确事业的目的和意义。

· 设定具体的目标。

· 胸中怀有强烈的愿望。

· 付出不亚于任何人的努力。

· 销售最大化，费用最小化。

· 定价即经营。

· 经营取决于坚强的意志。

· 燃烧的斗魂。

· 临事有勇。

· 不断从事创造性的工作。

· 以关怀之心，诚实处事。

· 保持乐观向上的态度，抱着梦想和希望，以坦诚之心处世。

会计 7 原则

· 以现金为本的原则。

· 一一对应的原则。

· 筋肉坚实的原则。

· 完美主义的原则。

· 双重确认的原则。

· 提高核算的原则。

· 玻璃般透明的原则。

6项精进

· 付出不亚于任何人的努力。

· 要谦虚，不要骄傲。

· 要每天反省。

· 活着，就要感谢。

· 积善行，思"利他"。

· 不要有感性的烦恼。

出处：京瓷资料（"日航重建"）。

参考文献

1. 稻盛和夫：《稻盛和夫自传》，日本经济新闻社 2002 年版。

2. 稻盛和夫：《活法》，Sunmark 出版社 2014 年版。

3. 稻盛和夫：《干法》，三笠书房 2016 年版。

4. 稻盛和夫：《你的梦想一定能实现》，财界研究所 2010 年版。

5. 稻盛和夫：《提高心性，拓展经营》，PHP 研究所 2004 年版。

6. 稻盛和夫：《敬天爱人：从零开始的挑战》，PHP 研究所 2006 年版。

7. 稻盛和夫：《稻盛和夫：母亲的教诲改变我的一生》，小学馆 2015 年版。

8. 稻盛和夫：《实践经营问答》，PHP 研究所 2011 年版。

9. 稻盛和夫：《京瓷哲学》，Sunmark 出版社 2014 年版。

10. 稻盛和夫：《经营十二条》，京瓷株式会社 2014 年版。

11. 稻盛和夫：《稻盛和夫的实学：经营与会计》，日本经济新闻出版社 2000 年版。

12. 读卖新闻解说部：《时代的证言者（6）企业经营　稻盛和夫·福原义春》，读卖新闻社 2005 年版。

13. 稻盛和夫：《成功与失败的法则》，致知出版社 2008 年版。

14. 稻盛和夫：《成功的真谛》，致知出版社 2014 年版。

15. 稻盛和夫：《人生的王道》，日经 BP 出版社 2007 年版。

16. 稻盛和夫：《提高员工积极性的 7 个关键　稻盛和夫经营问答》，日本经济新闻出版社 2018 年版。

17. 稻盛和夫：《思维方式》，大和书房 2017 年版。

18. 稻盛和夫：《人生与经营》，致知出版社 1998 年版。

19. 稻盛和夫：《在萧条中飞跃的 5 个方略》，Sunmark 出版社 2019 年版。

20. 稻盛和夫：《坚守底线》，NHK 出版社 2010 年版。

21. 稻盛和夫：《成功激情》，PHP 研究所 2001 年版。

22. 稻盛和夫：《燃烧的斗魂》，每日新闻出版社 2013 年版。

23. 稻盛和夫：《稻盛和夫的实学：创造高收益》，日本经济新闻出版社 2007 年版。

24. 稻盛和夫：《人为什么活着》，PHP 研究所 2003 年版。

25. 稻盛和夫，山中伸弥：《匠人匠心　愚直的坚持》，朝日新闻出版社 2017 年版。

26. 松下幸之助：《经营静谈——松下幸之助对谈集》，PHP 研究所 1980 年版。

27. 索尼商业杂志编：《稻盛和夫语录——将经营变成艺术的孤高创业者》，索尼杂志社 1997 年版。

28. 加藤胜美：《一个少年的梦》，现代创造出版社 1979 年版。

29. 加藤胜美：《京瓷：超成长的秘密》，讲谈社 1982 年版。

30. 谷口雅春：《生命的实相》，生长之家 1963 年版。

31. 针木康雄：《稻盛和夫：从挫折中积极奋起的企业家》，讲谈社 1991 年版。

32. 米村龙治：《殉教与民众——考证隐蔽念佛》，同朋社 1999 年版。

33. 素木洋一：《陶瓷技术史》，技报堂出版社 1983 年版。

34. 铃木义和：《从 MOT 看精密陶瓷的技术战略》，日刊工业新闻社 2004 年版。

35. 泉弘志：《电子工学入门 4 电子用精密陶瓷》，诚文堂新光社 2002 年版。

36. 角田房子：《我的祖国——禹博士的命运火种》，新潮社 1994 年版。

37. 角田房子：《闵妃暗杀——朝鲜王朝末期的国母》，新潮社 1993 年版。

38. 伊藤谦介：《微风拂心》，文源库 2008 年版。

39. 伊藤谦介：《百折不挠的力量》，PHP 研究所 2011 年版。

40. 伊藤谦介：《领导人之魂》，弓立社 2010 年版。

41. 北方雅人、久保俊介：《空巴》，日经 BP 社 2015 年版。

42. 财部诚一：《京都企业的实力》，实业之日本社 2015 年版。

43. 阿米巴经营学术研究会：《阿米巴经营学——理论与实证》，KCCS 管理咨询公司 2010 年版。

44. 国友隆一：《京瓷　超级成功的秘密》，KOU 书房 1985 年版。

45. 国友隆一：《京瓷·稻盛和夫　血气与深谋远虑的经营》，PAL 出版社 1996 年版。

46. 国友隆一：《稻盛和夫·阿米巴经营》，PAL 出版社 2010 年版。

47. 千本倖生：《走向宽带革命的道路》，经济界 2002 年版。

48. 千本倖生：《"工作意义"的变革》，青春出版社 1997 年版。

49. 千本倖生：《不存在"没有回报的努力"》，芝麻书房 1998 年版。

50. 千本倖生：《你的人生怎么走》，中央公论新社 2008 年版。

51. 涉泽和树：《挑战者》，日本经济新闻出版社 2010 年版。

52. 小林纪兴：《电话战争——新电电 VS 第二电电》，讲谈社 1985 年版。

53. 儿玉博：《幻想曲　孙正义和软银的过去·现在·未来》，日经 BP 出版社 2005 年版。

54. 町田彻：《巨大垄断　NTT 的原罪》，新潮社 2004 年版。

55. 神崎正树：《NTT 民营化的功过》，日刊工业新闻社 2006 年版。

56. 青木贞伸：《巨大企业 NTT 王国》，电波新闻社 1993 年版。

57. 森田直行：《盈利企业的"科长心得 12 条"》，幻冬社 2015 年版。

58. 森田直行：《阿米巴经营 实战篇》，日经 BP 出版社 2014 年版。

59. 森田直行：《全员参与盈利的组织 让日航成功重建的"阿米巴经营"的教科书》，日经 BP 社 2014 年版。

60. 大田嘉仁：《日航的奇迹》，致知出版社 2018 年版。

61. 引头麻实：《日航重建 向高收益企业的转变》，日本经济新闻出版社 2013 年版。

62. 大西康之：《稻盛和夫的最后一战》，日本经济新闻出版社 2013 年版。

63. 屋山太郎：《日航重建的谎言》，PHP 研究所 2010 年版。

64. 饭田亮：《创造前所未有的企业》，草思社 2007 年版。

65. 永野健二：《经营者：日本经济存亡之战》，新潮社 2018 年版。

66.《日经顶级领导人》杂志社：《经营者 稻盛和夫和他的学生们》，日经 BP 社 2013 年版。

67. 川鸠太郎：《稻盛和夫的高收益热血经营 日经顶级领导人篇》，PAL 出版社 2010 年版。

68. 原英次郎：《心灵可以改变》，大宝石出版社 2013 年版。

69. 村上龙著，东京电视台编：《寒武纪宫殿》，日本经济新闻出版社 2011 年版。

70. 下村满子：《稻盛和夫和福岛的孩子们》，畅销出版社 2014 年版。

71. 皆木和义：《松下幸之助和稻盛和夫——经营之神的原点》，综合法令出版社 1998 年版。

72. 永川幸树：《稻盛和夫的盛和塾·经营秘传》，青春出版社 1998 年版。

73. 永川幸树：《实践之人·稻盛和夫》，青春出版社 1997 年版。

74. 铃木贵博：《逆转战略 Welcom 把"弱项"转化为"强项"的意

志经营》，大宝石出版社 2005 年版。

75. 伊部四郎：《京瓷·心血涂成的资产负债表》，山手书房 1985
年版。

76. 泷本中夫：《京瓷的恶劣经营术》，East Press 出版社 1999 年版。

77. 斋藤贵男：《虚伪的经营者 稻盛和夫》，星期五出版社 2010
年版。

78.《顶级经营者的另一面 185 就因为这两个人碰到了……》，《日
刊现代》，1984 年 11 月 27 日。

79.《被"强制"的戒烟》，《日经产业新闻》1985 年 1 月 24 日。

80.《人物 稻盛和夫先生》，《朝日新闻》1985 年 1 月 28 日。

81.《昭和 60 年代的热情 经营者 6 以"第二电电"挑战经济界
主流的京瓷稻盛和夫的"狂热"和"侠义"》，《周刊朝日》1985 年 3 月
1 日。

82.《周日对谈：通信革命 主角已到齐》，《日本经济新闻》1985
年 4 月 7 日。

83.《独家采访 问题多发的京瓷·稻盛社长打破沉默"全部反
驳"》，《周日每日》1985 年 8 月 4 日。

84.《京瓷新人社长·安城钦寿的作用》，《财界》1986 年 9 月 2 日。

85.《针木康雄的社长观察 184 关于人工骨违反药事法问题的真
相》，《日刊现代》1989 年 1 月 19 日。

86.《连载对谈 直击各界的"话题人物"山口敏夫众议院议员"执
政界之牛耳"》，《周刊现代》1991 年 7 月 20 日。

87.《商业街热线 京瓷稻盛会长"股票回购行为应该立刻停止"
引发的波纹》，《日刊现代》1993 年 9 月 21 日。

88.《针木康雄的社长观察 1386 9 年前创办第二电电时，真的有胜
算吗》，《日刊现代》1993 年 9 月 23 日。

89.《针木康雄的社长观察 1388 到 1998 年为止要开发能全球通话

的移动电话》,《日刊现代》1993 年 9 月 27 日。

90.《TIATO、第二电电和子公司相继上市，率领第二电电获得成功的京瓷会长稻盛和夫的"新·商业心得账"》,《月刊经营塾》1993 年 10 月。

91.《哈佛大日本同窗会　表彰稻盛·京瓷会长》,《日本经济新闻》1994 年 11 月 21 日。

92.《经营评论 60 多年的幕后》,《财界》1995 年 4 月 25 日。

93.《与此人对话　京瓷会长稻盛和夫先生④ 每天早上，"另一个我"会斥责我》,《日经商业》1995 年 4 月 27 日。

94.《人物发现 动机至善》,《日本经济新闻》1995 年 4 月 28 日。

95.《领导人的意志和人格能带动员工　讨好全世界就无法实现国际化》,《日经商业》1995 年 8 月 21 日。

96.《NTT 分拆反对论的愚蠢》,《文艺春秋》1995 年 11 月。

97.《商业街热线　京瓷稻盛会长 "股票回购行为应该立刻停止" 引发的波纹》,《日刊现代》1996 年 6 月 1 日。

98.《稻盛塾长担心孙正义》,《日本经济新闻》1996 年 9 月 4 日。

99.《京瓷·稻盛会长　卸任后进入佛门》,《每日新闻》1996 年 10 月 1 日。

100.《企业的选择　妨碍发展偏重秩序》,《日本经济新闻》1996 年 10 月 11 日。

101.《卸任经营者　梦想是专注佛教》,《文艺春秋》1996 年 12 月。

102.《信息公开很重要　公布患癌》,《产经》1997 年 6 月 28 日。

103.《京瓷·稻盛先生　公布 "罹患胃癌"》,《每日新闻》1997 年 6 月 28 日。

104.《特集　松下幸之助和稻盛和夫　学者彻底比较京瓷和松下电器的风气 "模板型的日本企业" 的相同点和不同点》,《会长》1997 年 8 月。

105.《特集　松下幸之助和稻盛和夫　创造日式经营的松下幸之助　提倡后日式经营的稻盛和夫　两人所成就的"经营之神"的伟业》,《会长》1997 年 8 月。

106.《愉快的伙伴 昭七会》,《财界》1997 年 8 月 5 日。

107.《如愿以偿进入佛梦》,《日本经济新闻》1997 年 9 月 8 日。

108.《稻盛和夫京瓷名誉会长出家　不要叫我"酒肉和尚"》,《周刊文春》1997 年 9 月 25 日。

109.《京瓷稻盛"尊师"的面具下》,《选择》1998 年 7 月。

110.《经济信息胶囊　京瓷的中岛义雄为"支援三田工业"在幕后流汗》,《选择》1998 年 9 月。

111.《实际上是一个不愿说不的人　过于神话　思想和评论的背离》,《日经商业》1999 年 1 月 18 日。

112.《行革也仅仅实现了 3 公社的民营化　由政府主导改为国民主导的好机会》,《财界》1999 年 2 月 2 日。

113.《稻盛"僧都"的中介起了作用　京都市和佛教会走向和解》,《周日体育》1999 年 5 月 5 日。

114.《放下过去,走向新世纪》,《京都新闻》1999 年 5 月 21 日。

115.《男人们的光影系列 2 肺结核,3 次考试失败》,《体育日刊》2000 年 1 月 26 日。

116.《牛尾治郎先生担任会长的"新 DDI"能否战胜 NTT》,《经济界》2000 年 5 月。

117.《3 家合并,我构建"新生 DDI"的真意》,《经济界》2000 年 8 月。

118.《新千年纪的日本人 7》,《周刊东洋经济》2000 年 8 月 5 日。

119.山口靖彦:《那一天那一刻　稻盛和夫先生》,《盛和塾 36 号》2000 年 9 月。

120.《反驳"中国威胁论"》,《日经商业》2001 年 10 月 15 日。

121.《日本重建　从混沌开始》,《每日新闻》2002 年 4 月 14 日。

122.《我们退场吧》,《日经商业》2002 年 7 月 1 日。

123.《通过超凡用人术实现稻盛支配》,《富士晚报》2003 年 5 月 20 日。

124.《人生的意义》,《京都新闻》2003 年 9 月 6 日。

125.《美国第一家 "盛和塾" 成立》,《京都新闻》2004 年 3 月 2 日。

126. 西枝攻:《那一天那一刻　稻盛和夫先生》,《盛和塾 78 号》2007 年 6 月。

127.《日航重新上市的主承销商大和证券使尽全力的猛烈销售》,《选择》2012 年 9 月。

本书还参考了公司内部图书和非卖品:青山政次《心之京瓷二十年》(非卖品),盛和塾的机关志《盛和塾》,吉田健一所著《鹿儿岛时代的稻盛和夫——从幼年时代到学生时代》(选自《鹿儿岛大学稻盛学院研究纪要》),今村嘉宣所著《JICD(国际牙科学士会日本部会)2015 年 46 号 "松风的创业者 松风嘉定 从美术陶瓷器到人工牙齿"》,以及《KDD 公司史》和《NTT 公司史》。另外,还参照了日本出版的报刊《人物》、*ROUTE*(日航内刊)、《潮》、《周刊新潮》、《产经新闻》。